大腦如何精準學習

HOW WE LEARN

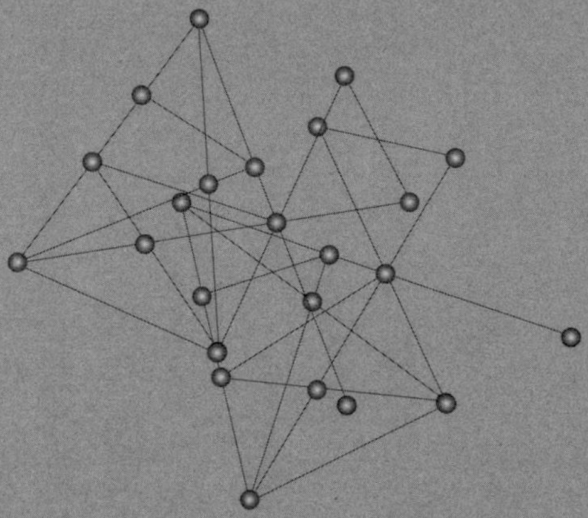

大腦如何精準學習

HOW WE LEARN

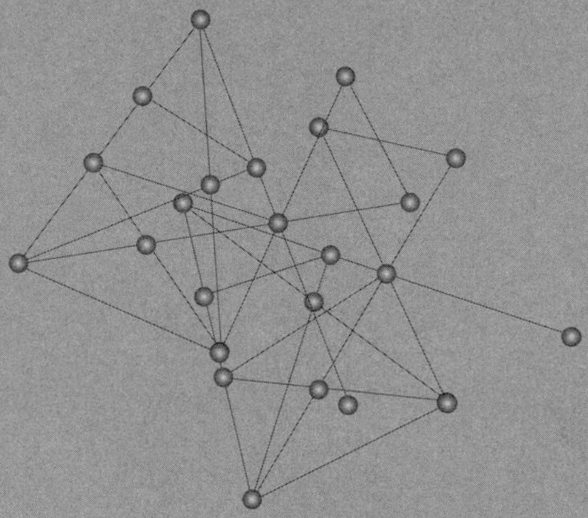

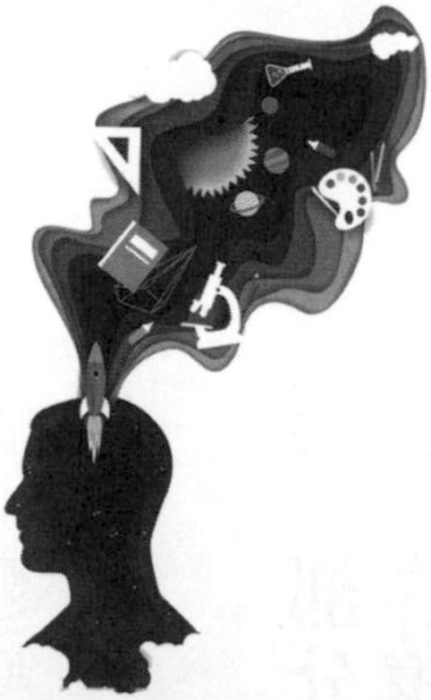

大腦如何精準學習

HOW WE LEARN

Why Brains Learn Better Than Any Machine … for Now

Stanislas Dehaene 史坦尼斯勒斯・狄漢 著
洪蘭 譯

How We Learn 大腦如何精準學習

目次 Contents

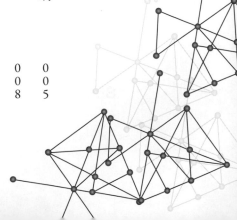

第二部分 我們的大腦如何學習（How Our Brain Learns）

第三部分 學習的四根支柱（The Four Pillars of Learning）

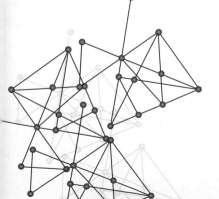

推薦文

學習不簡單：認知神經科學如是說！

曾志朗／前教育部長
中央研究院院士

這是一本非常好的書，作者狄漢（Stanislas Dehaene）是法國法蘭西學院（College de France）的特聘教授，也是近二十年來在腦科學領域的研究上，公認最有貢獻的科學家之一。在二〇一四年，他是這領域最大獎「大腦獎」（The Brain Prize，二〇一〇年由丹麥倫德貝克基金會捐款成立的獎項，獎金為一千萬丹麥克朗，約一百五十萬美金）的三位得主之一；去年又獲得這領域最高榮譽獎，認知科學協會（Cognitive Science Society）的魯梅哈特獎（Rumelhart Prize）。我們的研究團隊與有榮焉，因為長期以來他一直是我們團隊的研究顧問，也是我們實驗合作的好夥伴。這些年來，在科技部龍門計畫的支持下，我們有好幾位博士生都到他的實驗室，受到他的照顧和培訓。三年前，他來台灣參加我們國際腦科學聯盟的研討會，報告了他剛剛完成的「腦與意識」的實驗結果，大膽的下結論說：「語義激發不需要意識，但語意聯結的計算是推理的基礎，沒有意識就不會有理解，也就不能預知未來。因此，人的記憶不是為了回憶過去，而是為了計劃未來！」

有點禪的味道?!所以那天晚餐後的小飲聊天時，我告訴狄漢教授，我把理解的歷程分段，由感官激發，到覺知，到意識，到理解，然後到預知，前兩個階段不需意識，但後三個階段必須有意識的支持才能完成；而實驗派典（experimental paradigm）的建立和理論的驗證，有其必要！但我更感謝他的實驗室已經開拓了意識研究的實驗天地，「讓我們共同啟動中國禪學的實驗研究吧！」他哈哈大笑說：「做和尚，不幹；打坐冥思，可以試試！」

狄漢治學嚴謹，對每個實驗的管控一點都不馬虎，要求實驗室的年輕學員要精讀古典文獻，重視科學史觀的演進，但又不能被傳承的學風框住，思維一定要開放，主體是生物演化，行為是外相，根源是基因和神經聯結的系統化，提出的理論要深要遠，最重要的是禁得起數據為主的考驗！他這些堅持的理念和作為，貫穿在他每個實驗中，也表現在前後所寫的四本書中。從一九九七年出版的《數字感—1、2、3哪裡來？》（*Number Sense*），到二〇〇九年的《大腦與閱讀》（*Reading in the brain*），到二〇一四年的 *Conscious in the brain*，到今年剛出版的《大腦如何精準學習》（*How we learn*），他以深入淺出的生花妙筆，清清楚楚敘述了認知神經科學的起始、發展，和騰飛的過程。每一個面向都帶著歷史的困境，而且每一個細節都缺乏適切的概念來做好順暢的聯結，但他總有辦法把複雜的困境分解成可被理解的細緻圖像，然後就容易消化成為相互聯繫的階層性構圖。啊哈，懂了！這就是狄漢的能耐！

這本剛出版的書，寫的是有關「學習」這個大家都知道的概念，在現代神經科學和認知科學整合之後，以新的研究工具（MRI、MEG、ERP 等測量腦神經活動的高科技儀器）和不斷提升其精準度的分析方法，透視行為改變的神經機制，並建構新建「知識」儲存、聯結，和組合的生化模式，讓我們了解以往大家認為理所當然也習以為常的「學習」，其實是涵蓋非常複雜的生物演化歷程和不斷要把行為的特殊性提升為普遍原則的傾向，因此有效學習的四個核心動力就是：注意、主動參與、錯誤回饋，以及鞏固所學。總的來說，被動的學習是學不到東西的！

這本書最精彩的部份是狄漢對近五十年來在嬰幼兒學習的科學研究發現，做了全面且非常深入的整合報告。他的博士生涯是在當年世界上最好的嬰幼兒認知實驗室，跟隨頂尖的大師梅勒（Jacques Mehler）學習，所以他說「不要低估嬰幼兒！」，也很清楚的告訴大家，即使現代最強的人工智慧（AI），都比不上人類嬰兒腦神經的學習潛力！你也許有親友在外國，他們的小孩同時學會說兩種或三種不同語言，一點也不困難，但你現在想學第二外國語，就必須費盡心力，遑論學習第三外國語。用科學的方法，在認知神經科學的研究中，打開腦神經學習的神祕面紗，對未來教育中有效學習的重新設計，絕對是有很大助益的！

最後，我必須再強調一次，這是一本非常值得慢慢細嚼、用心體會的有關人類有效「學習」的科普著作。內容不簡單，但作者的敘述條理分明，所以讀起來並不困難。在講究為未來科技社會超前部署的世代，重視精準學習，實屬必要！

推薦文

蓋好格子的白紙

白明奇／成大醫學院神經學教授
老年學研究所所長

二○○四年，我從美國亞歷桑納大學訪問研究歸來，洪蘭教授打電話來台南請我關照一位因中風住院的病人，說是她好友的父親。不久，洪教授寄來一大箱書，打開一看，十分驚訝，都是科普類的翻譯作品。這些年來，洪教授不斷翻譯科學書籍，將國外認知神經科學、心理學等重要的發現與理論引入國內，對當代的年輕學子產生很大的影響。這批書中，還包含腦科學教育的指引，更令人敬佩。三年前，我開始主持科技部前沿科轉計畫，目的是要將重大的科學發現轉化成一般人可以理解的形式、並推廣，以提升國人的科學素養，這是一流國民應該有的能力，更深刻體悟到洪教授過去數十年的努力，很不容易。

這次洪教授翻譯《大腦如何精準學習》（*How We Learn*），作者是 Stanislas Dehaene，是另一本了解大腦功能的好書。書中 Dehaene 引用許多有名的學說與實驗，對我來說十分熟悉，因為在心理學研究所攻讀博士學位的那幾年，上課內容與專題討論幾乎都是在探究學習的機制與原理，這與認知神經科學關係密切。

夏末某天，朝北的辦公室窗外，鴿子銜來一條條枯枝築起了巢，過了不久，下了兩個蛋，幾天之後，孵出了幼鴿，經過反哺餵食，歷經風吹雨打，幼鴿羽長翅硬，很快地，已經可以展翅拍打、做出欲飛之姿態。看這鴿子的成長，不禁想到此書描述的學習機器，剛破卵而出的乳鴿大腦是一張白紙嗎？

奇美實業創辦人許文龍先生曾說：人生如果被劃上格子，就只能寫字了。這是勉勵人們不要自我受限、或被他人束縛，而阻擋了原可揮灑的人生。然而，延續物種是個非常現實的任務，為達使命，生物體業已將千萬年來經過演化、物競天擇考驗的精髓及成功存活的祕笈印刻在染色體上。這樣說來，新生的大腦像是一張畫了格子的白紙，具備足夠與生俱來的能力，得以快速適應既有的環境；同時，大腦可塑性則是對付環境威脅的利器。二〇一四年諾貝爾醫學與生理學桂冠 The Mosers 發現了網格細胞（參考白明奇：腦內的導航系統。科學發展，二〇一五年：八月號），再次支持這種理論。

這其實正是本書所要強調的重點之一，但不會否定教育的角色，同時，Dehaene 告訴我們，教育學子絕非任其發展，必須有篤實的學理根據。以往教育心理學家多半靠觀察、推論形成理論，沒有科學的根據有可能導致推論錯誤。現在應用功能性大腦磁振造影，可以支持、但也推翻了許多過去堅硬不敗、知名的學說或理論。

這本書創造許多名句，例如「記憶看的不是過去，而是未來」、「沒有驚嚇、沒有學習」、「學習就是排除、減少錯誤」，Dehaene 更提點人類大腦的獨特性，弱化人工智慧的過度誇大，這對迷戀人工智慧的人來說，提供一個省思的機會。

古地圖用 Terra Incognita 來描述未知的疆域，剛剛來到人間的人類大腦就像 Terra Incognita，值得對認知神經科學有興趣的你我來持續關注。

譯者序兼導讀

讀寫能力決定國家的競爭力

洪蘭

五十年前秋天的一個晚上，我在加州大學心理所當助教，有一個長的很英俊的男生走進來，他先確定辦公室只有我一個人，再確定門是關的，然後很小聲的問：「你是助教吧？你是外國學生，在這裡沒有朋友吧？」我點點頭。他看了似乎放下了心，便很嚴肅的告訴我：「我不能閱讀，我來請你幫助我，請不要讓別人知道」。我聽了嚇一跳，不能閱讀是什麼意思？我從小到大，沒有碰過不能閱讀的人，只碰過很會閱讀的人。他接著說：「你學英文是有意識的學的吧？因為它不是你的母語。請你想一下，你是如何學會閱讀英文的？」。我說：「先學字母，再學拼字」，他不耐煩的說「我是問你，你是怎麼學會字母的？你是動用了什麼機制，才學會這些陌生符號的？」我呆了一下，怎麼學會的？我不知道。我才第一次感到，原來把這些陌生的符號變成有意義的文字是件不容易的事，不是每個人都能做得到的。

後來才知道這叫「先天性失讀症」，全球有6％左右的孩子有閱讀上的困難。人類可以閱讀是上天的福賜，它真的不是一件容易的事，我們平常沒有去想自己是怎麼學會的，習慣把很多事情都看成「理所當然」不知道背後的原因。時間匆匆過了半世紀，現在終於有人回答「我們是怎麼學習的」這個問題了，揭曉在這本書內。

本書作者是法國著名的認知神經科學家，得過好幾個國際大獎。他跟我們的實驗室有合作，我們也曾送學生到他實驗室去做博士後研究。二〇一〇年，他寫了一本《*Reading In The Brain*》（中文本《大腦與閱讀》信誼出版社二〇一二年出版），寫得很好，我便把它翻成中文，把閱讀的神經機制介紹到台灣來。因此，當他又寫這本討論大腦如何學習的書時，他便請我繼續把它翻譯出來。其實翻譯也要投緣，喜歡的書可以翻的很快，不喜歡的，三年也翻不完。

本書作者狄漢教授是J. Mehler的學生，在Michael Posner的實驗室做過博士後研究，是正宗實驗心理學派的弟子，我們有很多地方的看法相同，所以翻譯的工作輕鬆愉快。比如說，我們都認為教育是大腦的加速器，知識份子的短期記憶比文盲大了二倍，研究發現多念一年書，國家生產能力提昇3.6％。人類這個學習的能力可以因學校符合大腦發展的課程安排而變得更好。

他認為課程的設計很重要，因為沒有任何一個其他的動物有課程設計的能力，更不要說去教導他的下一代，把智慧傳承下去。學校這個系統化正式教育的機構，大大有效地增加了我們大腦處理訊息的能力。但是對教育，我們卻有很多的迷思，教育機構本身也有很多的缺點，現行的教育體系是工業革命時期建立起來的，但是我們已經進入了數位經濟的時代，如果不改變，還在用一百多年前的方式教育孩子，杜威說的「以過去的方法，教現在的孩子，會耽誤他明天的前途」，以後學生畢業出來會找不到工作。他在書中有詳細的討論，掌管教育的人士可以好好的看一下，因為他的論述背後都有實驗證據的支持。的確，每個人都有相同的基本大腦電路，相同的大腦學習法則，為什麼最後的成果有這麼大的不同？

本書最大的貢獻便是從實驗的證據上讓我們看到了大腦學習的歷程。他掃瞄出生才二個月的嬰兒（目前除了他的實驗室，還沒有任何一個實驗室做到這一點）讓我們看到孩子真的是小小科學家，眼睛一張開就像真正的科學家一樣，不停的形成假設，驗證假設，推翻假設，再形成更符合外面世界的新假設。他每二個月把幼兒園五、六歲的孩子帶到實驗室來掃瞄他們的大腦，看他們從不識字（法國的幼兒園沒有像我們台灣偷跑，幼兒園就在教認字、寫字，把一年級的功課給教完了）到識字，大腦皮質的改變。

他發現在第一次掃瞄時，孩子的大腦皮質對物體、面孔和房子都起反應，但對字母不反應，因為還不認得字。但開學二個月後，大腦對字母就開始反應了，而且反應的地方跟大人是同一個地方——左邊枕顳葉皮質。慢慢地，他們對臉的反應改換到右腦去了，改換的程度跟孩子閱讀的能力成正比。也就是說，字母的辨識佔據了本來面孔辨識的空間，乞丐趕廟公，把原來的面孔辨識趕到右半球相對應的位置去了。

作者也曾掃瞄兩個成年後才學習閱讀的人，一個是從小失學，沒機會念書，另一個是中風，左腦視覺字形區壞掉，所以不能閱讀。在二年的定期掃瞄中，失學者最後發展出字母區，但是他的字母區並沒有影響他的面孔區，因為左腦的面孔辨識迴路已經發展的很牢固，趕不動了，中風者則沒辦法再創造一個新的字母區出來，因為他已經成年，神經可塑性的彈性變小，無法把他的皮質區重新變成自動閱讀的機器，所以他可以讀，但讀得很慢、很辛苦，跟剛入學的小一學生一樣。

本書在課程教學的實用部分有很多精彩的論述，對站在教育第一線的老師有很大的啟發。父母若了解孩子大腦發展的過程就會了解為什麼蘇東坡的「待他自熟莫催他，火候足時他自美」這句話這麼的貼切了。的確，大腦成熟了，學習是水到渠成，大腦未成熟，趕鴨子上架，孩子會從此恐懼學習。

這是一本以實驗證據為本，告訴我們孩子如何學習的好書。它做到「有一分證據說一分話」，讓人從心裡信服，心悅誠服的去改變原有的舊觀念。教育是國家的根本，希望這本書能從大腦處理資訊的基礎上，讓所有的學生不再恐懼上學。

經濟合作發展組織（OECD）PISA 總監 A. Schleicher 說：讀寫能力是二十一世紀知識社會的共同貨幣，它決定國家的競爭力！我們目前迫切需要這個競爭力。

為什麼到現在為止，大腦比任何機器都學的好，請從仔細研究你的學生開始，因為顯然你對他們一無所知。

——**盧梭**《艾彌兒》（Jean-Jacques Rousseau, Emile, 1762）

這是一個令人奇怪驚訝的事實：我們知道人體每一個部分，我們把地球上每一個動物都分類，我們描述並命名每一片草，但是幾百年來，我們卻把心理學的技術留給了實證主義，好像他們比不上醫生，動物繁殖者或農夫來得重要。

——**皮亞傑**（Jean Piaget, “La pédagogie moderne”, 1949)

假如我們不知道我們是怎麼學的，我們怎麼可能知道怎麼去教？

——**L. Rafael Reif** 麻省理工學院校長，二〇一七年三月二十三日

前言

二〇〇九年九月，一個非常特殊的孩子使我澈底的改正了我對學習的看法。我那時在訪問巴西的莎拉醫院（Sarah Hospital），這是一個神經復健中心，是奧斯卡・尼邁耶（Oscar Niemeyer）所設計的白色建築物（譯註：巴西有名的建築家，聯合國總部大樓就是他設計的），我的實驗室和這個復健中心合作有十年了。中心主任，露西亞・布拉加（Lucia Braga）要我看一下她的病人，一個七歲的小男孩菲力普（Felipe），這個孩子有一半歲月是花在這家醫院的病床上。她告訴我，菲力普四歲時，在街上被流彈所傷——很不幸，這種事在巴西很常發生，子彈穿過了他的脊椎，使他幾乎完全癱瘓，只剩微弱的四肢感覺，子彈也摧毀了他的大腦視覺皮質區，使他完全看不見。為了幫助他呼吸，醫生在他頸部氣管上開了個口，所以有三年的時光，他都住在醫院裡，一個鎖在殘障身體內的小靈魂。

在通往他病房的走廊上，我記得告訴我自己，要有心理準備去面對一個破碎的孩子，但是當我見到菲力普時……，一個跟其他七歲孩子一樣活潑可愛，對所有事情充滿了好奇心，問個不停，有十足生命力的孩子時，我太驚訝了，他的語言有著豐富的辭彙，文法完全正確，還問我法文的髒話怎麼講（譯註：作者為法國的認知神經科學家，而巴西是講葡萄牙文），我發現他對語言狂熱，從未錯過任何可以豐富他詞彙的機會，他可以說英文、西班牙文和葡萄牙文，雖然他看不見，又生活在床上，他靠寫他自己的小說的方式逃避到他的想像世界中，醫院的人員也鼓勵他這樣做。他在幾個月之內便學會口述他的故事給一位助理幫他打出來，後來他學會用一個連到電腦跟音效卡的特殊鍵盤去寫故事，不再靠別人了。醫院的小兒科醫生和語言治療師輪流到他的床邊，幫他把故事轉譯成盲人的點字書，還有著浮雕的插畫。他用殘留的一些觸覺，很驕傲地用手指輕拂過頁面。他的故事裡有英雄，以及他永遠沒有辦法看到的高山和湖泊，但是他像所有的小男孩一樣，有著他的夢想。

跟菲力普的會面深深地感動了我，也驅使我去仔細檢視我們大腦最大的才能：學習的能力。這個孩子的存在就是神經科學的一個挑戰，我們大腦的認知器官如何去應付這麼巨大的環境動盪？我跟菲力普有著這麼巨大不同的感官經驗，為什麼他和我可以有這麼相同的思想？不論人們是怎麼學的、什麼時候學的，這些不同的人是如何得出這麼相同的觀念？

許多神經科學家都是實證主義者（empiricists）：他們跟英國哲學家洛克（John Locke，一六三二—一七〇四）一樣，認為大腦是從環境中獲得知識，大腦皮質迴路的特性就是可塑性（plasticity），能夠適應環境的輸入。的確，神經細胞有著極大的能力，根據接收到的訊號不停地調整他們的突觸。然而，假如這是大腦的主要驅力，我的小菲力普，沒有視覺和動感的輸入，應該是個嚴重殘障的孩子，是什麼樣的奇蹟使他發展出完全正常的認知能力出來？

菲力普的個案絕對不是單一的個案，我們每個人都知道海倫·凱勒（Helen Keller，一八八〇—一九六八）和瑪莉·厄丹（Marie Heurtin，一八八五—一九二一）的故事，她們都是生下來就失聰、失明，然而在多年的社會隔離（social isolation）後，學會了手語，最後變成聰慧的思想家和作家。[1] 在這本書中，你會見到許多像這樣的人，我希望他們會大大改變你對學習的看法，其中一個人就是伊曼紐爾·吉魯科斯（Emmanuel Giroux），他在十一歲時眼睛失明了，卻成為世界頂級的數學家，套用聖·修伯里（Saint-Exupéry）在《小王子》（*The little prince*，一九四三）這本書中狐狸的話，吉魯科斯說：「幾何的重點是眼睛看不見的，但是用心，你就看得清楚了。」一個盲人如何在抽象的代數幾何空間中，快速的操弄平面、球形和立體而沒有親眼看見它們？我們會發現他動用的神經迴路跟其他數學家所用的迴路一樣，但是他的視覺皮質不但不是靜止不動，反而重新設定用來做數學了。

我也會介紹你認識尼可（Nico），一位年輕的畫家，他去巴黎的瑪摩丹美術館（Marmottan Museum）時，複製了一幅莫內（Monet）的名畫「日出印象」（*Impression, Sunrise*）（彩圖一）。你說這有什麼了不起呢？沒什麼，只是這是一個只有半個腦的年輕人，他的右腦在他三歲時便完全切除了，他只有左半球而已。尼可的大腦學會把他所有能力都擠到左腦中：他的左腦要說話、寫作、閱讀，還要繪畫，而後者一般認為那是右腦的專長。不但如此，他還會電腦、輪椅西洋劍（wheelchair fencing），他在這一項拿到西班牙的冠軍。請忘記你過去所學的左、右腦的功能，因為尼可就證明給你看了每個人都可以成為有創造力、有天份的藝術家，即使沒有右腦也行！大腦皮質的可塑性看起來真是奇蹟的創造者。

我們也會去看一下惡名昭彰的羅馬尼亞首都布加勒斯特（Bucharest）孤兒院的孤兒，這些可憐的孩子一出生就被送到孤兒院去（譯註：這是羅馬尼亞獨裁者希奧塞古

〔Ceausescu〕一個很可怕的錯誤政策，因為當時羅馬尼亞缺乏人力〔二次世界大戰在巴爾幹半島打得很激烈，青壯男士都戰死了，全國缺乏勞工。希奧塞古便下令凡是在四十五歲以下生育期的婦女必須為國家生育孩子，由國家成立教養院來養活他們，但是因為人手不夠，這些孩子是在幾乎沒有人照顧的情況下孤獨長大，造成後來很多的人格問題〕，這個經驗讓西方的學者〔主要是哈佛的教授Charles Nelson〕發現童年的受虐，如疏忽、冷漠、沒有關愛對孩子一生的影響），但是那些在一歲或二歲以前被領養的孤兒卻有著幾乎正常的學校經驗（譯註：也就是說在學業和人際關係上沒有問題）。

這些例子說明了大腦超凡的反彈能力，即使在受到巨大的創傷，如眼盲、失去半個腦或社會孤立後，還是發展出學習的能力，這個學習的火花並沒有被這些不幸的遭遇所熄滅，語言、閱讀、數學、藝術創造：這些人類所特有的能力，也是其他靈長類所沒有的，都能抵抗這些重大創傷，如切去半個腦、失去視力和動作的能力。學習是個生命力（vital principle），而人類的大腦有著巨大的可塑性——去改變它自己，去適應環境。

然而我們同時也看到相反的例子，學習被僵住，沒有力量掙脫，例如失讀症（alexia）患者無法閱讀字。我曾經研究過好幾個成人，他們原來都是閱讀很強的人，但是在中風以後，他們連最簡單的狗（dog）或地墊（mat）都不認得了。我記得有一個精通三種語言的女士，原來每天讀法文報紙「世界報」（*Le Monde*），中風以後，她無法讀報了，報紙上的每一個字讀起來都像希伯來文（Hebrew），她下決心要重新學會閱讀法文報紙，但是經過二年的努力，她的閱讀能力仍然沒有超過幼兒園孩子的程度：她要花好幾秒才能讀出一個字來，而且是一個字母、一個字母的辨識才行，即便如此，她還是無法讀出每一個字來。為什麼她不能學？為什麼先天性失讀症閱讀障礙（dyslexia）的孩子、沒有計算能力的計算障礙（dyscalculia）孩子或是運用障礙（dyspraxia），他們在學習閱讀、計算或書寫上都有相同的困難，而其他的孩子則毫無困難的學會這些技能。

大腦的可塑性像個喜怒無常的人：有的時候它可以克服巨大的困難，有的時候它又讓那些能力有障礙但有著很強動機想學，也很聰明的孩子和大人失望。這是因為某些神經迴路的關係嗎？是這些神經迴路在這些年間失去了它的可塑性嗎？這個可塑性可以再被打開嗎？控制打開／關閉可塑性的規則是什麼？大腦的可塑性為什麼從孩子一出生到幼年期能這麼的有效？大腦迴路如何形成外面世界的表徵？它的規則是什麼？了解這些規則會使我們學習得更快、更有效率嗎？這些規則可以幫助我們建構出更有效率的機器、人工智慧，使它們有一天能模仿我們或甚至超越我們嗎？這些問題是本書想要回答的問題之一，我會從**認知科學**和**神經科學**的最新發現，從跨領域的角度來回答它們，但是我也會從人工智慧和教育的角度來做整合。

為什麼要學習？

我們第一個要問的是：為什麼要學習？假如我們的孩子像希臘神話中的雅典娜（Athena），一生下來就會說話、就會思考、就知道對和錯，不知有多好？根據希臘神話，雅典娜從天神宙斯（Zeus）的頭飛出，一出生就已經成長而且全副武裝。為什麼我們不是一生下來大腦便已經事先配備好，把我們生存所要用的必備知識事先灌到軟體中，不要學習就會，那該多好？達爾文學派的學者一直很困擾：假如一個動物生下來就已經成熟，它的知識又比別的動物多，它不是應該在演化的競爭中是個勝利者，把它的基因傳得更多更廣嗎？演化為什麼會發明這個學習來折磨人？

我的回答很簡單：一個完全配備好的大腦是既不可能也不好用。為什麼這是不可能的？是的，這是不可能的。因為假如我們的 DNA 要包含所有知識的細節，它的容量會爆掉，根本沒有足夠的空間。我們的二十三對染色體有三億對 ACGT——腺嘌呤

（adenine）、胞嘧啶（cytosine）、鳥嘌呤（guanine）和胸腺嘧啶（thymine）。它們可以代表多少資訊？我們若用二元決策0或1來測量的話，這四個字母可以編碼為00、01、10、11，因此，我們的DNA就有六億位元，但是在今天的電腦，我們是以位元組（bytes）為單位的，八個位元合稱一個位元組，一個位元組可以代表0–255的數字，也可以表示一個英文字母或一個中文字及全形符號，所以人體的基因組（genome）就可以減少到七百五十個百萬位組（megabytes）——相當於舊型CD–ROM的容量或是小的隨身碟（USB）的容量，而這還不包括我們DNA本身就具有的高重複性（redundancies）。

我們的基因組承載著千百萬年演化來的資訊，必須能裝在一個受精卵中，還得包含整個身體的藍圖——包括我們肝臟、腎臟、肌肉每一個細胞、每一個分子的建構，更不要說我們大腦中八十六億的神經元和它們億兆的連接……，我們的基因組怎麼可能把這麼多東西全部列出明細？假設我們每一個神經細胞和它的連接只登錄一個位元（這絕對是低估），我們大腦的容量必須至少要10^{15}位元（terabytes），比我們基因組內的資訊量多千百萬倍，我們面對一個兩難（paradox）：我們必須有很大很大的腦來裝建構它的藍圖才行，因此唯一解決的方法便是結構按照基因組的藍圖，細節留給設計師，他可以依照環境來裝潢內部，事先設定好人類大腦全部的細節是不可能的事，所以我們需要學習來輔助基因完成它的工作。

不過這個簡單的會計說法不能解釋為什麼動物世界所有的成員都要有學習的能力，包括最簡單、連皮質（Cortex）都沒有的有機體如蚯蚓、果蠅、海參，牠們都可以學習。以線蟲（*C. elegans*）來說，在過去的二十年裡，這個毫米長的動物是實驗者的最愛，因為牠的結構幾乎完全由基因來決定，可以被分析列最小的可能性。大部分的線蟲只有九百五十九個細胞，包括三百零二個神經元，它們的連接已經完全破解，然而，一個這麼簡單的動物也可以學習。[2]研究者一開始時，以為牠只是一個可以游來游去的機器人，後來才發現原來牠們至少擁有二種學習方式：習慣化（habituation）和聯結（association）。習慣化是有機體適應一個重複出現刺激的能力，如用這個活在水中動物的水分子去刺激牠，最終這個動物對這個重複出現的刺激會不再反應。從另一方面來說，聯結是有機體發現和記住環境中的什麼因素可以預測食物的來源或危險的靠近。線蟲在聯結能力上算是冠軍，牠可以記得哪一個味道、嗅覺或溫度是曾經跟食物聯結過的（牠的食物是細菌），或者曾跟牠不喜歡的大蒜味聯結過，牠會用這些資訊來選擇牠在環境中游走最好的路徑。

因為牠的神經元數目很小，線蟲的行為是有可能事先設定好的。然而，牠並沒有。原因是為生存起見，牠適應某個出生環境的能力越強，對牠越有利。甚至兩個基因完全相同的有機體，也不見得會有兩個完全相同的生態環境。就線蟲來說，假如牠能快速的適應水的濃度、化學成分和溫度，牠會活的比較有效率。一般來說，每一種動物都需要快速適應牠目前生存環境中的不可預測情況。這就是天擇（Natural selection），達爾文（Darwin）的演算法成功的解釋了有機體為什麼可以在牠的生態環境中生存下來，但是這個速度對動物來講太慢了，整個世代會因為缺少某種適應能力而死亡後，基因突變才會增加這個物種的生存機會；但是學習能力就快很多，它可以在幾分鐘之內，改變行為。這就是學習的精髓：能夠盡快的適應不可預測的情況。

這是為什麼學習會演化出來，即使一個只有最粗淺學習能力的動物都比固定行為的動物有比較好的生存機會。能生存下來就比較可能把牠的基因（這些基因現在包括了學習的演算法）傳到下一代去，所以天擇驅使學習出現，演化的演算法則發現了一個好方法：它可以讓身體的某一個變項／參數（parameter）快速的改變來適應環境中最不穩定的部分。

當然，物理世界有很多層面是不變的，例如地心引力就有普遍性，無論走到哪裡都有地心引力；光和聲音也不會一夜之間就改變，這是為什麼我們不需要學習如何去長耳朵、眼睛或前庭半規管這個平衡系統，或記錄我們身體的成長——這些在基因上是事先設定好的。但是其他的參數，如兩眼之間的距離、手腳的長度、體重、聲音的聲調都會因人而異，這是為什麼我們的大腦必須對他們適應。我們下面會看到，我們的大腦是妥協的結果——我們從長遠的演化歷史中，繼承了許多天生的神經迴路（我們有著很多外面世界物體直覺的類別，可以把影像、聲音、動作、物體、動物、人們……歸類），或許就廣義的來說，那些透過經驗來改善我們早期各種技巧的學習法則，可能也有生而有之的神經迴路吧。

教導人（Homo Docens）

假如要我用一個字來總結人類最大的能力，我會回答「學習能力」。我們不只是**智人**（*Homo sapiens*），還是**教導人**（*Homo docens*），一個可以教導他自己的種族。我們了解這個世界的大部分知識不是基因給我們的，是我們從我們的環境所學來的，或是從我們身邊的人所學來的。沒有任何一種動物能夠像人類一樣，那麼激烈的改變它的生態環境，從非洲大草原遷移到沙漠、高山、島嶼、北極、洞穴、城市，甚至外太空。這些都是在幾千年之內完成的，如果沒有學習能力不可能改變的這麼快，從發現火到製造石頭工具，到農業、探險，到原子核分裂，人類的故事是一個一直不停在自我重新發明（self–reinvention）的故事，這些成就的底下有著一個祕密：我們大腦有著形成假設和選擇符合環境條件的超高能力。

學習是我們人類的勝利，在我們大腦裡，千百萬億的神經元參數可以很自由的去適應我們的環境、我們的語言、我們的文化、我們的父母、我們的食物……，這些參數是經過仔細挑選的：透過演化歷程，達爾文的法則很仔細的勾畫出哪些神經迴路需要事先設定、哪些要留給環境去決定。就人類來說，學習的貢獻特別大，因為人類的童年比其他哺乳類長得多。而且因為我們有著獨一無二的語言和計算能力，我們的學習工具可以穿越各種假設形成的無限大空間——雖然這些假設來自固定、不能變動的基礎，而這基礎是演化在我們基因上面的。

最近發現人類這個學習的能力能夠透過學校教導的幫助變得更好。課程設計是人類獨有的特權和優勢，沒有任何其他的動物可以撥出時間去教牠的下一代，並監控牠們的進步、遇到的困難和所犯的錯誤。學校的發明大大的增加了我們大腦的能力。學校是系統化的正式教育機構，在所有的人類社會中都存在，我們發現我們可以利用孩子大腦超強的可塑性把最大量的訊息和才能裝進去。幾百年來，我們的學校系統持續不斷地在改進它的效率，越來越早開始送孩子上學，現在上學時間超過十五年（譯註：三年幼兒園、六年小學、六年中學），高等教育更增加了大腦許多益處，大學是神經元的精製場所，在大學裡，我們的大腦迴路使我們的能力得到最大、最好的發展。

教育是我們大腦的主要加速器，這是為什麼大學預算是政府的主要開支之一：沒有大學教育，我們皮質迴路會像一顆沒有琢磨過的鑽石。我們的社會能有這麼大的複雜度，因為教育改善了我們的大腦皮質：閱讀、寫作、計算、代數、音樂、時間和空間的概念、記憶的精緻化……你知道，一個知識份子的短期記憶比文盲大了兩倍嗎（短期記憶是你一次可以重複多少個音節的數量）？或是每增加一年的教育，智商可以增加好幾分嗎？

學習如何學習

教育放大了我們大腦中已經變大的各個部位官能，但是教育可以使它表現得更好嗎？不論在學校或在職場，我們都一直不停地修補改進我們大腦的學習法則。然而，我們是憑藉直覺在做，並沒有特別去注意我們是如何學習的。從來沒有人跟我們解釋，大腦是如何去記憶、了解，或是如何去忘記或犯錯的。沒有人告訴我們這些大腦的法則是什麼，這真是很可惜的事。因為科學的知識是很廣泛的，英國教育捐贈基金會（British Education Endowment Foundation, EEF）[3]做了一個很好的網站，上面列了最成功的教育介入法——它給教導後設認知（metacognition，知道自己大腦的能力和不足的地方）非常高的評價。學習如何去學是在學校學業成就最重要的因素。

幸運的是，我們現在知道很多大腦如何學習的知識。電腦科學、神經學、神經生物學和認知心理學三十年來跨領域的合作大致了解了大腦運作的法則，它所用到的神經迴路、調控它們功效的因素，以及為什麼只有人類才如此有效率的原因。在本書中，我們依序討論這些點，當你讀完這本書時，我希望你對你自己的學習歷程會了解得更多，對我來說，每一個孩子、每一個大人都應該了解他們自己大腦的全部功能，以及它不足的地方，我覺得這是很基本的知識，透過系統化的解剖我們心智法則和大腦的機制，現代的認知科學對蘇格拉底（Socratic）的名句「認識你自己！」（Know thyself）有了全新的解釋。今天，重點不再是更犀利的內視法（introspection），而是了解引發我們思想的些微的神經機制，因為了解了這些神經機制，我們才可以最佳的方式去達成我們的需求、目標和慾望。

當然，我們如何學習這個科學的出現，跟老師、教育者特別有關係，我深信一個老師如果不知道他學生在想什麼，不管這個心智模式是內隱的還是外顯的，他就沒有辦法好好的教，老師必須要知道他要從哪一種的直覺開始，他要採取什麼步驟才能往前推動學習，哪些因素可以幫忙學生發展他們的技能。

雖然認知神經科學還沒有所有的答案，我們已經知道孩子在一開始時是從相同的大腦結構開始——他們都擁有一個**智人**的大腦，跟所有其他猿類的大腦是非常不同的。當然，我並不否認每個人的大腦有所不同：每個人的基因組不同，每個人大腦早期發展的環境也不同，這給了我們在強度上和學習的速度上有些微的不同。然而，每個人都有相同的大腦基本線路，我們學習法則的組織也是相同的，所以任何老師都應尊重某些基本原則，這樣教學才會有效。在本書中我們會看到很多例子，所有的幼兒對語言、算術、邏輯和機率都有抽象的直覺，這提供了高等教育的基石，所有的學習者都受到專注力、主動參與、錯誤回饋和每天複習、每晚固化（consolidation，譯註：我們在睡眠時，會把白天學習的東西固化並存到長期記憶中）的好處，我把這四個因素叫做「**學習的四根**

支柱」（four pillars），因為它們是人類學習的普世法則，存在於所有人類的大腦中，不管是小孩還是大人。

同時，我們的大腦又具有個別差異，有些極端的例子可以說達到病態的程度，例如閱讀障礙、計算障礙、運作障礙和注意力缺失。幸好，當我們越了解這些毛病出現的原因，我們越能找到診斷和補償的方法。

本書的目標之一就是傳播最新的科學知識，使每一個老師、每一位家長都能找到最佳的教學策略。雖然每個孩子知道的**東西**是非常的不一樣，他們還是有共同的學習法則。所以對所有孩子來說，最有效的教學策略，對有學習障礙的孩子來說，應該也是最有效的，只是老師需要更加有耐心、更加聚焦、更加有系統化的教學，特別是對錯誤要更加容忍。

最後這一點非常關鍵：孩子犯錯要立刻告訴他，錯誤的回饋非常重要，許多孩子對自己失去信心、對學習失去好奇心，都是因為他們的錯誤是被處罰而不是被改正。全世界的學校都是一樣，錯誤回饋其實就是處罰和羞辱，它們幾乎是同義詞。在本書的後段，我對學校成績所扮演的角色有很多的意見。負面情緒會摧毀我們大腦的學習潛能，而提供大腦一個免於恐懼的環境會重新打開神經可塑性的門，假如談教育時，不同時考慮大腦的情緒和認知層面，教育就不可能進步，今天的認知神經科學已經認為大腦的情緒和認知是學習雞尾酒的主要成份了。

機械的挑戰（The Challenge of Machines）

今天，人類的智慧面臨新的挑戰：我們不再是學習的冠軍了，在所有的知識領域，學習法則正在挑戰人類，它可能不再是人類所獨有、獨享的了。現在手機可以辨識面孔和聲音、轉錄演講、翻譯外國語言、控制機器，甚至下西洋棋和圍棋——做的比我們更好，機器學習（machine learning）已經變成億萬元的工業，而且還繼續不斷被我們的大腦研發，這些人造演算法則（artificial algorithms）是怎麼運作的？它們的原則可以幫助我們了解學習是什麼嗎？它們是否已經可以模擬我們的大腦，還是在這一點上它們還差得遠？

雖然目前電腦科學的進步很令人驚艷，但是它們的上限是很清楚的，目前市面上深度學習（deep learning）的算則只是模擬人腦的一小部分而已，我認為只學到我們感覺處理的第一階段，即我們大腦在訊息進來的最初二百或三百毫秒的潛意識歷程。這種處理方式並不是膚淺虛假的處理，在這麼短的時間之內，我們的大腦可以辨識面孔或文字，把它放進情境中，得出意義，甚至可以將之組合成一個短的句子，它的缺點是這個歷程完全是由下而上（bottom-up），沒有任何反思的機會（譯註：因為訊息處理的時間太短），只有在後續的階段，因為速度比較慢了，意識和反思才有機會進來，這時大腦才有機會去發展它的推理、推論和彈性能力——今日的機器還遠遠追不上這些能力。即使最先進的電腦還是比嬰兒建構抽象的外面世界模式的能力差許多。

即使在電腦的專長領域中——例如快速的辨識形狀——現代的演算法則碰到第二個問題：它比我們的大腦效率差。機器學習需要跑幾千百萬次的訓練嘗試。現在機器學習幾乎等於大數據的同義詞了。如果沒有很大的數據來支持，它的演算法則很難去抽取抽象知識再把它應用到新的情境去。換句話說，它們沒有辦法充份利用數據。

在這場比賽中，嬰兒輕而易舉的贏過機器：嬰兒只需要一、二次的重複就能學會一個新字。他們的大腦只要一點點數據就可以學會，這個能力今天的電腦還是沒有辦法，神經元的學習法則通常非常接近最佳的計算：它們可以從最少的觀察中得出重點，假如電腦科學家想叫電腦做出同樣的表現，他們必須借鏡許多學習的技巧，如注意力。注意力使我們選擇相關的資訊，並把它放大；或是睡眠時，我們大腦綜合整理前幾天所學的東西。現在有這些特質的新機器已經開始出現，它們的表現一直在進步中——無疑地，在不久的將來，它們會跟我們的大腦競爭。

我們的大腦為什麼還是比機器強？有一個新的理論認為，是因為大腦是個統計學家，它不停地關注機率和不確定性，它把它的能力發揮到極致來學習。在演化的過程上，我們的大腦學會了一些非常好的法則，使它可以不停追蹤以前學會的東西的不確定性——在數學上來說，這個系統化的注意機率，就是充分利用每一點訊息的最好方法。[4]

最近的實驗數據支持了這個假設，一出生的嬰兒就了解機率，這個了解似乎深值在他們大腦的神經迴路中。孩子就像個小小科學家，他們的大腦裡有許多假設，專門用來測試平日經驗的科學假設，用機率來推理基本上是個潛意識的歷程（我們並不覺得自己在推理），但是這個方法深植在我們學習的邏輯中。它使我們慢慢去拒絕錯誤的假設，只留下可以解釋數據的理論。人類跟別種動物不同，人類可以用這種機率的敏感度去得出外面世界的科學理論。只有**智人**可以系統化的得出抽象思維的符號，去更新他們對新接觸事物的可能解釋法則。

現在新的電腦法則也開始加入貝氏定理（Bayesian）這個新的學習方法——湯瑪士·貝葉斯（Thomas Bayes，一七〇二—一七六一）在十八世紀初葉奠定了這個理論的基礎。我認為貝氏法則會革命機器的學習——的確，它們已經可以像人類科學家一樣有效率的抽取出抽象的資訊來了。

現代學習科學的旅程包括三個部分：

在第一部分，〈學習是什麼？〉（What Is Learning?）我們從學習對人類和動物的意義是什麼開始，討論學習時的法則或機器，因為學習就是逐漸形成外在世界的內在模式，不論它是在矽（silicon）或是神經迴路上。當我去到一個新的城鎮時，我會在腦海中形成一個心智地圖——這個城市弄巷街道的小型模型。同樣的，一個孩子在學騎自行車時，他也是在他腦海中，模擬腳要怎麼踩、手要怎麼握龍頭才能維持自行車的平衡。電腦的人臉辨識法則也是先得出眼睛、鼻子、嘴巴的各種形狀和它們的組合，把它形成一個模型板（template）。

但是我們怎樣能建構出一個合適的心智模式？我們下面會看到，學習者的心智可以連接到一個巨大的機器，上面有幾百萬個可以翻轉的參數，這些參數集合起來就是我們過去已經學會的各種知識，例如，住家附近街道在我們心智地圖中是什麼樣子。在大腦中，這些參數就是我們的突觸（synapses），它是兩個神經元之間的連接，每個連接的強度不同。在最新一代的電腦中，它們是可以改變的加權（weights），或是說，兩個可能假設之間強度的機率。在人類大腦和機器的學習中，學習需要找出這些參數的最佳組合，全部加在一起，界定出心智模式的每一個細節。所以，就這一點來說，學習是一個大量搜索的問題——為了要了解人類大腦是如何學習，我們需要檢視一下現代的電腦是如何運用學習的法則。

當我們比較電腦和人腦運算法則的表現，也就是說，**在矽** vs. **細胞**（*in silico versus in vivo*），我們進一步可以知道學習在大腦層次是什麼意思。當然，數學家和電腦科學家還沒有設計出一個像人類大腦那樣強有力的學習法則，但是他們已經開始聚焦到任何系統都可以用的最佳學習法則。假如這個電腦的目的是達到最大效率的話。根據這個理論，最好的學習者是像科學家一樣，理性的去運用機率和統計的知識。一個新的模式出現了：大腦就像個統計學家，用機率去計算皮質的電路。這個理論很清楚的劃分先天和後天：基因先設定先前假設（a priori hypotheses）的廣大空間——環境，然後**選擇**最能符合外面世界的假設。這種假設是在基因上就規範的很清楚，選擇權屬於後天的經驗。

那麼，這個假設符合大腦的運作嗎？學習又是如何在我們大腦的神經迴路上實現？當我們學會一個新的技能或知識時，大腦有什麼改變？我在第二部分〈我們的大腦如何學習〉（How Our Brain Learns）中，會用心理學和神經科學來回答這些問題。我會聚焦在**嬰兒身上，因為他們是真正的學習機器**，沒有人比得上。最近的實驗資料顯示，嬰兒的確是如這個理論所預測的，他們是正在長大的統計學家。他們在語言、幾何、數字和統計上的直覺，推翻了過去認為他們是一張白板（a tabula rasa）的說法。嬰兒一生下來，他們的大腦迴路就已經組織好了，可以投射假設到外面的世界去，但是他們同時也有極大的可塑性，這個從大腦突觸永遠都有改變的可能性上可以得之。在這個統計的機械中，先天和後天不是對立的，而是相輔相成的。這個結果就是既有結構又能改變的空間，假如大腦受傷了，它有能力去修補它，它也可以把不再用的神經迴路回收去學習新的技能，例如閱讀和算術，因為演化所賦予的挑戰常常是不可預測的。

在第三部分〈學習的四大支柱〉（The Four Pillars of Learning）中，我會詳細列出為什麼大腦是到現在為止最有效率的學習設備。四根支柱就是四個重要的機制，使我們可以學習。**第一個是注意力**，這是一組神經電路，它選擇、放大、複製我們認為有關的訊號——這些訊號在我們的記憶是放大了一百倍在運作的。**第二根支柱是主動參與**：一個有機體若是被動，基本上學不到任何東西，因為學習需要主動去得出假設，而這個主動需要機動和好奇。**第三根支柱是錯誤回饋**，它正好是主動參與的反面。當這個世界違反我們的預期時，我們會驚訝，這時錯誤的訊號會傳遍大腦。它會校正我們的心智模式，刪除不恰當的假設，並穩住最正確的假設。最後，**第四根支柱是固化**：透過時間的流逝，我們大腦彙整已經學會的東西，把它轉存到長期記憶中，釋放出神經資源以備未來的學習。**複誦**在這個固化歷程中，扮演著重要的角色。甚至睡眠也很重要，因為大腦在這個時候，會把過去的事翻出來，快速看過一次，把白天學到的知識重新登錄。睡眠絕對不是像過去以為的是大腦在休息，是靜止沒有動作。睡眠其實是學習很重要的一個關鍵。

這四根支柱有普遍性，嬰兒、孩子、大人在學習時，都用到它們。這是為什麼我們需要把這四個能力操到很熟練——這就是我們可以學習的原因。最後，在總結時，我會討論該怎麼應用這些科學的進步。改變學校的教學法、改變家庭、改變職場其實是不必要的，只要讓孩子有時間去遊戲、滿足他的好奇心、使他社會化、能集中注意力去學習和有充足的睡眠就可以增加我們大腦本來已經有的最大才能：學習。

第一部

學習是什麼？
What Is Learning?

智慧，從它的核心來看，
其實就是把沒有結構的訊息轉換成有用的，
可以付諸行動的知識的歷程而已。

——傑米斯・哈薩比斯（Demis Hassabis）
（Deep Mind AI 公司創辦人，二〇一七）

什麼是學習呢？在許多拉丁文語系中，學習（*learning*）這個字跟理解、懂得、抓住（*apprehending*）有著同樣的字根，在法文中是 *apprendre*，在西班牙文跟葡萄牙文中是 *aprender*……的確，學習是抓住真實的一個碎片，抓住它把它帶進大腦中。在認知科學中，我們說學習是形成外在世界的內在模式。透過學習，那些衝激到我們感官的原始數據轉換成精緻的想法，夠抽象使能用到下一個新的情境中——比如說，小一點的外在世界模式。

下面我們來看看，人工智慧和認知科學教我們如何在大腦和機器中浮現出內在模式來。這個外在訊息的表徵又如何因為我們的學習而改變。我們又怎麼可能在任何有機體、人類、動物或機器的共同層次上去了解它？透過了解，工程師為了讓機器學習而設計的各種方法（或說策略），我們慢慢會看到嬰兒學習如何看、如何說話、如何寫字所必須要做的事。事實上，我們下面會看到嬰兒的大腦始終是佔優勢的：目前的學習法則還是僅僅抓住人類大腦一點點的能力而已。了解為什麼機器不能學習隱喻（metaphor），了解大腦的什麼地方使嬰兒勝過最強有力的電腦，我們就能勾畫出「學習」是什麼了。

第1章 學習的七個定義

「學習」是什麼意思？我的第一也是最廣的定義是：學習是在腦中把外在世界形成一個內在模式。

你可能沒有感覺到，但是你的大腦已經儲存了幾千個外在世界的內在模式，他們就像外在世界的小模型，我們每個人大腦中都有很多這種小模型，例如我們只要閉上眼睛，用我們的大腦就可以看到你家附近和你家的心智模型。當然，沒有人生下來就有這個心智地圖——我們是透過學習得來的。

這些豐富的心智模式大部分是無意識得來的，而且超越我們的想像力。例如，你擁有豐富的英語心智模式，它使你了解你在讀的字是什麼意思，也使你可以猜 *plastovski*

不是一個英文字，而*swoon*和*wistful*是，但*dragostan*可能是，也可能不是。你的大腦中也有好幾個你身體的模式：它不停的用它來了解你現在手在哪裡、腳在哪裡，指揮他們位置來保持你的平衡。其他的心智模式登錄你對物體的知識以及你跟它們的互動：知道如何握住筆、如何寫字、如何騎自行車。有的模式還可代表別人的心智：你有著你周邊朋友的心智目錄，他們的外表、他們的聲音、他們的喜好、他們的怪癖。

這些心智模式可以製造出非常真實的外在世界，你有沒有注意到你的大腦有的時候投射出最真實的虛擬世界，在那裡，你可以走動、跳舞、去到新的地方，跟別人愉快的談話或感到很強的情緒？這些就是你的夢境！我們很難想像，這麼複雜的夢境居然只是我們內在的世界模式隨意呈現的結果。

我們在清醒時也在作真實世界的夢：我們的大腦對外在世界不停的投射假設和解釋。這是因為每一個投射到我們視網膜上的影像都是模稜兩可的。比方說，我們看到一個碟子，這個影像跟無限多的橢圓相符合，假如我們看這個盤子是圓的，雖然感官初始送上來的數據是橢圓，那是因為我們的大腦提供了額外的數據：它已經學會了圓形是最可能的解釋。我們的感覺區是不停的在計算機率，只有最可能的模式才會進入我們的意識界，這就是大腦的投射，它要把感官送上來的訊息找出最大的意義，假如沒有內在模式，原始感官的資料是沒有任何意義的。

學習使大腦可以抓住先前錯失的外在真實世界的吉光片羽，把它用在建構新的世界模式上。這個先前不知道的外在真實世界可以是歷史、生物學或是城市地圖，我們的大腦也學習把真實世界內化到我們的身體上，例如學習協調我們的動作，集中我們的注意力去拉小提琴，在兩者情況下，大腦都是把一個新的外在真實面**內化**進來：它調整電路，把過去還沒有掌握好的領域弄好。

當然這種調整必須恰到好處，學習的功力就在它能改正錯誤以符合外在世界，但是學習者的大腦怎麼「知道」如何去更新內在模式，比如說，在住家附近迷路了、從自行車上摔下來了、輸掉一盤西洋棋了，或是把 *ecstasy* 這個字拼錯了？我們下面來看看七個目前機器學習法則（machine learning algorithms）的關鍵想法，這七個想法也可以適用到我們大腦的學習——這是對「學習」的七個不同定義。

學習是調整心智模式的參數

調整心智模式有的時候很簡單，例如，我們的手怎麼伸出去就能抓到我們看到的東

調整一個參數：視覺－動作的偏差

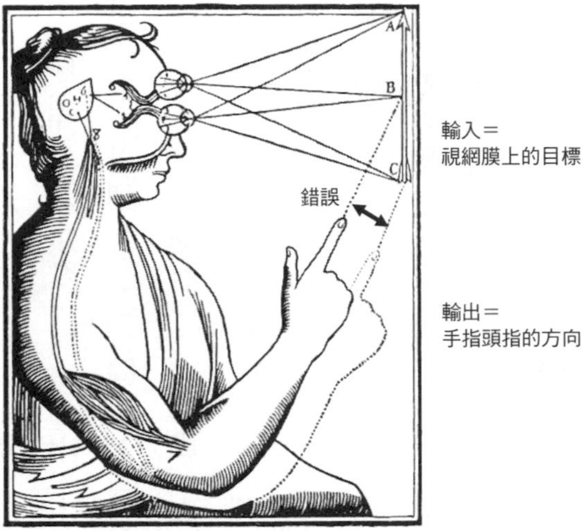

調整幾百萬個參數：支持視覺的神經連接

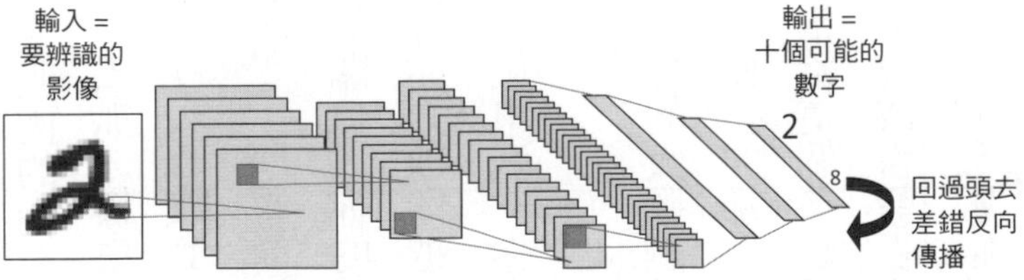

學習是什麼？學習就是調整一個內在模式的參數。例如，學習用手指去瞄準就是校正視覺和動作之間的偏差：每一次瞄準的錯誤都提供了大腦有用的資訊，慢慢縮小偏差。在人工神經迴路中，雖然要校正的數字更大，但原理是一樣的，辨識一個符號需要精細的調整幾百萬個連接。每一次的錯誤——此處是不正確的「8」輸出——會回過頭去反向傳播（back-propagation），去調整神經連接的數據，在下一次的嘗試中，改進表現。

西？笛卡兒（Rene Descartes，一五九六—一六五〇）很早就猜到了我們的神經系統一定有一些處理的迴路，可以把視覺的輸入轉換成肌肉的指令（請看上一頁之圖）。你可以嘗試這個體驗：戴上別人的眼鏡，然後伸出手去抓一樣東西。這個人的近視越深越有效（譯註：鏡片越厚，越難校正差距），更好的方式是戴上一個稜鏡（prism），它會把你的視覺偏左或偏右幾度，然後伸出手去抓東西。[1]你會發現第一次抓不到，東西的所在位置和你眼睛看到的地點有偏距，因為稜鏡的關係，你的手偏右太多了。慢慢的，你會校正你的動作，逐漸偏左，經過幾次失敗後，你的動作越來越準確，因為大腦學會去改正你眼睛的誤差。現在，脫掉稜鏡，再去抓這個東西。你會很驚訝的發現你的手這回偏左太多了！

這是怎麼一回事？在剛剛短暫的學習期間，你的大腦調整了它的內在視覺模式。這個模式的一個參數——專門負責視覺和身體方向偏差的那個參數，重新調整了數據。每一次伸手出去沒有摸到東西的嘗試／錯誤都會帶給這個參數新的數據。大腦就像獵人在打獵時那樣，要不停地調整來福槍的準頭，最後變成百發百中。這種學習非常快，幾次嘗試就能校正視覺和動作上的偏差，然而，這個新的參數跟舊的並不相容，所以當我們脫掉稜鏡回到正常視力時，我們又會犯錯。

當然，這種學習有一點特別，因為它只需要調整一個參數（視覺角度）而已，大部分的學習比這複雜很多，需要調整幾十個、幾百個，甚至幾千個參數，而我們有幾百萬個參數（在大腦中，相關電路中的每一個突觸都是一個參數）。不過原則永遠是一樣的：就是去搜尋無數的內在模式，找出最能符合外在世界狀態的可能性。

一個東京出生的嬰兒，在往後的二、三年間，他的語言內在模式是調整到符合日本語言的模式。這個嬰兒的大腦就像一個每一層有著幾百萬個迴路的機器。有些迴路是在聽覺的層次，決定日本語言中有哪些子音和母音，以及它們可以如何組合的文法規則。一個生在日本家庭的嬰兒必須知道組成日本語言的音素，這些音素的界線在哪裡，例如，有一個參數是區分 /R/ 跟 /L/，這個區別在英文中非常重要，但是在日文中不重要，日本人對這個句子"Bill Clinton's election"（比爾・柯林頓的選舉）和"Bill Clinton's erection"（比爾・柯林頓的勃起）沒有差別（譯註：作者顯然不喜歡這個美國總統）。每個嬰兒必須有一套他自己的參數，他才知道哪些語音跟他的母語有關。

從聲音到詞彙，文法到語意，每一個層次的學習歷程都是一樣的。大腦的組織是階層性的，像俄羅斯娃娃一樣，每一個模式是套在另一個模式之中。學習就是用輸入的數據去設定每一個層次的參數。讓我舉一個高層次的例子：文法規則的習得。在英文和日文中，嬰兒一定要學會字序，這個字序是個關鍵。在英文中，主詞、動詞和受詞如"John + eats + an apple"，在日文中，最常見的字序是主詞、受詞，然後才是動詞，所以它是"John + an apple + eats"；而這個字序會因介系詞而改變，如"My uncle wants to work in Boston"會變成"Uncle my, Boston in, work wants"好似星際大戰（Star Wars）中尤達大師（Yoda）講話的樣子——這個句子對日本人來說，一點問題也沒有。

很有趣的是，這種倒裝句並不是彼此相互獨立的。語言學家就認為他們來自一個叫做中心語位置（head position）的參數：在英文中，定義一個片語的字，即這個片語的頭（head）都是在片語的最前面（in Paris, my uncle, wants to live）；但是在日語中，它在最後面（Paris in, uncle my, live wants）。這個二位元參數區辨了許多語言，甚至那些在歷史上沒有關聯的語言（如美洲的Navajo印地安語，就跟日語的規則一樣），如果要學英語或日語，孩子必須弄清楚如何設定他內在語言模式的中心語位置參數。

學習是利用組合性爆炸

我們真的可以把語言的學習化約到參數的地步嗎？假如你覺得難以置信，這是因為我們沒有辦法想像當我們增加可以調整的參數時，它會打開這麼多的可能性。這個叫做「**組合性爆炸**」（combinatorial explosion）——也就是說，即使你只組合一點點的可能性參數，它會成等比級數的增加。假設世界上所有語言的文法用二位元（binary）來表示時，它大約有五十個二位元參數，這就有二百五十種組合，二的五十次方就有一百億（one million billion）（對不起，我已經算不清了）的可能語言，即一後面有十五個零，目前世界上的三千種語言的文法可以很容易放入這麼大的空間裡。然而，在我們大腦中，甚至沒有五十個可以調整的參數，但是有八十六億的神經元，每一個又有一萬個左右的突觸，相互連接（不過每個連接的強度不同），這些心智表徵（mental representation）展開來的空間可以說是無限大。

人類語言是大大的利用這個組合爆炸，而且在各個層次上皆是如此。比如說，心理詞彙（mental lexicon）：這是我們所知道的字以及這些字的內在模式。我們每一個人都擁有差不多五萬個字，有些字還有很多其他的意義（譯註：像 bank 就是一個多義詞，可以是銀行，也可以是堤岸）。五萬個字聽起來好像很多，但是我們只花差不多十年就累積了這麼多字，因為我們可以分解學習的問題。的確，假設這五萬個字平均只有二個音節，每一個有三個音素，這些音素是從英文的四十四個音素中組合起來的，這些字的二位元編碼需要二百萬不到的基本二位元選擇（bits，即0和1）。換句話說，我們字典的所有知識可以放進一個很小的二百五十千位元組（kilobyte, KB）的電腦檔案中（每一個byte有八個bits）。

假如我們把字的重複性（redundancy）拿掉的話，我們就可以把心理詞彙壓縮到更小的容積，隨便抓六個字母，如xfdrga，它不是一個英文字。真正的英文字是由嚴謹規則的音節所組成的，這在所有的層次都是如此，句子是由字所組成，字是由音節所組成，音節是由音素所組成。這種組合很大（因為我們有好幾十個或好幾百個元素）但是又有限制（因為只有某種組合才可以成立），要學一個語言必須要知道各個層次界定組合的參數才可以。

總結上述，人類的大腦把學習這個問題分解成一個多層次的階層性模式。這個現象在語言學習中特別明顯——從最基本的語音到整個句子，或甚至片語——都是應用相同的原則。這個階層性分解的原則應用到我們所有的感官系統中。有些大腦區域只負責低層次的形態（pattern），它們是從一個很小的時間和空間的窗口來看這個世界，所以它們只分析最小的形態，例如在主要視覺區。這是視覺皮質接收視覺輸入的第一個地方。每一個神經元只分析視網膜很小的一個地方，它從一個小洞來窺視外面的世界，結果它只能發現非常低層次的規則，例如有沒有會移動的斜線。視網膜不同地方的幾百萬個神經元都在做同樣的事，它們的輸出就成為下一個層次的輸入，這個層次的神經元就負責偵察「規則的規則」（regularities of regularities），諸如此類，以此類推，一層層報上去。每上一個層次，尺度就大一點，大腦偵測的時間和空間也就大一點，能夠偵察複雜物體或概念的能力也就更大一點，從一條線，一根手指，到一隻手，一個手臂，到一個人的身體……。等一下，是二個，是二個人面對面，在握手，原來這是美國總統川普（Trump）和法國總統馬克宏（Macron）的第一次會面。

學習是減少犯錯

電腦的「人工神經網路」（artificial neural networks）源自大腦皮質階層性組織的靈感。它跟皮質一樣有著像金字塔般的連續性層次，每一層次都比先前的一個層次有著更深的規則，因為輸入的數據是被越來越深的層次在處理，它們又被稱為「深度的網路」（deep networks）。每一層次自己本身可以偵察外面真實世界非常精細微小的部分；也就是說，每一個神經元可以把數據分成兩個類別，A或B，只有這兩個，沒有其他類別。當你把許多這種層次串起來時，你就得到一個非常強有力的學習工具，它可以偵察非常複雜的結構，並能調節它自己去處理非常不同的問題。今天這個人工神經網路已經深到好幾十層連續的階層，因為電腦的晶片越來越進步了，這些層次越來越厲害，可以辨識距離感官輸入訊息很遠的抽象本質（譯註：即這個東西已經脫離感官訊息的樣子，變得很抽象了，只要它本質不變，這個網路還是可以抓到它的精髓，將之辨識出來）。

讓我舉一個法國神經網路先驅楊立昆（Yann LeCun）的LeNet演算法則作例子（請看彩圖二）。[2] 早在九十年代初期，這個神經網路就已經達到非常高水準的手寫辨識，許多年來，加拿大郵局用它去自動處理手寫的郵遞區號。它是怎麼做到的？手寫的字體以像素（pixel，譯註：上課抄筆記來不及時，我們會把picture簡寫為pix，el是元素element的簡寫，兩個合在一起，pixel就是picture element像素，所以pixel是新創出來的字，兩個字頭的組合）影像方式輸入，再以十個可能數字和二十六個可能字母中最佳的解釋輸出，這個人工網路就像大腦的神經網路一樣，有許多連接在一起的階層，第一層直接連到影像：它辨識直線和弧度，把不要的過濾掉（filterout），再上面一層的過濾網比較大也比較複雜，可以辨識這個影像比較多的部位：比如說，2的弧度或0的圈圈，或是字母Z的二條平行線，這樣一直到輸出層次。這個人工神經元是不管位子、大小寫或字體的，它只管神經元之間的連接，這些連接一旦被算則調整過（這是個自動化的歷程），每個神經元就用它的過濾網去界定它所處理的東西。這是為什麼一個神經元對2起反應，另一個神經元對3起反應。

那麼這幾百萬個連接是怎麼調整的呢？它就像前面說的，戴稜鏡的例子一樣，每一次嘗試，網路給它一個回饋，告訴它是否錯了，它就調整參數，以減少下一次嘗試的錯誤。每一個錯誤的答案都提供了珍貴的資訊，就好像前面例子中，手太偏左或太偏右，這個錯誤告訴系統該怎麼做才會成功，機器就回到錯誤的源頭去校正參數應該設成的樣子，才可以避免錯誤發生。

我們再回頭看一下獵人調整來福槍的瞄準鏡。這個學習歷程是非常簡單原始的，獵人放槍，沒有打中，發現他的瞄準偏差目標偏右五公分。他現在有了重要的資訊，在強度上，他偏了五公分，在方位上，他太偏右了，現在他可以改正這個錯誤，假如他夠聰明的話，他就可以推論校正的方向：子彈太右了，那麼他應該將瞄準鏡向左移一點，他也可以把瞄準鏡調向右，看看子彈落點和目標之間的差距是變大還是變小。透過嘗試和錯誤的方法，這個獵人慢慢發現如何調整才可以減少目標和子彈之間的距離。

其實這個獵人採用了學習法則而他自己不知道。他的大腦內隱不自知的計算了這個系統的「導數」（derivative）或是梯度（gradient）。即他用了「梯度下降法則」（gradient descent algorithm）：他學會了用有效的方式調整來福槍瞄準鏡，減低了犯錯的機率。

今日大多數的人工神經網路（譯註：在神經學界，我們稱之為類神經網路，以別於真正的神經網路）都是採用人工智慧，不論它的輸入、輸出和調整的參數，它的運作方式就像我們的獵人一樣：他們觀察到錯誤，用錯誤去校正內在模式，使能減低錯誤。在許多情況下，這個學習是被嚴密監控著的。我們告訴網路哪一個反應應該激發輸出（是1，不是7），我們也知道精確的方向去調整參數使不犯錯（一個數學的計算可以知道究竟是哪些連接應該要修改而不會在應該反應1時輸出7）。在機器學習的用語中，這個情況被稱為「監督式學習」（supervised learning，有一個知道正確答案的人）和「錯誤方向傳播」（錯誤的訊號會送回到網路去修改它的參數）。這個歷程很簡單：我試一個答案，我被告知錯了，我應該怎麼回答：我測量我的錯誤，我調整我的參數去減少錯誤。每一階段我只做一點點的修正，慢慢朝正確的方向前進。這是為什麼這種電腦學習很慢：學習一個複雜的活動，如玩電玩遊戲「俄羅斯方塊」（*Tetris*）電腦需要經過幾千次、幾百萬次的調整才學會。假如一次要調整很多參數，電腦需要花很長的時間才會找到最佳的設定。

最早的類神經網路出現在八十年代，那時就已經在用梯度下降法則來校正錯誤。電腦科學的進步使這個用電腦來模擬人腦的想法擴展到巨大的類神經網路，包括億萬個可以調整的連接，這些深度（譯註：所謂深度就是層數越多的意思）類神經網路有著連續性的階層，每一個階層專門適應和處理它手邊的問題，例如彩圖二就是GoogLeNet系統，這是從楊立昆的LeNet結構演化來的，它曾獲得最重要的國際影像辨識比賽的冠軍。這個系統可以把億萬個影像分成一千個不同的類別，例如臉、風景、船、汽車、狗、昆蟲、花卉、路標等等。每一層有它自己的階層性，專門對真實世界的某個有用的層面敏感：例如低層次的單位會選擇性的注意線條或質地（texture）並對它起反應。層次越高，神經元越多，也越對複雜的輸入起反應，例如幾何圖形（圓形、曲線、星形……）、物體的部件（褲子的口袋、車門的把手、一對眼睛……），甚至對整個物體（建築物、臉、蜘蛛……）起反應。[3]

透過減少錯誤，梯度下降法則研究者發現這些對分類影像非常有用。但是假如這個網路要去辨識書的內容或是樂譜，它就要採用不同的方式，學習辨識字母、符號，或是新環境所會出現的形狀，彩圖三就是這種自我辨識的網路，它可以辨識幾千個手寫的數字。[4] 在最低的層次，數據是混合的：有些影像表面上看起來很像，但是應該被區分，如3和8。相反的，有些影像看起來很不一樣，但是卻應該放在同一個箱子中，例如8有很多種寫法，有人不把上面的弧合起來，有人寫的8合得很緊。在每一個階段，類神經網路進行抽象化，直到所有的同一類東西都被正確的放入同一個箱子中，如把各種不同手寫的8都放入「8」的箱子中。透過減少錯誤的程序，它發現辨識手寫數字最有關係的特徵（features），而這些特徵是有階層性的，的確，誰都沒想到，只是改正錯誤，就能發展出一套好用的偵察方法來解決手邊的問題。

今天，這個用錯誤反向傳播（error correction procedure）的學習概念仍然是許多電腦應用的核心，它是你智慧型手機能夠辨識你的聲音，或是你的無人駕駛汽車能夠辨識行人和路標背後的機制。在這方面，它真的很像我們的大腦，然而，錯誤反向傳播有各種形態，人工智慧領域在過去的三十年裡有著巨大的進步，研究者發現了許多可以促進電腦學習的撇步，我們現在就來看一看它們是什麼——你會發現，它也告訴了我們很多人類是怎麼學的，甚至我們究竟是什麼。

學習是探索各種可能性

錯誤反向傳播有一個問題就是它可能會陷在一套並不是最好的參數群中，而跳不出來。想像一顆高爾夫球在綠地上滾，一直循著最陡的斜坡線在走：它可能會陷入草地的一個小洞而無法到達這個坡地的最低點，所謂「絕對最佳點」（absolute optimum）。同樣的，梯度下降法則有的時候也會陷入在某一點而無法自拔，這叫做局部最小值（local minimum）：即在參數空間的一個井、一個陷阱，這個學習法則被困住了無法逃脫，因為它好像無法做得更好。在這個時候，學習無法進步，因為所有的改變似乎都是反效果的，每一步都增加錯誤率。這個系統覺得它已經學了所有可以學的東西了，卻看不見其他更好的方法。雖然這些好方法都在參數空間之內幾步之遙而已。梯度下降法則無法「看」到它自己，它很短視，它只能看到眼前而錯失遠方比較好的解決方法。

你覺得這個問題對你而言太抽象了嗎？我給你一個比較具體的例子：想像你去農夫市場買菜，你花一些時間去找最便宜的特價品，你在裡面逛時，走進第一個小販，你覺得他太貴了，你避開第二個小販，他的東西一向都比別人貴，最後你停在第三個小販前面，他的東西好像比前面幾個便宜很多，但是你不知道如果再多走幾步，會不會有比這個更便宜的攤子。只聚焦在局部的最佳價錢，並不擔保它是**整體**最小值（*global minimum*）。

電腦科學家常常會碰到這個問題，只好用各種策略來解決它。大部分的策略是在搜尋更好的參數時，加入一點隨機性（randomness）。這個想法很直接：與其只走市場的一條走道，何不隨便亂逛一下？與其讓高爾夫球順著斜坡滾下去，何不拿起來搖一下再丟下去？這樣可以減少掉入槽的機會。有的時候，隨機搜尋法則（stochastic search algorithms）會去試遠處和一半隨機（random）的設定（譯註：stochastic 和 random 在統計學上都是隨機，但是機率不同，random 是每次的機率都一樣，例如擲骰子，每次的機率一定是六分之一，但是 stochastic 就不一樣，如今天氣象報告有百分之二十機率下雨，明天這個機率可能就升高到百分之五十），因此，假如有更好的解決方法在可以拿到的距離之內時，這個方法就可能有機會找到。所以只要放入一些隨機性到設定中，或更新參數，加入隨機性，或是加入一些噪音（noise）到數據中，或是隨機挑一些連接來用，這些方法都可以增進學習的強度。

有些機器學習法則是從達爾文的進化論中去尋找靈感。比如說，加入突變（mutation）和把前一次發現的解決方法拿來隨機交配。在生物學中，這種突變一定要很小心地控制，才不會浪費時間或製造出危險的變種來。

另一個法則是從鐵匠打鐵得到的靈感。鐵匠知道要得到最好的結果必須用「退火」（annealing）的方式，就是鍛鍊很多次，每次溫度越來越低，以增加柔軟度、延展性和韌性。這個冶金學上的技術運用在電腦科學上：用模仿退火的方式來把隨機改變加入參數中，但是用的是慢慢降低的虛擬「溫度」（temperature），這個改變的機率在一開始時很高，但是慢慢下降直到系統凍住在一個最好的設定上。

電腦科學家覺得這些方法都非常有效——因此或許你也不該驚訝，演化在過程中，把一些這種策略內化到我們的大腦中，隨機的探索（random exploration）、隨機的好奇心（stochastic curiosity）和神經發射的噪音（noisy neuronal firing）都在**智人**的學習上扮演了重要的角色。不管我們是在玩剪刀、石頭、布，或是即興創作爵士音樂，或是在尋找解決一道數學難題的方法，隨機都是解決方法的一個重要成分。我們下面會看到，當孩子進入學習的模式時——即他們在遊戲時——他們是大量應用隨機在探索各種的可能性。當夜晚來臨，他們上床睡覺時，他們的大腦仍然不停的拋丟（juggling）各種想法和念頭，直到找到最能解釋白天經驗的說法。在本書的第三部分，我會再回來談半隨機法則（semi-random algorithm）。這是孩子為什麼會非常的好奇——而只有少數的成人能夠維持像孩子一樣的赤子之心。

學習使報酬函數達到最佳點

還記得楊立昆可以辨識數字的 LeNet 系統嗎？這種類神經網路必須要給正確答案它才學得會。對每一個進來的影像，它需要知道這個影像是對應到十個可能數字中的哪一個，這個網路只有靠計算它的反應和正確答案中的距離來校正自己，這個程序叫做「監督式學習」（supervised learning），有一個長官在系統之外，知道答案並且教給機器。這種方法很有效，但是這種事先知道答案的情況很少，當孩子在學習走路時，沒有人可以告訴寶寶他們應該動用哪一條肌肉——他們只能不斷的嘗試，直到不再摔跤為止。嬰兒完全是透過評估結果而學會的：我摔倒，或相反的，我終於穿過房間走到門口了。

類神經網路也會面對同樣「沒有監督的學習」（unsupervised learning）的問題。當機器學習打電玩時，它唯一收到的訊息就是「想辦法得到最高分」，沒有人教他應該用什麼策略才會拿到高分，它是怎麼自己找到正確方法去達到目標的？

科學家用「**增強學習**」（reinforcement learning）來回答這個問題。我們並沒有提供他應該怎麼做，因為沒有人知道答案，只是告訴他「報酬」（reward）。所謂報酬，就是評估一個量化的分數。[5]更糟的是，這個分數有時很晚才出現，遠在他已經做了決定之後。這個延後的增強（delayed reinforcement）是DeepMind公司的原則，這個公司是谷歌（Google）的子公司，它創造了一個可以下西洋棋、跳棋和圍棋的電腦。這個問題很龐大，因為只有到最後，這個系統才得到報酬的訊號，告訴它這一局是贏了還是輸了。在下棋的時候，系統沒有接到任何回饋。那麼這個系統如何知道怎麼做呢？而且一旦最後的分數（勝負）揭曉，機器怎麼能回去內省它前面做的決定呢？

電腦科學家發現只要叫機器同時去做兩件事，便可以解決這個問題：就是同時做，同時自我評估。一半的系統叫做「批評」（critic），學習如何去預測最後的分數。這個類神經網路的目標是評估，盡可能正確的評估這場比賽到目前為止的情況，或是，我要輸了嗎？因為有這個評估，系統可以隨時隨地知道自己的情況而不需要等到遊戲結束。另一半的機器，就是實際去做的那一半，可以利用評估來改正或校正：等一下，我最好不要這樣做，因為「批評」認為這樣做會增加我失敗的機率。

經過不斷的嘗試，行動者和批評者都一起進步：一個學會聰明的做，聚焦在最有效率的動作上；另一個學會評估，一次比一次更精準的評估某個動作可能的後果。最後，這個「行動－批評」網路（actor–critic network）就有了非常好的預知能力：在很多還不知道結果的遊戲中，可以正確預測哪些可能會贏、哪些可能會輸，不再像那個法國電影〈恨〉（*La Haine*）中角色，從摩天大樓上掉下來時，每經過一層樓，他就告訴自己「到現在為止，都沒事」（so far, so good）。

這個「行動－批評」的組合是近代人工智慧最有效的策略之一，因為它後面有階層性的神經網路支持，所以效果好極了。早在八十年代，它就使一個神經網路贏了「雙陸棋」（backgammon）的世界冠軍。最近，它又使 DeepMind 創造出多功能的神經系統，能夠學會所有的電玩遊戲，如超級瑪利歐（*Super Mario*）和俄羅斯方塊。[6] 你只要給這個系統影像的像素為輸入，可能的動作為輸出，遊戲的分數為報酬函數就可以了。這個機器自己會去學其他所有的東西。當它在玩俄羅斯方塊時，它發現螢幕是由許多幾何形狀所組成，從上面掉下來的形狀是重點，而你可以改變這個掉下來形狀的方向和位置。這個機器就這樣一直練習到它成為所向無敵的玩家。當它玩超級瑪利歐時，輸入和報酬改變了。它要學習完全不同參數：哪些像素形成馬利歐的身體，馬利歐怎麼跳動，他的敵人在哪裡，牆壁、門、陷阱是什麼樣子，額外的獎金（bonuses）又是什麼樣子……，這個網路可以適應所有不同遊戲的需求，調整參數（這是好多層、幾百萬個連接都要調整），學會辨識俄羅斯方塊、小精靈（*Pac-Man*）或音速小子（*Sonic the Hedgehog*）裡面的各種形狀。

教機器玩電玩遊戲的意義在哪裡？二年以後，DeepMind的工程師用他們從機器玩電玩遊戲所得來的知識去解決一個重要的經濟問題：谷歌該怎麼去經營它的電腦伺服器以得到最大效益？類神經網路仍然不變，唯一改變的是輸入（日期、時間、天氣、國際大事、搜索需求、每一個伺服器所服務的人等等）、輸出（在不同的洲開或關這個或那個伺服器）以及報酬函數（節省能源）。結果是谷歌立刻就減少了百分之四十的能源開支，省了數千萬美元——即使在無數專業工程師已經替那個伺服器作最佳能源狀態調整後，人工智慧還能再把能源降低百分之四十。人工智慧真的到了可以成功翻轉整個工業的地步了。

DeepMind的表現更是不得了，就如每一個人都知道的，它的AlphaGo軟體程式打敗了連贏十八屆的圍棋世界冠軍李世乭（Lee Sedol），這件事被認為是人工智慧的埃佛勒斯峰（Everest，又譯聖母峰）。[7] 圍棋是19×19的棋盤，有三百六十一個位子下黑棋或白棋，所以它的排列組合非常非常大，是不可能系統化的去探索每一個棋子未來要怎麼下，而增強學習的方法使AlphaGo的軟體辨識可能或不可能的棋路比任何一位人類棋士都要好。他們用的許多訓練方法之一是讓系統自己對打，好像西洋棋士在訓練時，自己對打一樣。每一局結束時，贏方的軟體會強化它的動作，輸方就要減弱它的步驟，兩方都要學習如何下得更有效率。

一七八五年，德國出版了一本《蒙克豪森男爵冒險記》（*Baron Munchausen*），在書中，這位異想天開的男爵想用拉他靴子後面的那塊皮帶（原來的作用是幫助他把靴子拉上來）去飛。人工智慧從這個蒙克豪森男爵身上得到了靈感，把它變成「拔靴帶」（bootstrapping）策略——從一個沒有意義的動作，慢慢一點一點進步到世界冠軍，這個神經網路唯一做的事便是自己跟自己下棋而已。

所以，當兩個網路合作時，可以增加學習的速度，或是讓兩個網路競爭時，也會進步得很快，最近的一個想法是「對抗學習」（adversarial learning）[8]，讓兩個系統相互對立，一個學習變成專家，例如成為鑑定梵谷（Van Gogh）畫的專家；另一個唯一的目的就是使第一個系統失敗，例如學習成為以假亂真的梵谷畫的仿造者。當第一個系統成功鑑定出梵谷的畫時，它會得到獎金，而第二個系統是當它成功騙過其他專家的眼睛時，它也會得到獎金。這個對抗學習的方法可以同時訓練出兩個人工智慧系統都成為梵谷專家，一個是能掌握最小的細節來辨識這的確是大師的巨作，另一個則是舉世無雙的仿冒者，能夠畫出騙過最厲害專家的假畫。這個訓練可以用在總統選舉的辯論上：候選人可以僱用專家來模仿他的對手以訓練／改進他的演講。

這個方法可以應用到人腦嗎？我們的兩個腦半球以及皮質下神經核都有很多的專家，可以對抗、協調、評估。大腦有些地方可以模擬別的地方在做什麼，它使我們可以預見和想像我們行為的後果，有時它的仿冒也幾乎跟真的一樣，例如我們的記憶和想像力可以使我們看到去年夏天游泳的海灣，或是我們在黑暗中所抓的門把。大腦有些地方學習去評批別的地方：他們不停的評估我們的能力，預測我們會得到的獎勵或懲罰。這些大腦地方就是使我們去採取動作或是默不出聲。我們也會看到後設認知——這個知道自己，自我評估，或在心智上沙盤演練，假如我們這樣做、那樣做會有什麼後果的能力——這個後設認知在人類的學習上扮演著基礎的角色，我們對自己的看法幫助我們進步，有的時候也會把我們鎖在一個失敗的惡性循環中。所以，把大腦想成一個既合作又競爭的專家系統是沒有什麼不對的。

學習是限制搜索的空間

現代的人工智慧還有一個問題，內在模式的參數越多，越難去找到最佳的調整方法。目前的神經網路，搜尋的空間非常大，電腦科學家必須去處理巨大的排列組合爆炸：在每一個階層都有幾百萬個選擇，而它們的排列組合這麼巨大，基本上是完全不可能全部探索完畢，結果有的時候學習就變得很慢，要花幾百萬次嘗試才能使系統朝著對的方向前進，因為要算的機率太多了。即使如此，這些數據在這巨大的搜索空間仍然渺小，這叫作「維度的詛咒」（curse of dimensionality）——當你有幾百萬個可能的層次要處理時，學習變得非常困難。

這個神經網路所擁有的巨大參數常常導致第二個障礙，即過度學習（overlearning）或是過度訓練（overfitting）：系統有這麼多自由度（degrees of freedom），使它覺得不如把每一個例子完全背下來，因為記憶這些細節比找出一個可以解釋這些例子的通用規則來得容易。

電腦科學之父馮紐曼（John von Neumann，一九〇三—一九五七）曾經說過：「給我四個參數，我可以畫出一隻大象來，給我五個，我可以使牠甩鼻子。」（With four parameters I can fit an elephant, and with five I can make him wiggle his trunk.）他的意思是太多自由度是個詛咒，會太容易過度緊密或精確的匹配特定資料，以致無法良好的調適或預測未來的結果（譯註：overfitting是統計的一個名詞，指的是當數據過度擬合模式時，失去模式預測的能力）。機器乾脆就記憶所有的細節，即數據和模式配合的太好了，反而沒有了預測能力。你可以模擬出厚皮動物（pachyderm）的輪廓而完全不需要知道大象是什麼，太多的自由度會減弱抽象化，雖然系統學的很快，它卻不能類化到新的情境去。然而類化正是學習的精髓，如果一個機器可以辨識一張它以前看過的圖片或贏一場它以前下過的圍棋，這個機器還有什麼價值？它的價值應該在辨識任何圖片，或贏任何一位棋士，不管這個情境是熟悉的，還是全新的。

當然電腦科學家想了各種方法來解決這個問題。一個最有效率的方法，即可以加速學習又可以改進類化——模式簡化。當要調整的參數減到最低時，系統就可以被迫去找到一個比較普遍的解決方法（譯註：普遍性是模式的一個重要條件，一個好的模式必然要能解釋各種現象），楊立昆發明**卷積神經網路**（*convolutional neural networks*）就是看到這一點。這個卷積神經網路是一個人工智慧的學習機器，在影像辨識中用得很廣。[9]要辨識圖像中的一個項目，你用的方法其實跟辨識其他情境中的項目應該是一樣的。例如，在一張相片中，可能有好幾張臉，要辨識這些臉，你用的算則跟你要辨識相片中的每一部分都一樣，例如去找一個橢圓形、一對眼睛等等，你不需要去學不同的模式來辨識視網膜上的每一個點：在一個地方學到的東西應該可以再用到其他的地方才對。

在學習的過程中，楊立昆的卷積神經網路把它們在某一地區學的東西應用到整個網路的所有層次，而且比以前的尺度（scales）大得多。所以他們要學的參數就少了很多：總的來說，系統只要學一個濾器就可以應用到每個地方，而不像以前一樣必須學影像每一個地方的許多不同連接。這個簡單的策略大大改進了表現，尤其是對新影像的類化。因為現在系統可以把過去所看過每一張照片的每一點經驗應用到新影像的算則上，它也大大加速了學習，因為機器只要去探索視覺模式的子集（subset）就好了。在學習前，他已經知道外面世界的一些重要概念：即同一個物體可以在影像的任何地方出現。

這個方法可以類化在許多不同的領域。要辨識語音，我們必須抽取出說話者聲音的特性，我們會強迫神經網路同樣的連接到不同頻率寬度（frequency bands）上，不管這個聲音是高還是低。減少必須要調整的參數，就增加了學習的速度，並可以較好的類化到新的聲音上：這個好處是雙重的，這是為什麼你的智慧型手機能對你的聲音作反應。

學習是投射一個先驗的假設

楊立昆的方法為先天知識的開發利用提供了一個很好的例子。卷積神經網路比其他的類神經網路學得更快更好，因為他們不必去學所有的東西，他們在組織結構上就內含了一個很強的假設：我在一處所學的東西可以類化到其他所有的地方。

影像辨識的主要問題在它的不變性（invariance）：我要能辨識出一個物體不管它的位置和大小，即使它移到右邊或左邊，遠一點或近一點，我都要能辨識出它是同一個物體。這是一個挑戰，但它同時也是很強的約束：即同一個線索可以幫助我辨識出這張臉，不管他在空間的什麼地方（譯註：我在醫院碰過腦傷的病人只認識這個物體的正面，如果給他看由上往下拍攝俯視圖或是側面的圖，他就不認得了。這個不變性是視覺研究的一個主題，我們都把它當作理所當然，其實這是大腦精密計算的結果）。卷積神經網路用重複同樣算則計算到每一個地方的方式，很有效地開發利用了這個規範（constraint）：它們把它包含到結構中，所以在還沒有開始學習之前，這個系統已經知道視覺世界的主要特質，它不需要學習不變異性，它假設 assume（不變異性）是一個先驗的假設（a priori hypothesis），用它來減少學習空間，這真是很聰明。

所以，先天和後天根本不應該對立，如果沒有任何先天的規範（innate constraints），純粹的學習根本不存在，任何一個學習的算則多少都有一些那個領域的假設（assumption）（譯註：hypothesis和assumption在中文都叫假設，但是它們有不同，hypothesis是根據已知的事實提出來的，assumption是沒有被考驗的觀點，是一種信念），卷積神經網路不是要從頭學起，而是仰賴先前的假設（assumption）並把它包含到自己的組織中，所以有效率得多。先天的假設（innate assumption）越多，學習的越快（當然這些假設必須是正確的才行）。這一點是放諸四海皆準的。假如你認為訓練自己跟自己下圍棋的AlphaGo Zero軟體是從零開始的話，你就錯了。它最原始的表徵包括圍棋的圖形和對稱性，知道它搜索的空間是8的因數。

我們的大腦也含有各種假設，我們在下面會看到。嬰兒一出生，他的大腦就已經組織好了而且知識淵博，他們雖然說不出來，但是知道東西如果沒有人去推，它是不會動的。手去推一個固體時，手不會進入固體中，固體也不會進入手指中。兩者不會相互穿越滲透。他不需要去學，因為在人居住的地方皆是如此。我們的基因組把這些自然法則設定在我們的大腦中，它給了學習限制和規範，也使學習變得比較快。嬰兒並不需要去學這個世界的每一個東西：他們的大腦裡有很多這些先天的約束（譯註：用約束或許讀者會不懂，其實約束是一種規範，在規範中是自由的，因為界限已經設定清楚，只要不越界，可以自由探索。但是沒有規範，可能走了很多冤枉路而不自覺。就好像很多人以為沒有紅綠燈可以走得更快，交通更順暢，其實沒有紅綠燈，交通會打結，反而走得更慢，紅綠燈就是一個約束，在看到紅燈時要停下來，讓對方先過）（只有特定的參數是無法預測的，例如臉的形狀、眼睛的顏色、聲音的音調、每個人交朋友的品味）需要後天去學習。

我再說一遍，先天和後天不需要對立，假如嬰兒的大腦知道人和物體的差別，那是因為他學來的——不是在出生的頭幾天，是在幾百萬年演化的過程中學來的。達爾文的天擇其實是一個學習的法則——一個跑了幾百萬年，一直在增強力量的軟體，透過每一個曾經活過的生物，增強這個學習機器。[10]我們是這個不可思議智慧的繼承人，透過達爾文嘗試和失敗（trial and error）理論，我們的基因體把祖先的知識內化成我們的智慧。這個先天的知識跟我們在一生所學的某些特定事實是不同的：它是非常抽象，因為它使我們的神經網路偏向自然法則。

總結上面，在懷孕的時候，我們的基因設定了大腦的結構，這些結構限制了探索空間的大小，使得後來的學習可以加快，用電腦科學的術語來說，基因建立了「超級參數」(hyperparameters)——即清楚標示出有多少階層(layers)、什麼樣的神經元(types)、相互的連接是什麼樣子、這些連接在視網膜的任何一點有沒有重複等等的高層次(level)變項(variables),因為很多這種變項是儲存在我們的基因組中,我們不需要再去學:人類在進化時,已經把它們內化了。

所以我們的大腦並不是被動的接受感官的輸入。從一出生,它就已經擁有一套抽象的假設,一套數百萬年從達爾文演化論而來的所累積的智慧。現在嬰兒把這個智慧投射到外面世界。雖然不是所有的科學家都同意這個想法,但是我認為這個想法很重要,實證派學者(empiricist)所主張的現代類神經網路的哲學是錯的,我們並不是生下來沒有任何的知識,大腦的電路是雜亂無章的,等著接受環境給我們的銘印(imprint)。相反的,人類和機器都是從一套先驗的假設開始學習,先把這一套先驗的假設投射到輸入的數據上,從這裡,系統再選擇最符合目前環境的假設,就如法國神經學家,尚—皮埃爾·尚熱(Jean–Pierre Changeux)在他的暢銷書《*Neuronal Man*》(一九八五)說的,「學習就是排除不對的」(To learn is to eliminate)。

第2章 為什麼我們的大腦比目前的機器學得更好

最近人工智慧的進步很可能讓很多人覺得電腦科學家終於找到超越人類學習和智慧的方法了，有些人甚至宣稱機器就要超過我們了。這是不對的訊息，事實上，大部分的認知科學家雖然很欣賞最近類神經網路的進步，但是都很清楚機器的能力還是很有限。事實上，大部分的類神經網路能夠做的，其實是我們的大腦在幾十分之一秒的短暫時間內無意識在做的事，例如接受一個影像，辨識它，把它分類，得出它的意義！[1]但是我們的大腦做的比這個多得多，大腦能夠有意識的探索影像，很仔細的，花好幾秒，一點一點的去檢視它。它能形成符號表徵並用語言方式跟別人分享這個影像是什麼。

這個很慢、推理的、是符號的運作特性，是人類大腦才有的特權（至少到目前為止，只有人類可以做到），目前機器學習的演算法在這方面還差得遠，雖然機器翻譯和邏輯推理一直在進步，但是類神經網路是把每一個問題當作自動分類的問題，然後把它們當作同一個層次的東西去學習，對拿著榔頭（hammer）的人來說，每個東西看起來就像釘子！但是我們的大腦彈性比這大得多，它很快就把資訊放在第一位，不會陷入自己的偏見，只要能夠都盡量抽取有普遍性、邏輯性和一目了然、可以明確說出的原則。

人工智慧缺了什麼？

去問人工智慧缺了什麼，等於指出我們人類學習的獨特的地方。下面是一個短的、尚未完整的人腦功能，這些功能連嬰兒都擁有，但是最先進的人工智慧系統卻沒有。

學習抽象概念。大部分的類神經網路只能抓住訊息，處理最前面的粗淺階段——即在五分之一秒的時間分解視覺皮質的影像。深度學習演算法其實沒有像有些人宣稱的那麼深。根據深度學習演算法的發明人之一，約書亞・班吉歐（Yoshua Bengio）說，他們只是想學初淺的統計規則而已，不是高層次的抽象概念。[2] 例如，要辨識一個物體，他們通常仰賴影像表面一些初淺的特質，例如某一個特定顏色或形狀，改變這些細節，他們的表現就垮台了：現代的卷積神經網路無法辨識一個物體的結構本質，他們無法辨識椅子就是椅子，不管它有四條腿或是只有一條腿，不管它是玻璃、金屬或充氣塑膠做的。這個只注意表面特質的傾向，使這個神經網路容易犯下大量的錯誤，現在有很多的文獻在談如何騙過神經網路：把一根香蕉改變幾個像素，或放一些別的東西在上面，這個神經網路就以為它是一個烤麵包機。

沒錯，假如你閃一張圖片給一個人看，快到只有一秒的幾分之一，他有時也會犯機器的這種錯誤，把狗看成貓。[3] 然而，只要給人類多一點時間，他們馬上會改正他們的錯誤。我們不像電腦，我們擁有懷疑自己的能力，而且可以重新聚焦到影像不符合我們第一印象的地方，這個第二次分析是有意識的，而且是智慧的，這個需要推理和抽象的能力。類神經網路忽略了一個重點：人類學習並不只是設立一個型態辨識（pattern-recognition）的濾網，而是形成一個抽象的外面世界模式，例如學習閱讀時，我們腦海裡有每一個字母的抽象概念，這使我們可以辨認出任何字體（譯註：如英文的花體字），甚至創造出新的字體（譯註：過去在美國改考卷時，發現同一個字母，學生寫出來的方式千奇百怪，人眼看幾次以後就不會再讀錯，機器可能就要費大工夫）如下一頁

上方各式A的寫法。

認知科學家霍夫斯特（Douglas Hofstadter）曾經說過人工智慧真正的挑戰是去辨識字母A。當然這句話有點誇張，但是仔細去想是有點道理：即使在這最少的情境資訊之下，人類也能發揮他抽取抽象概念或原則的能力（譯註：為什麼說極少的情境資訊，因為情境〔context〕資訊越豐富，越容易辨認出目標）。這是為什麼有些網站要你去辨識如CAPTCHA這種字串來證明你是人而不是機器。很多年來，CAPTCHA抵擋了機器，但是電腦科學也演化得很快：二〇一七年一個人工智慧系統可以像人類一樣（幾乎）的辨識CAPTCHA了。[4] 不意外的，這個演算法是模仿人類大腦的好幾個地方，它先設法抽取出每一個字母的骨架，如字母A最重要的內在本質，再用統計推理去確認這個抽象的概念是否能應用到目前這個影像上，然而不管這個電腦演算法多麼的精密複雜，它還是只能應用到CAPTCHA，而我們的大腦卻可以把這個抽象的能力應用到日常生活中的每一個角落上。

有效率的數據學習。每一個人都同意，目前的類神經網路學得太慢了：他們需要百萬、千萬、甚至億萬的數據才能發展出一個領域的直覺。DeepMind的類神經網路花了九百個小時才學會雅達利（Atari console），而人類兩個小時就達到了同樣程度。[5] 另一個例子是語言學習。語言心理學家迪蒲（Emmanuel Dupoux）估計在大部分的法國家庭中，孩子每年聽到五百到一千小時的說話語音（speech），這就足以讓他們學會笛卡兒的語言，包括 *soixante-douze* 或 *s'il vous plaît*。然而，在玻利維亞（Bolivian）亞馬遜流域的土著 Tsimane，他們的孩子一年只有聽到六十小時的語音——即使這麼少的經驗也沒有防礙他們成為流利的 Tsimane 語言者。比較起來，目前最好的電腦系統，從蘋果（Apple）、百度（Baidu）和谷歌，都需要二十倍到幾千倍的數據才能達到少量的語言能力。就語言來說，人腦的學習效率是機器遠遠趕不上的：機器渴求數據，而人腦是有效率的數據使用者，它能夠使最少的數據發揮出最大的功效。

社會學習。人類是所有動物中唯一能自動分享資訊的物種，我們透過語言，從別人身上學到很多。這個能力是目前所有類神經網路都還做不到的。在這些模式中，知識是加密的，因千百萬個突觸不同的加權而稀釋它的價值（譯註：即因為突觸量太大，你不知道是哪些突觸才是關鍵知識的連接），在這種隱藏、內隱的形式中，知識不容易被抽取出來，選擇性的與他人分享。相反的，在我們大腦中，到達我們意識界的最高層次資訊是可以外顯的說明給別人聽的，有意識的知識是可以被口語報告出來的：當我們充分了解一件事時，它會在我們思想的語言中形成一個心智方程式，我們就可以用語言的字把它報告出來（譯註：這就是我們做老師的常常對學生說的，假如你真的懂了，你就可以說的出來），我們用這個方法很有效地跟別人分享我們的知識，用最少的字（從教堂後面那條小路右轉就到市場了）把資訊分享出去，這個能力不論在動物世界或電腦世界都是只有人類才有的。

一次學習。這個效率最極端的例子就是人類可以在一次的嘗試中，學會新的東西。假如我介紹你一個新的動詞 *purget*，雖然只有一次，你可能就會用了。當然，有些類神經網路也可以儲存一個特定的記憶，但是機器不能做的很好，而人類大腦可以輕而易舉的把新資訊融入現存的知識網路中。你不但記住了新的動詞 *purget*，你還馬上知道如何運用到其他的句子中：「你曾經 purget 過嗎？」、「我昨天 purgot 過了，你曾經 purgotton 過嗎？」、「purgetting 是很麻煩的」。當我說「明天我們去 purget」，你不只學會一個字，你還知道它是一個不規則動詞（purgot, purgotten），它要依動詞第三人稱加 s（I purget, you purget, she purgets）。學習就是成功的把新知識插入已經存在的網路中。

系統化和思想的語言。文法規則是我們大腦特殊才能的一個例子：我們能夠找出特定事件背後的通用法則。不論數學、語言、科學或音樂，人的大腦可以找出最抽象的原則、系統化的原則，把它應用到許多不同的情境上。例如算術，我們學會了把兩個數字相加後，我們就可以系統化的把它用到很大數字的相加上（譯註一旦你會了2+2=4，你就會2000+2000=4000或更大的數字相加）。很多五歲或六歲的孩子就發現每一個數字 *n*，下面就有 *n+1*，它可以是無窮盡的序列——天下沒有最大數，永遠可以再加1，我到現在還記得，當我了解這一點時的心情——它是我的第一個數學理論，當時充滿了高亢情緒。我們的大腦神經細胞是有限的，它怎麼可能去了解這個無限的概念？

現代的類神經網路無法去表達一個簡單抽象的法則——每一個數字後面都有一個數字（every number has a successor），機器無法處理絕對真理（absolute truth）。目前大部分的演算法還是沒有辦法去處理系統性（systematicity）[6]，即從一個符號規則類化到其他上面去的能力。很諷刺的是，所謂的深度學習演算法幾乎沒有任何深度洞察力（profound insight）。

從另外一方面來說，我們的大腦卻有很強的能力去得出一種心智語言的公式，例如它可以表達一個無限大的集合，因為它的內在語言是有負號和量化的抽象功能（無限大＝**非**有限＝大於**任何**數字，infinite = *not* finite = beyond *any* number），美國哲學家傑瑞・福德（Jerry Fodor，一九三五－二〇一七）曾把這個能力理論化：他認為我們的思想是一種符號，這些符號遵循著思想語言（language of thought）系統化規則的組合[7]，這種語言的力量來自它重複做同一件事以得到某個特定結果的遞歸（recursive）本質：每一個新創造出來的物體（比如說，無限大這個概念）可以立刻在新的組合中使用，而且可以一再被用，沒有限制。那麼究竟有多少無限大呢？數學家喬治・康特（Georg Cantor，一八四五－一九一八）曾經問過自己這個問題，這導致他的「超限序數理論」（transfinite numbers），德國的馮・洪堡（Wilhelm von Humboldt，一七六七－一八三五）（譯註：柏林洪堡大學的創辦人）認為這就是「用有限的方式去創造出無限的用途」（make infinite use of finite means），這正是人類思想的特色。

一些電腦科學的模式想了解兒童是如何學會這種抽象的數學規則——但是要這樣做，他們必須先融入一個非常不一樣的學習形式。這個學習包含了規則、文法，還可以很快的選擇最短、最可行的形式。[8]在這看法裡，學習跟寫電腦程式很相似：從思想的語言中，所有的可能性中，選擇最符合數據、最簡單的內在公式。

目前的類神經網路還沒有辦法代表人類大腦對外界模式所採用的抽象片語、公式、規則和理論。這可能不是意外：因為這一點是人類所特有的。除了人類以外，沒有在任何其他動物身上看到。而且近代神經科學家也還沒有辦法去處理——它是人類真正最特殊的地方。在所有的靈長類中，人類的大腦是唯一有一套符號，而且可以根據複雜樹狀形文法規則作組合的。[9]例如，我的實驗室研究顯示，人類的大腦沒有辦法在聽到一序列的**嗶…嗶…嗶…噗**時，而不立刻假設它底下有一個抽象的結構（三個同樣的聲音後面跟著一個不同的聲音）。即使是猴子，也會偵察到這一序列四個聲音是三個相同，最後一個不同，但是牠們不會把這個知識集合成一個公式：我們知道這個，是因為當我們檢視猴子大腦的活動時，我們很清楚的看到數字和序列電路的活化，但是我們沒有看到類似人類大腦做整合的布羅卡（Broca's area）區的活動。[10]

同樣的，猴子也需要幾萬次的練習才能把一個序列倒過來做，如把ABCD變成DCBA，而一個四歲的孩子，只要練習五次就可以做到了。[11]甚至幾個月大的嬰兒就能夠用抽象的和系統化的規則去登錄外在的世界——這個能力是類神經網路和其他靈長類所不能的。

組合。一旦我學會了，比如說，兩個數字的加法，這個技術就會成為我能力庫中的一員，我隨時可以把它用在各種不同的情境中，如付餐廳的帳單、檢查我的稅單是否正確。我還可以把它和我其他的能力組合在一起，例如，我可以輕鬆的依照某一演算法的要求，把一個數字加上2，然後看它現在是大於5還是小於5。[12]

目前的類神經網路還不能有這種彈性是很令人驚奇的。他們已經學會的知識是被禁錮在一個隱藏的、接觸不到的連接中，所以把它應用到別的、比較複雜的作業中變得很困難。這個能夠**組合**以前學會的能力來解決新的問題是超越了這些模式的能耐。今天的人工智慧只能解決非常狹隘的問題：AlphaGo的軟體雖然可以打敗人類的圍棋王，卻是一個非常固執、沒有彈性的專家系統，不能把它的能力類化到任何其他的棋賽中，甚至只有一點點差別的15×15的棋盤，而不是標準的19×19的棋盤。從另一方面來說，人類的大腦只要學會了，就可以把這個知識或技能一再重複使用，或重新組合甚至解釋給別人聽。語言是人類大腦很特殊的一個層面，科學家很早就知道要讓機器跟人一樣的有彈性是一件很困難的事，早在一六三七年，笛卡兒在他的《談談方法》（*Discourse on Method*）就已經預期到這個問題了：

「假如有一個機器它可以做的像我們的身體，模仿我們的動作簡直就跟真的一樣時，我們還是有兩個方法可以知道他們是不是真的人類。第一是他們永遠沒有辦法組合口語或其他的符號，來像我們一樣的把我們的思想表達給別人知道。我們可能很容易被一個會說話的機器所騙，但是這個機器不能把字組合成不同的句子來回答當下每一個問題的意義；而一個最沒有智慧的人類卻可以做到。第二個方法是即使在很多事情上，機器可以做的跟我們一樣好，或比我們更好，他們還是會在別的地方失敗，因為他們不是以知識為基礎來行動，只是組合成這個機器部件配置的結果。因為推理是一個可以用在所有情境的普遍性工具，但是機器的部件需要特別的指令才能完成每一個特定的動作。」

推理是心智最普遍，每個人類都有的能力。笛卡兒把它列為第二個學習系統，比第一個的層次高，因為這個層次是根據規則和符號的。在最早的階段，我們的視覺系統是很粗淺的類似目前的類神經網路，因為它學會把進來的影像過濾，辨識出常見的輪廓。這在辨識臉、字或是圍棋上就已足夠，但是再往上去，處理的形態就大幅的改變了：學習開始用到推理，一種邏輯的推論來找出這個領域的規則。要創造出一個可以達到第二層次智慧的機器，對現代的類神經網路研究來說，是很大的挑戰。讓我們來看看，人類在學習這第二層次時所用的兩個元素，而這兩個元素正是目前大多數機器學習所做不到的。

學習是推理某個領域的文法

人類的一個特點是，不停搜索從某個特定情境所抽象的規則，高層結論將之應用到新的觀察上。要形成抽象的法則是個非常強有力的學習策略，因為只有抽象的法則才能適用到最多的觀察上。找到能夠解釋所有資料和數據的法則或邏輯規則是最快的學習方式——而人腦在這個方面是最強的。

讓我舉一個例子給你們看：想像我給你看一打裝滿了不同顏色球的半透明盒子，我隨機挑一個盒子，而這個盒子是我從來不曾從中取過任何一顆球出來的。我伸手進去，挑了一個綠球出來，你能告訴我，我摸的下一顆球的顏色嗎？

我的第一個反應是：我怎麼知道？你根本沒有給我任何資訊。是的，我還沒有。但是想像過去，我曾從別的盒子裡取過球出來，你注意到下面這個規則：在同一個盒子裡，所有的球都是同一個顏色。現在這個問題就不是問題了，當我給你看一個新的盒子時，你只要拿一個球出來，就知道其他的球都是相同的顏色，一旦知道了這個規則，你只要一次就學會這個遊戲了。

這個例子說明了在後設（meta）層次形成的高層次的知識可以引導全部的低層次觀察。這個抽象的後設——規則（meta-rule）——一個盒子中所有的球都是同一個顏色，一旦學會了，會立刻加快你的學習。當然它也可能是假的，假如第十個盒子裡面放的是各種顏色的球，你就會感到超級驚奇（或是說大大的後設驚奇）。在這情況下，你必須修改你的心智模式，質疑你先前的假設（所有盒子都放一樣顏色的球），你可能要提出一個更高層次的假設，一個後設—後設—假設——例如你可能會認為盒子有兩種，一種是放單一顏色的球，一種是放多種顏色的球，這時，你需要至少抓兩顆球出來才能下結論。不論哪一種情況，能形成階層性的抽象規則，可以節省很多寶貴的學習時間。

在這裡，學習是指維持一個內在的階層性規則，然後儘快地挑出最具有廣泛性和普遍性的規則，去說明所有觀察到的現象。人類的大腦從童年期起，最能應用這個階層性的原則，一個二、三歲的孩子走進花園，從他父母身上學到一個生字「蝴蝶」，這孩子只要聽過一、二次，就足以記住它的意義。這種學習的速度是驚人的，它超越到現在為止，每一個已知的人工智慧系統。這個困難在哪裡？因為每一個字的每一個聲音都沒有規範它的意義，當孩子浸淫在一個充滿了花草樹木和人的複雜情境時，「蝴蝶」這個聲音可以是花、是草、是園子裡任何東西的語音，更不要說比較不顯著的其他東西。因為我們的生活隨時都充滿了聲音、味道、動作，孩子怎麼知道蝴蝶這個聲音指的是什麼呢？它大可以是顏色、天空、動作或對稱（譯註：生活周邊也有很多抽象的東西）。抽象的字使得這個問題更加複雜、困惑。孩子怎麼學會「思考」、「相信」、「否定」、「自由」和「死亡」的意義？假如它們的表徵不能被看到或經驗到？他們怎麼知道「我」的意義，每次他們聽到「我」這個音時，說話的人都在講…他們自己!?

這些抽象的字學得非常的快，這是巴夫洛夫制約學習（Pavlovian conditioning）或史金納聯結學習（Skinnerian association）所比不上的，類神經網路光是要找出輸入和輸出影像和文字之間的相關，就需要幾千次的學習才會了解「蝴蝶」這個字是指在影像角落裡那個有顏色的昆蟲，而這種膚淺的字和圖片之間的相關，沒有辦法使學習者學會字的意義，除非加上固定參考系統如「我們」（*we*）、「永遠」（*always*）、或是「聞」（*smell*）。

對認知科學來說，字的習得是個挑戰，然而我們知道孩子有形成非語言的、抽象的、邏輯性表徵的能力。即使在他們學會第一個字之前，孩子就已經有思想的語言了，他們可以用這個能力形成抽象的假設並去驗證它們。孩子的大腦絕對不是一塊空白的石板，他們把天生所擁有的知識投射到外面世界時，可以非常有效地規範他們學習的抽象空間。此外，孩子能很快的學會字的意思，主要是他們能從高層次規則中，選擇有效的假設出來作為指引。這種「後設－規則」大大的加速了學習，就像前面那個從不同盒子裡摸彩球的例子一樣。

加速詞彙學習的一個規則就是選擇與數據相等的最簡單、最小假設的規則。例如，當寶寶聽到媽媽說：「你看那隻狗狗」（Look at the dog），就理論上來說，沒有任何理由說 *dog* 這個字是指某個特定的狗（Snoopy），或是任何四隻腳的哺乳類動物，或是活的東西。孩子是怎麼發現這個字的意思，比如說，*dog* 是指所有的狗，而且只有狗呢？實驗顯示他們邏輯推理所有的假設，但是只保留最簡單能符合他們聽到聲音的那個假設。所以當孩子聽到 *Snoopy* 這個字時，他們發現這個字總是出現在某一個特定寵物的情境中，而符合這個觀察的最簡單的規則就是那隻特定的狗。當孩子第一次在某個特定情境下聽到「狗」這個字時，他們可能暫時會認為這個字指的是某個特定的動物，但是他們聽到第二次，而第二次的情境跟第一次不一樣時，他們就會推論這個字指的是所有的狗。這個歷程的數學模式估計只要三次到四次的經驗，孩子就能把字歸到恰當的意義上[13]，孩子這個推論比任何一個現行的類神經網路都來得快。

孩子還有其他方法使他們學習語言比今天任何一個人工智慧的系統都來得快。一個這種後設—規則是不需多解釋，不言而喻的。一般來說，說話的人會專注在他要講的話上頭，一旦嬰兒了解了這個規則，他們就可馬上縮小他們要尋找意義的抽象空間：他們不需要把每一個字都跟眼睛所看到情境中的每一樣物品求相關（這一點正是電腦在做的），直到他們收集到足夠的數據來證明每一次他們聽到「蝴蝶」這個聲音時，那個彩色的昆蟲都有在情境中。孩子只要順著他母親的手指頭看過去，他就可以去推論母親在講什麼，這叫做「**共享注意**」（shared attention），這是語言學習的基本原則。

下面是一個非常好的實驗：給一個二歲或三歲的孩子看一個新的玩具，旁邊有個大人看著這個玩具，嘴裡說：「哦，一個 wog！」（oh, a wog），只要一次，孩子就知道 *wog* 是這個玩具的名字。現在，再重複一次剛剛的情境，只是這次旁邊的大人沒有說話，天花板上的擴音器說「oh, a wog」，結果在這種情境孩子沒有學會 wog 是那個玩具的名字，因為他不知道那個聲音指的是什麼東西。[14]孩子只有在了解說話人的意圖時，才可能學會一個新字的意義。這個能力也使他們了解抽象的字義：他們只有在把自己放在說話人的地位，了解這個說話人的意圖：他想說什麼時，他才可能學到抽象的詞彙。

孩子應用很多後設—規則來學習詞彙。例如，他們會利用文法的情境：當他們聽到「Look at the butterfly」時，*the* 這個字使他知道下面那個字應該是名詞，這個後設—規則必須要學才會的，嬰兒不可能天生就有所有語言冠詞的先天知識。研究顯示這種學習非常的快，差不多十二個月大時，孩子就已經有了最常用的冠詞和其他功能詞了，而且會用它們去輔助後面的學習。[15]

他們能這樣做，主要是因為文法的字出現頻率非常高，而且都是在名詞或名詞片語之前出現。這個推理好像循環論證，其實不是，當六個月大嬰兒學習他們第一個名詞，如「奶瓶」（bottle）和「椅子」（chair）時，他們注意到這些字前面都會有一個字 *the*⋯，他們會歸納出一個原則，這些字可能都屬於同一類別——名詞，而這些字常常都指的是物品，所以這個後設—規則就使他們在聽到 the butterfly 時，先去找他們旁邊的物體，而不是想它是動詞或形容詞。假如每一次的學習都增強這個規則，而這個規則本身又加速了後面的學習，他們的學習就越來越快了。發展心理學家認為孩子仰賴文法規則來幫助他們學習新字：孩子語言學習演算法用這個簡單但系統化推論的方式就慢慢這裡有三個 tufas，你能辨認出其他的來嗎？

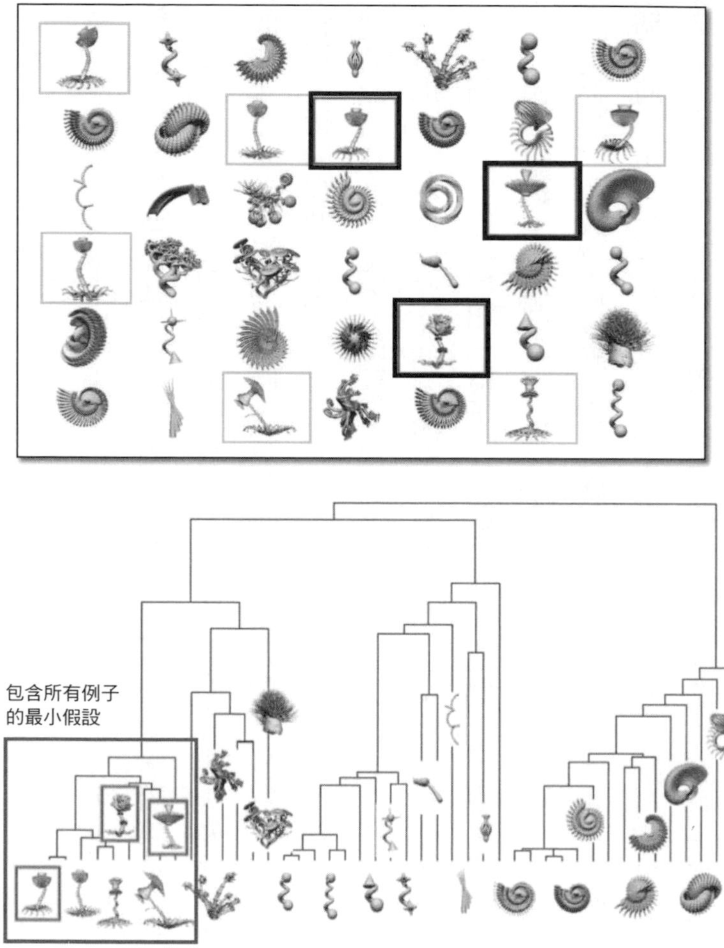

學習就是找出符合數據的最簡單的模式。假設我給你看上面那張圖片，告訴你黑框框裡的三個東西叫作 tufas，你該如何利用手邊這麼少的數據去找出其他的 tufas 來？你的大腦會先找出這些形狀是怎麼得出來的，它應該是一個包含所有特質的階層性的樹狀圖，然後再選擇符合數據的最小那一枝樹枝。

不需要人幫助，自己可以起飛了。

孩子還用另外一種後設－規則來加速詞彙的學習，這就是「互斥假設」（mutual exclusivity assumption）——即每個東西都有一個名字，也就是說，不太可能一個觀念會有二個不同的字來稱呼它。因此，新的字最可能是指新的東西或新的概念、想法。因此，當孩子聽到一個不熟悉的字時，他搜索字義的範圍就馬上縮小了，他只要去看那些他還不知道名字的東西就好了，一個十六個月大的嬰兒就已經非常會利用這個方法來學習詞彙了。[16]請看下面這個實驗，桌上有二個碗，一個是藍色的，另一個是不尋常的顏色，比如說橄欖綠，你跟孩子說：「把那個 tawdy 的碗拿給我」，孩子就會把不是藍色的那個碗拿給你（因為他已經知道什麼是藍）——他是假設，假如你要藍色的碗，你就會說「藍色」這個字，既然你不要藍色的碗，那你要的一定是那個不知道的顏色的碗了。幾個禮拜以後，孩子還會記得那個奇怪顏色叫做 tawdy，雖然他只有聽到一次，但是一次就夠了。

所以我們再一次看到一旦學會了後設－規則，孩子的學習會突飛猛進，而這個後設－規則是學來的，有一些實驗顯示雙語家庭的孩子比較不如單語家庭的寶寶那麼熟練的使用這個規則。[17]因為他們的雙語經驗使他們了解父母會用不同的字來說同一個東西。單語的孩子非常仰賴互斥規則，他們已經知道當你用一個新字時，你可能是要他們學一個新的東西或觀念。假如你說「給我 the glax」，他們就會從一大堆熟悉的物品中去尋找不熟悉的東西，因為他知道你要的不是那些熟悉的物品。

這些後設－規則表現出來的就是所謂「抽象的福賜」（blessing of abstraction），最抽象的後設－規則最容易學，因為每一個聽到的字都提供了支持這個規則的證據。所以，可能很早就學會了「名詞前面常會有定冠詞 *the*」，這個規則可以幫助他們學習詞庫。感謝這個抽象的福賜，孩子在二歲到三歲的時候就進入了「詞彙爆炸」（lexical explosion）的階段，他們每天毫不困難的學會十到十二個生字，完全仰賴這些脆弱的線索，而這些單薄纖細的線索正是耽擱這個地球上最好的機器演算法進步的東西。

要會用後設－規則顯然需要智慧才行。那麼人類是否是唯一會使用後設－規則的動物呢？不完全是，其他動物在某些程度上也會用抽象的推論。例如瑞可（Rico）這隻牧羊犬，牠就可以去拿很多不同的東西給你[18]，你只要說「瑞可，去拿恐龍」，牠就會去遊戲室，幾秒鐘後，叼一隻恐龍的填充物玩具出來。瑞可知道二百多個字，最特殊的地方是牠也是用互斥原則在學字，假如你告訴牠「瑞可，去拿 sikirid」（這是一個新字），牠就會去叼一個新的東西出來。一個牠還不知道名字的東西出來，牠也會用「一個東西只有一個名詞」的原則。

數學家和電腦科學家開始設計階層性規則，後設－規則和後設－後設－規則的演算法讓機器去學。在這些階層性的學習演算法中，每一次的學習都會限制／規範低層的參數，也會規範高層的知識，所謂抽象的超級參數（hyperparameter），這些規範轉過頭來會偏導後面的學習。雖然他們現在還不能像人類那樣超級有效率的學習語言，但是已經很不錯了。例如彩圖四顯示最新的演算法可以像科學家一樣找到最符合外界的模式。[19]這個系統有一套抽象原始的型別以及文法，這個文法可以透過重組這些基本規則而得出無限大的高層次結構。例如，它可以用這個規則「每一個點有二個鄰居，一在左，一在右」界定出一個線性鏈為一個緊密連接的點，這個系統自己可以知道這個鏈就是這個整數組（從0到無限大）最好的表徵，或是代表政客最好的方法（從極左到極右），這個文法的變項可以得出一個二位元的樹狀圖，每一個節點都有一個父母，二個子女。當系統去表達一個活的東西時，它會選擇這個樹狀圖，這個機器就像一個人工達爾文，會自動自發的去重新發現生命之樹！

組合這些規則也可得出平面、球形和圓柱形來符合我們地球的地理結構。這個演算法最精密的版本甚至可以表示更抽象的想法，例如美國電腦科學家古曼（Noah

Goodman）和田能邦（Josh Tenenbaum）設計了一個可以得出因果關係原則的系統[20]——它的公式很深奧，是一個數學公式：「在一個各個變項連接在一起的有向無環圖（directed acyclic graph）中，存在著一組次變項，它影響著所有的變項」，雖然這句話很難懂，我把它寫出來主要是因為它很漂亮的表達了一種抽象的內在公式。這個內在的心智文法是可以表達並且可以被測試的。這個系統測試了幾千個這種公式，只保留能符合輸入資料的公式，所以它能很快的推論出因果原則（假如有一些輸入的感官經驗是原因，而其他的是後果）。這也說明了抽象的福賜：考慮高層次的假設可以加快學習，因為它大大地縮小了搜索可能假設的空間。每一世代的孩子都不停地在問「為什麼？」，搜尋可能的解釋和原因——這促進了人類無止境的追求科學知識。

根據這個看法，學習包括選擇，從思想語言一大堆的表達方式中，選擇出符合資料的表達。我們馬上會看到這就是孩子在做的絕佳模式。孩子就像一個小小科學家，他們形成理論，把這些理論跟外界相比較，這表示孩子的心智表徵是比今日人工神經網路有結構的多。孩子一出生，他的大腦就擁有兩個主要成份：可以得出過多抽象公式的機制，和有智慧的選擇出最符合某些數據的能力。

這是對大腦的新看法[21]：一個巨大的，可以源源不斷得出新假設的模式，它可以製造出很多假設，也會限制它自己只採用符合真實世界的假設。

學習像科學家一樣推理

那麼，大腦是如何選擇最適合的假設呢？大腦接受或拒絕外在世界模式的標準在哪裡呢？它果然有一個很理想的策略——最新、最有成效的學習理論核心：假設大腦像一個剛出道的科學家（budding scientist），根據這個理論，學習就好像一個好的統計學家，從許多可能的理論中，選出最有可能是對的假設，因為這個假設可以解釋目前所有的資料。

當科學家形成一個理論時，他們並不是寫下數學公式而已——他們要做預測，一個理論的強度就在於它可以得出多少原始性的假設，這些假設被肯定或被推翻就決定了這個理論的命運。研究者用一個很簡單的邏輯：把各種理論的預測寫出來，然後剔除不符合實驗結果或觀察的假設。當然，只做一個實驗是不夠的，通常需要重複做實驗，當不同的實驗室都得到同樣的結果時，才可以肯定這個假設為真。下面我改述科學哲學家卡爾·波普爾（Karl Popper，一九〇二—一九九四）的話：「當一個理論經過不斷的推論和駁斥而變得更精緻化時，無知就逐漸的褪去」。

科學緩慢的進展也很像我們的學習，當大腦透過觀察不斷地對外面世界形成正確的理論時，我們心中的無知也就逐漸的消退了。那麼「孩子是個科學家」是模糊不清的隱喻嗎？不是——它是一個很精準的比喻，在過去的三十年裡，「孩子是個科學家」的假設帶出了一系列的重要實驗，讓我們知道孩子是如何推理、如何學習的。

數學家和電腦科學家長久以來都認為不確定性（uncertainties）是最好的推理方式。這個理論叫做「貝氏定理」，因為它的發明人湯瑪士·貝葉斯是一個英國長老教會的牧師，也是一個數學家，後來成為英國皇家學會（Royal Society）的會員。或許我們應該叫它拉普拉斯理論（Laplacian theory），因為是法國數學家拉普拉斯侯爵（Pierre-Simon, Marquis de Laplace，一七四九—一八二七）完成這個理論的。雖然它在十八世紀就出現了，但是一直到二十多年前，才被認知科學和機器學習所重用。越來越多的科學家發現只有用以機率理論為主的貝氏定理，才能從每一個數據點找出最大量的資訊，學習就是要從每一個觀察中得出最多的推論，即使是最不確定的推論也沒關係——而這正是貝氏定理所保證的。

那麼貝氏和拉普拉斯究竟發現了什麼？簡單的說，就是不論這個觀察有多微小，一律都用機率來推理最可能的發生原因，然後做出正確的推論。我們先來看一下邏輯的基本原理。自古以來，人類就知道如何去用真相來推理：這件事是真的還是假的，這句話是真的還是假的（*true or false*），亞理斯多德（Aristotle）發明了歸納法的規則，我們現在稱之為三段論法（syllogisms），我們一般是靠直覺在用它，例如「否認法」（*modus tollens*，英文翻譯為method of denying），假如P暗示Q，而Q是假的，那麼P也是假的，福爾摩斯（Sherlock Holmes）就是用這個方法破解銀斑駒（Silver Blaze）這個有名案子：

蘇格蘭場的偵探格里格雷問說：你還有沒有什麼話要告訴我的？

福爾摩斯：只有晚上狗的那件事令我好奇。

格里格雷：那隻狗在晚上什麼事也沒做。

福爾摩斯：這就是我很好奇的地方。

福爾摩斯推論，**假如**狗看到陌生人，牠一定會叫，因為牠沒有叫，所以這個人犯一定是熟人……，推理使得福爾摩斯縮小搜索範圍，最後找出偷馬的人。

你可能會問，「這跟學習有什麼關係？」有，因為學習也是推理，就像偵探一樣，它總是要回到這個現象背後的原因，才能推斷主導這個事件最可能的模式。但是在真實世界中，我們的觀察很少是 true／false：他們都是不確定性的和機率性的，這正是貝牧師和拉普拉斯侯爵的貢獻。貝氏定理告訴我們如何用或然率去推理，當資料不完美時，我們該用哪一種三段論法去推理。

機率理論（*Probability Theory*）：科學的邏輯（*The Logic of Science*）是統計學家簡納士（E. T. Jaynes，一九二二－一九九八）寫的一本非常好關於貝氏定理的書。[22] 在這本書中，他說所謂的機率不過就是我們對不確定性的表達方式罷了。這個理論有著數學的準確性，是說當我們有了新的觀察時，這個不確定性就進化了，所以它是機率和不確定性模糊不清特性最佳的邏輯延伸。

例如：假設我看到有人在丟銅板（這跟貝牧師在他十八世紀理論中用的例子很像），假如這個人沒有作弊，這銅板是正常的，那麼落下來是正面或反面的機率應該是50－50，古典的機率理論教我們怎麼去計算某個特定結果（如連續得到五個反面）的機率，貝氏定理讓我們到對方（觀察到原因）去看看。它用數學的精準方式告訴我們，如何去回答這種問題「在丟了幾次銅板後，我是否應該改變我對銅板的看法？」這個默認

（default）的假設是這個銅板是好的，沒有被動過手腳的，公平的……，但是假如我看到它落在反面二十次，我必須去改變我的假設：這個銅板一定被動過手腳了。因為我先前的假設變得不實際了。但是有多不實際呢？這個理論很明確地告訴你在每一次觀察後，如何去更新你的假設。每一個假設都有一個號碼呼應著合理性（plausibility）或信心程度（confidence level）。隨著每一次的觀察，這個號碼會隨著觀察到結果的不可能性程度而改變。就像在科學研究中一樣，實驗的結果越不可能，它越違反我們初始理論的預測，我們越有信心去拒絕這個理論，並去尋找其他的可能解釋。

貝氏定理非常有效率，二次世界大戰時，英國數學家圖靈（Alan Turing，一九一二—一九五四）用它去破解了德國的恩尼格瑪密碼機（Enigma code）；那個時候，德國的軍方訊息是先用恩尼格瑪密碼機加密，因為這種密碼機非常複雜，可以製造出一億種不同的字母組合。每天早上，密碼打字員會依當天長官的特殊指令，設定好恩尼格瑪密碼機，將信息輸入後，輸出的是一堆亂碼，只有手上有密碼書的人才能對照解碼，得知信息意義。對別人來講，這張紙就跟天書一樣，完全看不出意義。但是英國的圖靈發現，假如兩台機器是用同樣的方式開機的，那麼它們在送出的亂碼字母上會有一點點相似性，這個誤差很小，所以只有一個字母是沒有用的，但是假如收集了很多這種不可能性時，慢慢的，一個型態就會出現，加上當時叫作「炸彈」（the bomb）的現代電腦前身，圖靈和他的團隊成功破解了德軍的密碼。

我們要再一次問，這跟我們的大腦有什麼關係？有，因為我們的皮質也是在做同樣的推理。[23] 這個理論是說大腦的每一地區都在形成一個或多個假設，並把這些假設的預測送到其他的區域去，因此，每一個大腦模式都受到另一個模式假設的規範，因為他們互換他們對外界預測機率的訊息。這種訊息處理方式叫做「由上而下」（top-down），因為是從高層次的皮質區域開始的，例如額葉皮質（frontal cortex），往下走到低層次的感覺區域，例如主要視覺皮質（primary visual cortex）。這個理論認為這些信號就是大腦認為可行的，而且願意去測試的假設。

這些從上而下的假設，與外界送進來的「由下而上」（bottom-up）例如視網膜的訊息，在感覺區碰面了。在這時候，模式與真實外界開始短兵相接，這個理論認為大腦應該計算一下錯誤信號：即模式預測和觀察到的兩者中間的差別。貝氏演算法這時就可以派上用場，大腦如何用錯誤信號去修正內在的外界模式。假如沒有錯誤，那麼這個模式就是正確的，不然，這個錯誤信號會往上去調整模式的參數，很快地演算法就整理出一個符合外面世界的心智模式了。

根據這個大腦看法，成人的判斷有兩層洞見：對自己物種的內在知識（即貝氏定理所謂的「先驗的」〔*priors*〕，從演化過程繼承來的可行的假設）以及我們個人的經驗（the *posterior*），根據我們生活經驗所修正的先驗假設，這個說法平息了「先天 vs. 後天」（nature vs. nurture）的爭論：我們大腦的組織提供了兩個同樣強有力的先天配備和後天學習機制。所以的知識必須來自這兩個部件：第一，一組先驗的假設，在跟環境有任何互動之前就已經存在的；第二，根據它們在真實世界的可行性，把他們做分類的能力。

我們可以用數學演算來證明貝氏定理是最好的學習方式，它是盡可能抽取學習重點最好的唯一方法：即使只有一點點的訊息，如圖靈在恩尼格瑪密碼機上看到的一點點巧合就足以使他解開密碼了，一旦系統像個好的統計學家，很有耐性的收集證據，它最終會有足夠的數據去反駁某些理論和確認其他理論。

大腦是否真的像這樣運作呢？它是否一出生就有這個能力去形成很多假設，並學會從中選取最適合的假設呢？它是根據觀察到的數據去選擇好的假設，剔除不好的嗎？嬰兒是否一出生就像一個聰明的統計學家？他們能夠從每一個學習經驗中，得取最多的資訊？讓我們從嬰兒大腦的實驗數據，近一步的來看上面這些問題的答案。

第二部

我們的大腦如何學習

How Our Brain Learns

先天論和後天論爭辯的戰火已經燃燒了一千年，嬰兒真的是像一張白紙、一塊空白石板或是一樽空瓶等待著經驗來填滿嗎？早在紀元前四百年，柏拉圖（Plato）在他的著作《共和國》（*The Republic*）一書中就已經反駁了上面的說法。大腦不是空空、沒有任何知識的來到這個世界。他認為，打從一出生，每一個靈魂都擁有兩個非常複雜精細的機制：一個是知識的力量，另一個是我們習得教誨的器官。

我們前面看到，二千年以後，因為機器學習的進步，一個跟柏拉圖看法很相近的結論出現了。假如這個學習機器裝有兩個配備，學習會有效的多：一個是可供選擇的大量心智模式假設，另一個是可以依照從外面世界輸入的數據而調整假設的複雜演算法。就如我的朋友在一次先天和後天爭論時說的，我們太低估這兩者了！學習需要二個結構：一個很大的模式組及一個很有效率的演算法，可以依真實世界而去調整這些模式。

類神經網路就是用它們自己的方法在這樣做——把心智模式的表徵交給幾百萬個可調整的連接。然而，這些系統雖然可以快速且潛意識的辨識影像或語音，但是還不能代表比較抽象的假設，如文法規則或數學運算的邏輯。

人類的大腦似乎是用另外一種方式在運作：我們的知識來自符號的組合。當我們來到這個世界時，我們已經帶有大量各種思想的可能性組合。這個賦有抽象的假設和文法規則的思想語言是在學習之前就已經存在的，它製造出大量待測試的假設。根據貝氏大腦理論，我們的大腦必須像個科學家，收集統計數據，用它們去選擇最符合的模式。

這個學習的看法看起來有點矛盾，跟我們的直覺不太一樣，它認為每一個寶寶的大腦都載有他會碰到的世界上所有的語言、所有的物體、所有的面孔、所有的工具，外加他要記得的所有的字、所有的面孔、所有的事件。這個大腦組合學（combinatorics）認為大腦中不但已有這些物體，還有它們先驗的機率外加依經驗隨時更新這些物體的能力。我們的寶寶真的是這樣學習的嗎？

第3章

嬰兒看不見的知識

從表面上看，還有什麼人比嬰兒更沒有知識呢？還有什麼比洛克說的嬰兒的心智像「一塊空白的石板」（blank slate）等待環境去填滿它，更有道理呢？盧梭（Jean-Jacques Rousseau，一七一二—一七七八）在他的《愛彌兒》（*Emile, or On Education*，一七六二）中更是宣揚這一點：「我們天生可以學習，但是生來什麼都不知道，什麼都無覺識」（We are born capable of learning, but knowing nothing, perceiving nothing）。大約二百年之後，現代電腦之父圖靈說：「假設孩子的大腦像剛從文具店買的筆記本，有很多的空白頁，很少的機制」（Presumably the child brain is something like a notebook as one buys it from the stationer's. Rather little mechanism, and lots of blank sheets）（譯註：當我們要說它是全錯時，必須把它的原文錄下，以免因翻譯而冤枉好人）。

現在我們知道這種看法是大錯特錯的了，外表是可以唬人的：雖然它還沒有成熟，但是新生的大腦已經擁有相當多的知識，這是演化長史給它的。然而，絕大部分的這些知識是看不見的，因為它無法從嬰兒很原始的行為中去表現出來。靠著認知科學聰明的實驗法才讓我們看到寶寶生來就有的能力庫中有很多、很廣的物體、數字、機率、面孔、語言……等先驗的知識。

物體的概念

我們都直覺的知道這個世界是由實體物件構成的，其實應該說是由原子構成的。但是以我們所居住的世界來說，這些原子都集合成被我們叫做「物體」（objects）的東西。這些物體就是構成我們環境的基本元素，我們需要特別去學習這些嗎？不需要，千百萬年的演化已經把這個知識刻在我們大腦的核心上了。幾個月大的嬰兒就知道這個世界是由物體所組成，它們會在空間移動，如果沒有理由，不會突然消失，同一個東西不可能同時在兩個不同的地方出現。[1]就這一點來講，嬰兒的大腦已經知道物理學的定律了，如果拋一個物體在空中，它會形成拋物線，在空中持續移動，不會突然彈跳或突然不見。

我們怎麼知道這些？因為違反這些物理定律時，他們會很驚訝，今天的認知科學實驗室，實驗者就像魔術師一樣（見彩圖五），在一個特別為嬰兒設計的戲院裡，實驗者在舞台上玩各種把戲，物體一下子出現，一下子消失，一下子變多，一下子不見，一下子穿牆而過……，隱藏的錄影機監控著寶寶的眼睛，看他們投射的位置。結果很清楚，即使只有幾個星期大的寶寶就對這個魔術很敏感，他們已經對這個物理世界有很深的直覺了，他們會像大人一樣，當期待的結果不一樣時，會感到很驚奇。認知科學家放大拍攝的嬰兒眼睛，來決定他們是在看哪裡、看了多久，以此來測量嬰兒的驚奇度，並推論嬰兒本來預期看到什麼。

如果在書後面放一個物體，然後突然間書倒下躺平，後面的物體好像不見了（其實桌子有個小門，書是掉到桌子底下的袋子中），嬰兒會非常驚奇（譯註：作者用 flabbergasted 目瞪口呆這個字，我做過這個實驗，目瞪口呆絕不誇張），他們不能理解，一個固體的東西怎麼會突然消失在空中。當他們看到一個物體從一個屏風後面消失，卻在另外一個屏風後面出現時，他們也是張大了嘴，說不出話來，因為他們沒有看到物體在這兩個屏風的中間移動。當一輛小火車從斜坡上滾下來就這樣穿牆而過時，也會非常驚奇；假如他們看到一根桿子的上下兩端隔著中間木板在規律的移動，他們認為這兩端是屬於同一根棍子，假如把木板移開，原來是兩截短棍時，他們會很震驚（見下頁圖）。

所以嬰兒對外界已擁有很多的知識，但是一開始，他們並不知道所有的事情，要花好幾個月的時間，寶寶才知道兩個物體如何可以相互支持。[2] 一開始，他們並不知道當你放開手，物體會掉下來，但是慢慢的，他們了解物體靜止不動或掉下來的因素。第一，他們了解物體沒有支持會掉下來，但是以為任何的接觸都足以讓物體靜止不動——例如，把玩具放在桌子的邊緣。慢慢地，他們了解，玩具不但要跟桌子接觸，還得在桌子上面，不能在下面，好幾個月後，他們才了解前面的接觸規則是不夠的，是物體的萬有引力使物體停在桌子上面。

下次你的寶寶把湯匙丟在地上，玩「我丟你撿」的遊戲時，不要生氣，他們在做實驗，就像科學家一樣，孩子需要一連串的實驗才能把錯誤的理論排除掉。這些理論的順序如下：（1）一個物體在空中可以停留；（2）一個物體一定要接觸另一個物體才不會掉下來；（3）一個物體一定要在另一個物體上面才不會掉下來；（4）這個物體大

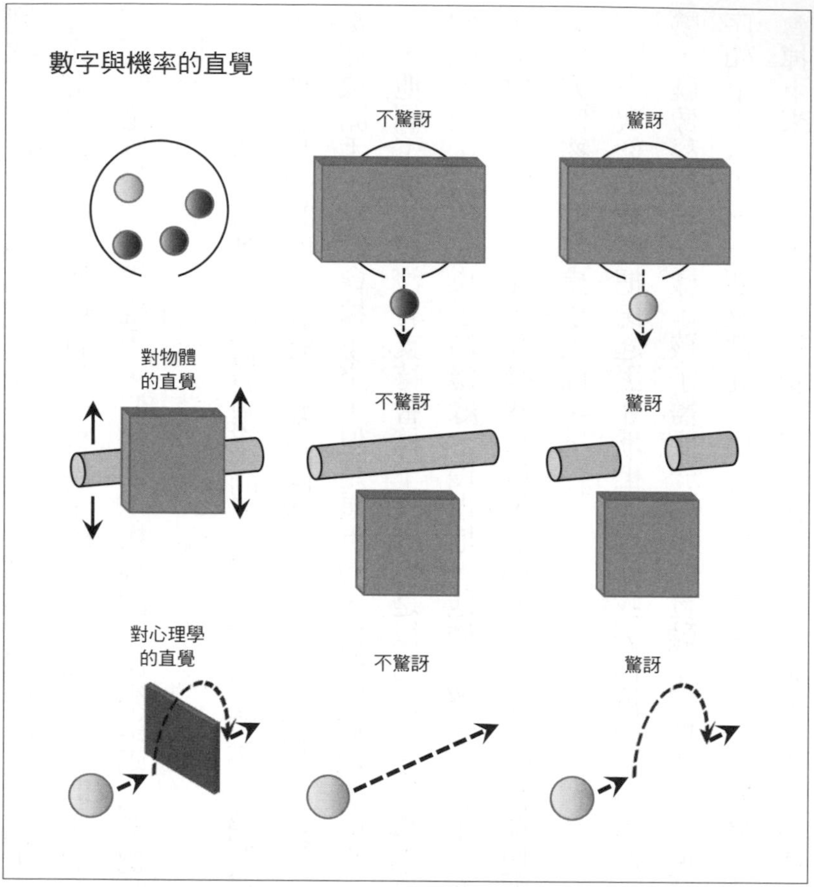

嬰兒非常早就擁有算術、物理、甚至心理學的直覺。實驗者用嬰兒注視驚奇場景比注視不驚奇場景時間來得長，作為評估的方式。當嬰兒看到實驗者從一個裝滿了黑球的盒子裡拿出一顆白球時，他很驚訝（這表示他已有數字和機率的直覺）。當嬰兒看見一根棍子兩端一致性的移動時，他會很驚訝發現原來是二截短棍在移動（這是對物體的直覺）。假如嬰兒看到一顆球滾向前方，跳過一個短牆，向右邊消失，他會推論這顆球有自己的意志，它要跳過障礙物繼續往前走，但是假如這顆球沒有短牆還繼續跳，他會覺得很奇怪（心理學的直覺）。

部分的體積必須在另外一個物體上面才不會掉下來，以此類推（譯註：以玩具和桌子為例，第一個物體指的是玩具，第二個物體指的是桌子）。

這個實驗的態度一直延續到成年後還是如此，我們對違反一般物理定律的新玩意充滿了好奇，如氦汽球、動態平衡（mobiles in equilibrium）、不倒翁（roly-poly），我們都喜愛兔子消失在帽子中、鋸人等魔術表演，我們喜歡這些因為它違反了我們大腦中一出生就有的直覺，這個感覺在我們生命的第一年又精緻了許多。麻省理工學院（MIT）人工智慧和認知科學的教授田能邦認為寶寶的大腦中有一個遊戲的主機（game engine），它會在心智上模擬物體的標準行為，就像電玩遊戲去模擬不同的虛擬實境（virtual reality）一樣，寶寶在大腦中模擬物體的動作，並把這個模擬動作和真實的相比較，他們很早就知道哪些動作是在物理上可能的（possible），哪些是很可能（probable）。

數字的感覺

讓我們來看第二個例子：算術。還有什麼比嬰兒不懂數學更好的例子？然而，在八十年代之後，實驗者已經一再顯示嬰兒是有數字概念的。[3]在一個實驗中，嬰兒重複看著螢幕上出現的兩個物體，一直看，一直看，直到他們厭倦了，這時螢幕突然出現三個物體，嬰兒看著新投影片的時間明顯增長，表示他們知道新的跟舊的投影片是不一樣的，實驗者用這種方法去操控大小、密度來證明嬰兒對數字本身敏感。一個證明嬰兒有抽象「數字感覺」（number sense）的實驗是給嬰兒聽「噗、噗、噗、噗」四個聲音，他們會去看螢幕上有四個物體的投影片，而不會看有十二個物體的投影片，反之亦然。[4]實驗者用這種控制良好的實驗，來說明嬰兒一出生就已經有直覺能力去辨認跟聲音相符合的影像，雖然他們還不會數數（譯註：這類實驗很多，也都做得很漂亮，尤其一個觸覺的實驗，更是證明小嬰兒嘴裡的奶嘴是上面有突起小球，有點像冠狀病毒的狀形，他們的眼睛就會去看螢幕上跟嘴裡奶嘴相符合的奶嘴圖片，雖然他們並不知道嘴裡的奶嘴長的是什麼樣，但是舌頭的觸覺已經讓他喜歡看有突起圓球的奶嘴了）。

那麼，嬰兒可以計算嗎？假設給寶寶看一個物件後再把它藏到屏風後面，接著再放另一個物件到屏風後面，當把屏風撤去時只有一個物件在那邊！這時嬰兒會很驚奇，嘴巴張的大大的，怎麼跟我的預期不符了呢[5]？假如屏風撤去，嬰兒果然看到有兩個物件在那裡，那麼，他們看一下就不看了，這叫做「認知驚奇」（cognitive surprise），是對違反心智計算的反應，才幾個月大的嬰兒就知道1＋1應該是2，他們心中有個心智模式，可以增加或移走物體，這種實驗不只是1加1和2減1，還可以做到5加5和10減5。九個月大的嬰兒就知道5加5不可能是5，10減5也不可能是10。[6]

這個能力有可能是天生的嗎？難道生命的頭幾個月的經驗就足以讓寶寶學會數字組的概念嗎？雖然他們需要時間去增進他們的正確率[7]，但是很清楚地，他們絕對不是從一張白板開始，新生兒在出生幾個小時之內就已經有數字概念——猴子、鴿子、烏鴉、小雞、魚、甚至蠑螈都有。在小雞的實驗裡，實驗者控制小雞所有的感官輸入，確定牠們孵出來後，沒有看到任何一個物體，但是牠們仍然知道什麼是算術。[8]

這些實驗顯示算術能力是天生的，是演化賦予我們及其他動物的。實驗者在猴子和烏鴉的大腦中找到數字的迴路，牠們的大腦中有「數字神經元」（number neurons），對某些特定數目敏感，有些神經元對一個東西敏感，有些對二個，有些對三個、五個、甚至三十個東西敏感，作反應，這些細胞在該動物沒有接受任何訓練之前就存在了。[9]我的實驗室曾經用腦造影技術顯示人類大腦也有同樣的神經電路，裡面有同樣的神經細胞對基數（cardinal number）起反應，最近因為技術的進步，我們發現這種神經元在人類的海馬迴中。[10]

這些發現推翻了瑞士心理學家皮亞杰（Jean Piaget，一八九六－一九八〇）兒童發展理論的核心，皮亞杰認為嬰兒沒有「**物體永久性**」（object permanence）——即物體已經不在眼前，看不見了卻仍然持續存在。他們要到滿一歲以後才會有物體永久性的能力，他也認為數字的抽象概念是超越小小孩的能力，他們要慢慢從具體測量中抽取出大小、長度和密度的抽象概念；事實上，他是錯的，物體和數字的概念是我們思想的基本，是「核心知識」（core knowledge）的一部分，人生而有之，當組合這些概念時，它使我們可以形成更複雜的思想。[11]

數字感覺是嬰兒看不見知識的一個例子而已，這個生來就有的直覺引導著他們後續的學習，下面是研究者發現幾週大新生兒就有的能力。

機率的直覺

從數字到機率只要一步而已⋯⋯，最近研究者在想，不知幾個月大的嬰兒是否可以預測樂透的結果。這個實驗的做法是先給寶寶看一個透明的箱子，裡面裝有四顆球：三顆紅的，一顆綠的，箱子底下有一個小洞，打開時，會有一顆球滾出來，假如把小洞打開，滾出來的是一顆紅色的球，孩子看一下就不看了，因為箱子裡本來就是紅色的球多，紅球最可能掉出來，但是假如是綠色的球掉了出來，寶寶看的時間長了很多，因為綠球掉出來的機率只有四分之一，是一個比較不可能的結果。

後來的實驗發現嬰兒在他們大腦中模擬真實的情境，並會知道相當的機率。因此，假如我們插入木板，把球隔開，或是把球移到離洞口近一點或遠一點的位置，我們發現到嬰兒會把這些參數考慮進去，在心中算出機率，假如情境跟他們預測的不合，他們會看久一點，好像在心中計算一樣。

嬰兒的這些能力都超越最新的人工神經網路。的確，嬰兒的驚訝反應絕不是小事一樁，他們會驚訝表示他們的小腦袋會估算事件的機率，而且懂得為剛剛看到的事件下了個不太可能發生的結論，所以才會有驚訝的表情出現——他們的大腦可以計算機率。事實上，目前最紅的大腦功能理論就是認為大腦是一個會計算機率的電腦，可以操作機率分配，並用它們來預測尚未發生的事件，嬰兒實驗顯示即使是嬰兒也有這樣精密的計算機。

最近一系列實驗更進一步顯示，嬰兒生來就有所有必要的機制，以進行複雜的機率推論。你還記得貝氏的機率定理嗎？這個定理能使我們回溯到觀察事件可能發生的源頭？研究者發現即使幾個月大的嬰兒也可以根據貝氏定理去作推理。[12] 他們不但知道如何從有顏色球的盒子去推論可能的機率（前向推理），也會從觀察到的情況回頭去推理盒子裡的球是什麼顏色（反向推理）。在一個實驗中，我們先給寶寶看一個不透明的箱子，他看不見裡面裝什麼，然後有一個眼睛被蒙住的人進來，隨機從箱中取出一序列的球，一顆接著一顆，都是紅色的球，寶寶會不會推論這個箱子中絕大部分的球是紅色的？會，當我們最後打開箱子，讓寶寶看到箱子裡竟然都是綠球時，他們會很驚奇，看的時間遠比箱子打開裡面是紅球來得長很多。他們的邏輯非常正確：假如箱子裡大部分是綠球，為什麼隨機抽出來的球會是紅色的？

嬰兒的這個行為好像沒有什麼了不起，但是它暗示一個非常特殊的能力，即他們可以作一個內隱的、潛意識的雙向推理：只要給他們一個樣本，他們就可以猜出箱子裡東西的特質；或是反過來說，給他們一組球，他們就可以猜出隨機抽取出來的樣本應該是什麼樣子。

我們一出生，大腦就已經擁有直覺的邏輯，現在這個實驗已經有許多不同版本，在在顯示出寶寶像個小小科學家，他們像好的統計學家一樣推論，會剔除最不可能的假設，並搜索現象背後隱藏的原因。[13] 例如，美國心理學家徐緋（Fei Xu）實驗顯示，當一個十一個月大的寶寶看到一個人從箱子中取出來的球都是紅色的時，他們會驚訝於箱子裡竟然大多數都是黃球，但是他們同時也會推論這個人喜歡紅球。[14]假如他們看到球不是隨機取出而是有固定形態的，比如說一顆黃球接一顆紅球，再一顆黃球，接著一顆紅球，那麼這時他們會推論是人在抓球而不是機器在抓。[15]

邏輯和推理是緊密相扣的，正如福爾摩斯說的「當你把不可能的都剔除掉時，剩下來的，不管看起來多麼不可能，那就是真相了」（When you have eliminated the impossible, whatever remains, however impossible, must be the truth）。換句話說，我們可以用推論方式去剔除一些可能性，這樣就把一個機率變成一個確定了。假如嬰兒可以操弄機率，他一定是個邏輯專家，因為邏輯推理是機率推理0和1唯一的限制。[16]這正是發展心理學家邦納替（Luca Bonatti）最近實驗的結果。他先給一個十個月大的嬰兒看兩個東西：一朵花和一隻恐龍。把它們藏在一個屏風的後面，然後他從屏風後面拿出一樣東西，放進罐子裡，但是寶寶不知道是什麼，因為它被罐子遮住了，只有頂部看得見。假如後來實驗者把恐龍從屏風的一端拿出來，這時寶寶就會做邏輯的推論：罐子裡藏的如果不是花就是恐龍，但是我剛剛看到恐龍從屏風一端拿出來了，那麼罐子裡的一定是花。假如罐子裡果真是花，嬰兒不會驚訝；但是假如罐子裡的是恐龍，他會很驚訝。此外，寶寶目光的凝視反映出他邏輯的推理：就像大人一樣，當他做推理時，他的瞳孔會放大，是一個如假包換、包著尿片的福爾摩斯，他們先有一些假設（不是花就是恐龍），然後剔除一些假設（不可能是恐龍），這樣就把機率移到確定（那一定是花）。

「機率理論是科學的語言」，簡納士告訴我們，嬰兒在可以說第一個字時，就已經有這個科學的語言了，他們操弄機率，並且用精密的三段論法組合它們。他們對機率的直覺使他們可以從觀察得出邏輯的結論。他們不停的在做實驗，而這個成長中的科學家大腦不停的為他們的研究累積結論。

動物和人的知識

寶寶對不會動的物體有一個很好的行為模式，他們同時知道還有另外一個類別是完全不同的：會動的東西。寶寶從第一年起，就了解動物和人有著特別的行為：他們是自主的、自動的，不必等另一個物體碰撞他們才會動，像撞球檯上的球一樣，他們動作的動力來自內在，不是從外而來的。

所以寶寶對動物自己在動不會驚奇，事實上，任何東西只要自己會動，不管它的形狀是三角形或正方形，都馬上被認定為「動物」。從這刻開始，每一件事都不一樣了，一個小小孩知道活的東西不必依物理定律而動，他們的動作是有意圖和信念的。

例如我們給寶寶看一顆順著直線移動的圓球，跳過一堵牆，朝右邊去，慢慢地他們會覺得無聊，他們是對這個動作感到無聊嗎？不是的，事實上他們的了解比這個深，他們推論出這是一個會動的東西，它的目的是要往右邊去！然後，他們也知道這個物體的動機很高，因為它跳過一堵高牆才能到右邊。現在，讓我們把牆移開，這時，寶寶看到這顆圓球順著直線一直往右邊去，不跳了，他們一點都不會感到奇怪，因為沒有了牆阻擋，這本來就是往右邊最好的路線。但是假如這個球在沒有牆的阻擋下，仍高高跳起，他們會因驚奇而瞪大眼睛，球沒有跳的必要，他們不了解這顆球的意圖是什麼。[17]其他的實驗也顯示，寶寶本來就會一直不停的推理人的意圖和喜好，尤其是他們了解，牆越高這個人的動機越強，因為只有越強的動機才跳得過去。從寶寶的觀察得知，他們不但可以推論身邊人的目標和意圖，同時還會推論他們的能力和喜好。[18]

嬰兒對活的東西的看法還不止於此。大約在十個月大時，寶寶開始把人格加到人的身上：假如，他們看到一個人把孩子摔到地上，他們就會推理這個人不懷好意（illintentioned），不是好人，會避開他，他們會喜歡把孩子從地上扶起來的第二個人。[19] 遠在他們會說**壞**跟**好**之前，他們已經在思想的語言中形成這些概念了。這種判斷是很細微的，即使是九個月大的寶寶也可以區辨出一個人是故意、還是不小心去傷害到別人，或是故意拒絕幫助別人還是他沒有機會去幫助人。[20] 我們下面會看到，這種社交技巧在學習上扮演基礎的角色。的確，即使一個一歲的孩子也能了解別人是否在教導他，他知道普通動作和一個有目的想教新東西的動作的差別。根據匈牙利心理學家葛杰利（György Gergely）的理論，一個一歲寶寶就已經擁有天生的教學法感覺（pedagogy sense）了。

面孔辨識

嬰兒最早顯現出來的社交技巧便是人臉辨識，對成人來說，最少的一點暗示就足以啟動臉部的辨識：如卡通人像、一個笑容、一副面具……，有的人甚至可以在雪地或烤焦的麵包看到耶穌的臉。令人驚訝的是，這個對臉的超級敏感竟然是一出生就有：一個出生才幾個小時的嬰兒會較快速地轉頭去看一個微笑的面孔，而不會去看一個微笑但是顛倒的面孔（實驗者確定了這個嬰兒不曾有看過臉的任何經驗）。有一個實驗團隊甚至用光點打到母親的肚皮上，使胎兒可以透過子宮壁看[21]，結果很驚訝的發現，胎兒比較喜歡看三點成一個臉的光影（∵），而不喜歡看三點呈現為三角形的光影（∴），面孔的辨識似乎在子宮裡就開始了！

很多研究者認為這個對臉的磁性吸引在寶寶的依附（attachment）發展上，扮演了重要的角色——尤其是自閉症的初期症狀就是避免眼神接觸。這個生來就有的偏好，吸引我們的眼睛去看臉——迫使我們學習如何去辨識他們。的確，出生才二個月的寶寶，他視覺皮質右邊的區塊就開始對臉起反應，臉孔的反應是遠大於他們對其他影像例如空間的反應。[22]這個大腦對面孔的特殊性是先天與後天合作最好的例子。在這個領域裡，寶寶顯示的是完全先天的技能（像臉的圖片的磁性吸引），但是它又有非常卓越的本能去學習特定臉的知覺，正是這兩者的組合使得寶寶在不到一年的時間內，就從僅對兩個眼睛一個嘴巴的粗淺反應，進步到了偏好人類的臉（相較於其他靈長類，如猴子和黑猩猩）。[23]

語言本能

小小孩的社交技巧不僅顯示在視覺上，同時也有聽覺的領域——口語對他們來說，就像面孔知覺一樣的輕鬆。就如平克（Steven Pinker）在他那本暢銷書《語言本能》（*Language Instinct*，一九九四）中說的，「人類的語言是如此先天設定在大腦中，使他們無法抑制學習和使用語言的能力，就像他們無法抑制手碰到熱的表面會本能的抽回手一樣。」不過請不要誤解這句話，當然嬰兒並不是一生下來就有文法和詞彙，他是說嬰兒擁有令人驚異的能力，在很短的時間內習得語言。上天設定在他們大腦中的，不是語言本身，而是習得語言的能力。

現在已有很多的實驗證據來支持這一點了。從一出生，嬰兒就偏好聽他們的母語而不是其他的外來語[24]——這是一個了不起的發現，因為這暗示語言學習是在子宮裡就開始了。事實上，到懷孕的第三期，胎兒就能聽得見，語音可以穿透子宮壁，到達胎兒。「你打招呼的聲音一傳到我的耳朵，我肚裡的胎兒便高興的動起來。」懷孕的伊麗莎白跟來訪的瑪莉說。[25]基督教的福音書（Evangelist）是對的，在懷孕的最後幾個月，發展中的胎兒大腦已經可以潛意識的辨識某些聲音的形態和旋律。[26]

這個天生的能力在早產兒身上比較容易看到，我們在剛出生的早產兒頭上貼上很小的微電極，用腦波儀（electroencephalography, EEG）來窺視他們的大腦，我太太，葛士蓮教授（Ghislaine Dehaene-Lambertz）發現即使早產了二個半月都能對語音起反應，他們的大腦雖然還沒成熟，就已經對音節（syllables）和聲音的改變起反應了。[27]

過去一直認為語言的學習要到寶寶一歲或二歲才開始，為什麼呢？因為——嬰兒在拉丁文中 *infans*——剛剛出生的嬰兒不會說話，所以他的能力是隱藏起來看不見的。但是就語言的了解來說，寶寶的大腦是真正的統計天才。為了要證明這個，科學家可是想盡了實驗方法，才測量出嬰兒對語音和非語音刺激的偏好（譯註：因為嬰兒不會說話，所以只能用推論的方式來說明他們的喜好，實驗者用的方式是眼睛凝視刺激的長度及奶瓶吸吮率的快慢，對已經熟悉的刺激會轉過頭不再看，或吸奶頻率降低）。實驗結果發現，嬰兒一出生就知道世界上所有語言中，母音和子音的差別，例如 /ba/、/da/、/ga/ 是三個不同的音節，即使這些音節是連續放送給嬰兒聽，他們大腦仍然把這些連續的音分開來成為 /ba/、/da/、/ga/，跟大人一樣的分類。

這些早期的天生能力會在生命的第一年被形塑得更好，他們很快就知道某些音是他們母語中沒有用到的，說英語的人不會發法語的母音 /u/ 和 /eu/，日本人分不出來 /R/ 和

/L/，只要幾個月（母音六個月，子音十二個月），嬰兒的大腦就透過假設的驗證保留跟他在環境中聽到的語言有關的音素了。

其實還不只是這樣，嬰兒很快就開始學他們的第一個字了。他們是怎麼去辨認的？第一，他們仰賴口語的韻律（prosody）、節律（rhythm）和語調（intonation），即聲音的起落或停頓來知道字的邊界，另一個機制是來區分哪一個語音後面可以跟什麼音。我再一次強調，嬰兒就像一個初始的統計學家，他們知道 /bo/ 這個音節後面常常跟隨著 /t^l/，他們很快的計算一下機率就知道這個不是偶然，/bo/ 後面跟著 /t^l/ 的機率太高了，這個音節一定是形成 bottle（奶瓶）這個字，於是這個 bottle 就加入了他的詞庫中，以後就可以用來表達某一個特定的物體或概念。[28] 六個月大的嬰兒已經能夠從環境中抽取出重複頻率很高的字，如「baby」、「daddy」、「mommy」、「bottle」、「foot」（腳）、「drink」（喝）、「diaper」（尿片）等，這些字會深深烙印到他們腦海中，即使長大成人了，這些字還是有著特別的地位，比在生命後期才習得的字處理得更快，雖然那些字的意義、聲音和頻率都跟前面那些字一樣。

統計分析能力使寶寶可以辨識出最常聽到的字，即文法上的用語，如冠詞（a, an, the）和代名詞（I, you, he, she, it），到他們一歲時，他們已經知道很多，並且會用這些字去找出其他的字。例如，聽到他的父母說「我烤了一個蛋糕」（I made a cake），他們會分離功能字與「I」、「a」，利用剔除法，以知道「made」和「cake」也是字。他們已經知道冠詞後面要有名詞，代名詞後面會有動詞，所以到二十個月大時，如果他們聽到「I bottle」或是「the finishes」這種不合理的片語時，他們會很驚訝。[29]

當然，這種機率的分析不是十全十美的，當法國的孩子聽到 *un avion*（an airplane，一架飛機），法語中 n 會融入「avion」中的 a 音，他們會誤以為是「navion」（*Regarde le navion!*）；相反的，說英語的人把法國字 *napperon*（place mat，餐墊）輸進來時，因為片語 *un napperon* 切割的不對，因此發明了新字 *apron*（圍裙）。

這種錯誤其實很少，幾個月大的嬰兒很快就超越了任何現有的人工智慧演算法，當他們吹熄第一根生日蛋糕的蠟燭時，他們已經奠下了母語的主要規則，從基礎的語音（音素）到韻律、詞彙和文法這些層次。

其他的靈長類沒有這個能力，很多科學家都想教黑猩猩說話，把牠們一出生就帶回家養，像對待自己的家人一樣，跟牠們說英語、或手語、或用視覺符號溝通⋯⋯，幾年之後，沒有任何一隻黑猩猩學會語言，牠們頂多知道幾百個字。[30] 所以語言學家喬姆斯基（Noam Chomsky）可能是對的，他認為人類有著「語言學習的配備」（language acquisition device），一個特別的系統，在出生後一年自動啟發，就如達爾文在他的《人類的由來》（*The Descent of Man*，一八七一）書中說「語言不是真正的本能，因為每一種語言都要經過學習才會」。但是它是「本能的傾向」（an instinctive tendency），我們天生的能力是去學習任何語言的本能，這個本能是無法壓抑的，一個本來沒有語言的民族，經過好幾代以後也會發展出語言來，即使在聾人社區，只要二代，就能發展出一個有結構的手語系統，有著所有的語言特質，跟有聲語言一樣[31]（譯註：作者在這裡省略掉非常多語言產生的文獻，有興趣的讀者可依書後面 note 所列的論文去了解：為什麼作者會說只要二代就可發展出語言）。

第4章

大腦的誕生

孩子生下來時，大腦並未發育完成，
但是不是像舊的教學法所宣稱的，大腦裡沒有東西。

——哲學家**加斯東・巴修拉**（Gaston Bachelard）

The Philosophy of No: A Philosophy of the New Scientific Mind（一九四〇）

一個沒有接受教育的天才就像是礦坑中的銀子。

——**班傑明・富蘭克林**（Benjamin Franklin，一七〇六—一七九〇）

一個初生的嬰兒能立刻展現出他對物體、數字、人們和語言的精密知識，反駁了他們大腦空空像個空白石板的假說，他們反而像塊海綿一樣，吸收環境帶給他們的任何東西。假如我們可以解剖一個初生嬰兒的大腦，我們就會看到，在出生時，甚至更早，他的神經結構就已經組織好了，每一個區塊對應到主要的知識領域。

這個看法長久以來備受挑戰，一直到二十年前，大家還是認為初生嬰兒的大腦是一個未知的領域（terra incognita），那時，大腦造影技術才剛發明——尚未應用到發展中的大腦。當時主流的理論是實證派（empiricism）的看法，大腦出生時沒有任何知識，只受到後來環境的影響，靠著精密的核磁共振（Magnetic Resonance Imaging, MRI）我們才能看到早期大腦的組織，才發現幾乎所有的成人大腦電路在嬰兒大腦中都已經存在了。

嬰兒有組織完善的大腦

我的太太葛士蓮和我以及我們神經學的同事露西・赫茲—潘尼爾（Lucie Hertz–Pannier）是第一個用功能性核磁共振來研究二個月大嬰兒的人。[1] 當然我們得到小兒科醫生很大的幫助，十五年的臨床經驗使他們相信MRI是一個無害的檢查工具，可以適用在任何年齡，包括早產兒身上。不過醫生們還是只在診斷上有需要，為了找出有沒有早期的腦傷時，才會開單子讓病人去照MRI。沒有人用功能性核磁共振在正常發展的寶寶身上，來看他們的大腦電路會不會因某個特定刺激而選擇性的活化。為了達到這個做嬰兒大腦研究的目的，我們設計了一個降低噪音的頭盔來保護嬰兒的耳朵，因為核磁共振機器的聲音很大，為了使他們不動（譯註：這是我們做兒童實驗最大的困難，他們一動，數據就不準了），我們訂製了一個剛好可以放進MRI中的搖籃，再把嬰兒用襁褓巾包起來放進小搖籃中，這樣他們就不會搖動，我們讓他們慢慢適應這個新環境，使他們不害怕，而我們則在儀器外面全程監控。

有辛苦果然有收穫，我們選擇聚焦在嬰兒的語言能力上，因為我們知道嬰兒學習語言非常快，通常在他們一歲之前就完成了。果然，我們觀察到二個月大的嬰兒聽到他們的母語時，活化的大腦部位跟成人一模一樣（見彩圖六）。

當我們聽到一個句子的時候，大腦皮質第一個活化的地方是主要聽覺皮質區（primary auditory area）——這是所有聲音進入大腦的門戶。當嬰兒聽到句子時，這個地方也活化起來。對你來說，這好像沒什麼了不起，但是在那個時候，大家對小寶寶可不是這樣想的，有些研究者認為兒童大腦感官區雜亂無章，新生嬰兒的五種感官是糾纏在一起的。這些人認為，嬰兒剛出生的頭幾個禮拜，他們的聽覺、視覺和觸覺沒有區分開來，嬰兒要過很久的時間才學會把這些感官分離出來。[2] 我們現在知道這是錯的——寶寶一出生，聽到聲音，聽覺皮質就會活化起來，視覺刺激會活化視覺皮質區，而觸碰會活化跟觸覺有關的大腦區塊，從來不需要特別學習。大腦皮質劃分成幾個區塊，基因替我們決定各自負責的不同感覺，所有的哺乳類動物都擁有這些區塊。但是為什麼是這裡，這個源頭已在漫長的演化過程中失去了（見彩圖七）。[3]

讓我們再回到嬰兒在MRI中聽句子的實驗。在進入主要聽覺皮質區後，這個神經活化散布得非常快，幾分之一秒的時間，其他地方也馬上依序活化起來，第一是主要感覺皮質區旁邊的次要聽覺區（secondary auditory regions），然後是整個顳葉（temporal lobe）形成一道河流，最後流到在左前葉下方的布羅卡區，小河也同時到達了顳葉端。這個精密的訊息處理鏈是側化（lateralize）到左腦，跟成人的歷程非常相似。二個月大的嬰兒已經有階層性的活化次序，從語音到心理詞彙，到文法，到語義，跟成人一模一樣。也跟成人一樣，訊息爬的皮質層次越高，大腦的反應越慢，這些區域也組合越多的訊息到更高的層次（見彩圖六）。[4]

當然，二個月大的嬰兒還不懂他們聽到的句子是什麼意思，他們還未發現字和文法規則。然而即便如此，這些語音的訊息已經分送到高層的特殊電路去了。跟成人一樣，寶寶很快就學會說話和了解意義——而所有其他的靈長類都不行——可能是因為他們的左腦天生就有一個偵察語言各個層面——音、字、句子和文章統計規則的階層性電路。

語言高速公路

語音進入大腦後，它所活化的區域是循著一定的路線，因為這些路線彼此連接。在成人的大腦裡，我們現在了解部分神經通路和語言區域互有連接，尤其是一條叫做「弓狀束」（arcuate fasciculus）的神經通路。這是百萬以上的神經纖維，連接顳葉和頂葉（frontal area）的語言區到前腦的布羅卡區，這條神經通路就是語言演化的標記。對百分之九十六的右撇子而言，他們左腦的弓狀束比較大，專門用來處理語言。這種不對等性只出現在人類身上，其他靈長類都沒有這個現象，就算我們最近的親戚——黑猩猩，也沒有這樣的不對等性。

所以，這個大腦結構上的特性並不是學習造成的，它是一出生就有的。事實上，當我們檢視初生嬰兒的大腦時，我們發現不只是弓狀束已經到位，其他主要連接皮質和皮質下區域的神經纖維束也到位了（見彩圖八）。[5]

這些「大腦的高速公路」是在懷孕第三期所形成的。在建構皮質時，每一個神經元都送出**軸突**（axon）去探索附近的區域，有時可以伸到幾公分那麼遠，好像大腦中的哥倫布（Christopher Columbus）。這個探索是受到化學信使的指引，每個區域的化學信使濃度都不一樣，好像路標，指示著軸突應該去哪裡。基因的設定使這些軸突可以聞到每一條路徑的味道，不會走錯路。因此，假如沒有外界的干擾，大腦會自我組織成一個密密麻麻的連接網路。只有人類才有好多個這類網路。我們之後馬上可以看到這些網路因學習而精緻化——但是最初的鷹架是先天的，而且在子宮中就建好了。

我們應該覺得驚訝嗎？二十年前，還有很多研究者認為這是絕對不可能的事[6]，他們不能想像我們的 DNA 能夠包含這麼詳細的電路藍圖，指示著如何設定視覺、語言和動作，畢竟 DNA 中的基因很有限。他們是錯的，我們的基因組包含了身體所有的細節，它知道如何去建構一顆有二個心房、二個心室的心臟；它按部就班的建構了二個眼睛、二十四節脊椎、內耳和三個垂直的耳道、十根手指和指骨，這些都是非常複雜的工程，那麼為什麼它不能建構一個有很多層次的大腦呢？

最近生物影像的進步讓我們看到，早在懷孕的第二個月，當手指頭還僅是一個小芽時，他們已經有三條神經了——撓骨神經（radial）、正中神經（median）和尺骨神經（ulnar），每一條神經都有特定的終點目標（見彩圖八）。[7]這個高準確度的機制也可能是存在於大腦中，就好像手的小芽會分裂成五個手指頭，皮質也可以區分成好幾十個非常專業的區域，彼此有著非常鮮明的邊界（見彩圖九）。[8]在懷孕的第一個月，在皮質的不同點許多基因被選擇性的展現出來。[9]在受精後二十八週，大腦開始折疊，人腦特徵的腦迴（sulci）開始出現。當胎兒長到三十五週時，皮質所有的腦迴都已經形成了，也已經可以看見顳葉的不對稱性（即語言區）。[10]

皮質的自我組織

在整個懷孕期，當皮質的連接在發展時，它對應的皮質折疊也在發展，在懷孕的第二期，皮質還是光滑平順的，然後出現第一個山脊，使人想起猴子的大腦。最後我們開始看到屬於人類大腦的第二和第三折疊——一層、一層又一層，他們的外觀逐漸受到神經系統活動的影響，依大腦從感官所接受到的回饋，一些電路穩定下來，其他沒有用到的就退化了。所以左撇子和右撇子的運動皮質區的折疊有一點點不一樣。很有趣的是，天生左撇子但被迫用右手寫字的人，他們的運動皮質區是左撇子的形狀，但是它的大小不對稱性卻是右撇子的樣子[11]（譯註：用較多的腦區會變大，因此右撇子的左腦運動皮質區比較大，而左撇子的右腦運動皮質區較大，出現不對稱性）。這個研究的作者下結論說：「成人皮質的形態是先天的傾向和早期發展經驗累積的紀錄。」

胎兒大腦皮質的折疊來自生化自我組織歷程的自動化形成。這個歷程依基因和細胞的化學環境而有所不同，它只需要一點點基因的訊息，完全不需要學習。[12]這個自我組織並不像它聽起來的那麼弔詭，事實上，它無所不在。請想像皮質是一個沙灘，潮汐來了又走，形成無數的水窪和漣漪；或是一個沙漠，大風不停的吹，形成很多沙丘。事實上，條紋、斑點和六角形細胞出現在各種生物或物理的系統中，從指紋到斑馬的條紋、豹的斑點、火山的玄武岩、沙漠的沙丘和夏天天空平均分布的雲都是，只是尺度大小不同而已。英國數學家圖靈是第一個解釋這個現象的人，他說這些的出現只需要一個近處放大、遠處抑制的歷程即可（local amplification and inhibition at a distance，譯註：後來的實驗證明圖靈是對的），當風吹過沙灘時，沙粒開始堆積，自我放大歷程開始：小丘形成後就更容易使沙粒落下來，而風會把背面的沙刮走，幾個小時以後，一個沙丘就形成了。假如有一個近處的興奮和遠處的抑制，我們就可以看到一個密集的區域（沙丘）出現，旁邊圍繞著比較不緊密的區域（凹面），然後又是一個沙丘，一直綿延下去，依當時情況，自然呈現的形態可以是點、條紋或六角形。

自我組織在發展的大腦中是無所不在的，我們的皮質充滿了柱形（columns）、橫紋（stripes）和鮮明的邊界，處理不同類型訊息的神經模式是用空間來間隔的。例如視覺皮質的柱形細胞是左、右眼輪流交疊，處理左眼和右眼傳來的訊息，這叫做「視覺優勢柱」（ocular dominance columns），它靠視網膜內在活動送進來的訊息自動出現在發展中的大腦，但是相似的自我組織機制也可以發生在較高的層次，不一定平鋪在皮質的表面，可以包括比較抽象的空間。一個最令人驚嘆的例子就是「網格細胞」（*grid cell*）的存在——登錄老鼠空間位置的神經元，用三角形和六角形的網格來畫出空間位置（見彩圖十）。

網格細胞這種神經元是在老鼠大腦的「內嗅皮質」（*entorhinal cortex*）中，莫瑟夫婦（Edvard and May-Britt Moser）因為發現這個網格細胞獲得了二〇一四年的諾貝爾生醫獎。他們是第一個在老鼠內嗅皮質的細胞上，記錄到老鼠在一個大房間內遊走時，神經元會活化。[13] 我們已經知道內嗅皮質旁邊的海馬迴（*hippocampus*）裡有「位置細胞」

（*place cell*），假如老鼠在房間的某個特定地點，這些細胞會發射（活化），位置細胞所對應到的遊移空間範圍叫「場域」（place field），莫瑟夫婦的新發現是網格細胞並不對單一位置起反應，而是對整個位置，他們形成一個等邊三角形再組合成六角形，有點像長頸鹿身上的斑紋或是火山的玄武岩。當老鼠在遊走時，即使在黑暗中，每一個網格細胞的活化就告訴了老鼠在整個空間三角形網路中的位置。諾貝爾委員會把這個系統叫做**大腦的 GPS**，它提供了一個非常可靠的神經坐標系統，把外面空間變成地圖納進來。

但是為什麼神經的地圖要用三角形和六角形，而不用我們平常畫地圖的長方形或直線呢？自笛卡兒之後，數學家和製圖學家都是用兩個垂直的軸，叫做「笛卡兒坐標」（Cartesian coordinates，即 x 和 y，橫坐標和縱坐標，經度和緯度），為什麼老鼠的大腦喜歡三角形和六角形？最可能的原因是這些網格細胞神經元是在大腦發育時自我組織形成的。在大自然裡，自我組織通常是六角形，從長頸鹿身上的斑紋到蜂窩再到火山口的玄武岩都是六角形。物理學家現在知道為什麼六角形這麼普遍，當一個系統從沒有組織的「熱」（hot）狀態慢慢冷下來，最後結冰，冷凍成穩定的組織時，六角形就自然出現了（見彩圖十）。研究者也提出了類似的理論來解釋為什麼網格細胞會在大腦發育時，出現在內嗅皮質：原本雜亂無章的細胞會慢慢穩定下來，成為有組織的網格細胞。六角形的樣式是因為受到不斷變化的動態皮質吸引而自然呈現的方式。[14] 根據這個理論，老鼠完全不需要教導，就自然會長出格子形狀的地圖。事實上，網格細胞的迴路完全不需要任何學習，它是從不斷發展、不斷變化皮質所自然浮現出來的。

這個大腦地圖自我組織理論已經受到很多實驗的測試，並且都很成功。實驗顯示，早在老鼠大腦發育時，大腦的 GPS 就已經顯現出來了。兩組相互獨立的研究群成功的在剛出生，還不會走路的小老鼠腦中放入探針，想知道網格細胞是否已經存在於內嗅皮質中。[15] 他們也同時想知道位置細胞和頭部方向細胞（這是第三種神經元，功能很像船的羅盤），結果發現每一種細胞在老鼠朝某一方向，例如朝西北或東南方向移動時，都活化了起來，表示這整個系統基本上是先天的：頭部方向的細胞是在插入探針時就已經可以記錄到，位置和網格細胞則是在小老鼠開始走動後一、兩天出現的。

這些數據漂亮極了，但是不令人驚奇：因為對大部分的動物來說，地圖的形成是生死關頭，不管是螞蟻、鳥類、爬蟲類和哺乳類都一樣重要。一旦小動物離巢去探索，這個能力決定生死，牠們必須隨時知道自己在哪裡，要找得到回家的路。億萬年前，演化找到了一個方法提供新生的大腦一個羅盤、一幅地圖去記錄牠們曾經去過哪裡。

那麼人類的大腦中也有這個神經元的 GPS 嗎？是的，我們現在用間接的方法知道成人大腦中也有一個六角形對稱的神經元地圖，而且也跟老鼠一樣，在同樣的地方（內嗅皮質）。[16] 我們也知道很小的孩子就有空間感，二、三歲的小寶寶，假如把他們從A點帶到B點，然後再帶到C點，他們知道如何從C直接回到A，而且即使天生眼盲、看不見的孩子也會這樣做。所以小孩子跟剛出生不久的小老鼠一樣，有心智模式使他們可以在空間遊走不迷路。[17] 我們目前還無法在寶寶的大腦中，直接觀察到這個地圖的運作，因為在非常小的寶寶大腦中，測試正在運作的大腦是非常困難的（想像在爬的寶寶身上做核磁共振實驗）。但是我們相信只要有移動式的腦造影技術出來，我們就可以達到這個目的（譯註：我陽明大學實驗室的MRI是三噸重，像以前的電腦PDP11-34那麼大，只能放在地下室，但是若有手提式〔現在的PC這麼小〕，這個實驗就可以做）。

我可以舉很多的例子來說明寶寶大腦中其他特殊的模組，例如幾個月大的寶寶，他們的視覺皮質就有一個地方對臉起反應比對房子來得多（即偏好面孔）。[18] 這個區域有一部分來自學習所形成的神經連接，這些連接確定這塊地方（每個人大腦的這個地方相差不到幾毫米）只掌管面孔，不管是誰的面孔，這是皮質最特殊的一個模組，這塊地方百分之九十八的神經元只對面孔起反應，幾乎不對任何其他的圖片起反應。

又如，寶寶頂葉（parietal lobe）有個地方對物體的數量起反應[19]，就是我們大人計算2＋2或是猴子記住多少個物體的地方。德國的神經科學家尼德（Andreas Nieder）成功的顯示猴子大腦的這個地方有著對一個物體起反應的神經元，對二個物體、三個物體……起反應的特定神經元，而這些神經元存在於猴子的大腦中，雖然這隻猴子從來沒有接受過任何數字訓練。即便這些模組（modules）後來受到環境的塑造，但我們認為一開始出現時是先天的。我的同事和我提出了一個精準的數學模式來解釋數量神經元的自我組織，這次是根據發展中皮質表面活動所引發的電波（像波浪一樣）傳播所形成的，這個理論可以解釋數字神經元的每一個特質，在這個模式裡，這些細胞最後形成一個數字的直線鏈，從隨機連接的神經元網路自然浮現出來，在這個網路中，數字一、二、三、四等等連續排列著。[20]

這個自我組織的概念跟傳統的古典看法（它們是錯的）非常不一樣，大腦並不是一塊白板，完全靠環境來塑造它。從上面實驗得知，大腦會有地圖或數字線，其實是沒有或是只有很少的數據來塑造的，所以基本上是先天的。自我組織也是人類大腦跟人工神經網路很不一樣的地方，這個類神經網路目前是人工智慧（AI）的主要研究方向，現在AI已經跟大數據劃上等號，幾乎變成同義詞了。因為這些網路是數據飢餓，只有在餵食大量的數據後才會變得有智慧，然而我們的大腦並不需要這麼多的經驗，我們大腦中儲存知識的模組絕大部分是自動發展出來的，跟 AI 完全不一樣，這些模組很可能是從內在模擬而產生。

只有少數的現代電腦科學家，如 MIT 的田能邦教授很嚴肅的想把這種自我組織融入到人工智慧中。田能邦和他的同事在做一個「虛擬嬰兒專案」（virtual baby project）——一個可以自我組織幾百萬個思想和影像的系統。這些內在產出的數據會被用來做為學習的基礎，而不需要再提供任何額外的外在數據。根據這個相當大膽的看法，即使在出生以前，我們大腦的核心電路基礎已經透過自我組織奠定了，它們靠著內在系統產生的數據庫而自我提昇。[21] 大部分的基礎工作是在內部發生，沒有靠跟外界的互動，只有最後的調整才用到學習，因為學習會帶來我們跟環境互動所產生的數據，這些數據完成大腦最後的塑造。

這些實驗的結論強調在發展中的大腦，基因和自我組織聯手的重要性。出生時，寶寶大腦的皮質折疊已經跟成人類似，它已經劃分成特定的感官區和認知區，透過神經纖維束緊緊的連接在一起。大腦中有許多部分定型的模組，它的表徵對應著外面世界。內嗅皮質的網格細胞是二維平面的，可以登錄空間並遊走其間。我們下面會看到，其他的區塊如頂葉——專司直線、數字、大小和時間；布羅卡區投射出樹狀結構，最適合登錄語言的文法。從長遠的演化的歷程中，我們遺傳到這些基礎的規則，我們從中選擇最能代表情境和概念的模組，然後用一生的時間來學習它們。

個體的起源

基因和自我組織奠定了我們大腦的電路，每個人都一樣，這是人類本質。但是我並不否認有個別差異存在，每個人的大腦從一出生就都不一樣，皮質的折疊就像指紋一樣，在出生之前就設定好了而且每個人都不同，即使是同卵雙胞胎也不一樣。同樣的，我們皮質的連接強度和密度，甚至神經纖維投射路線也很不一樣，使得我們每個人都有獨特的「連接組」（connectomes）（譯註：這是一個新字，指的是大腦中神經連接的綜合圖，源自二〇〇九年的 Human Connectome Project 人腦連接體計畫）。有一點很重要，需要提醒的是，大腦雖然有這麼多的不同，但是這些不同都源自一個共同主題，**人類**大腦的布局是遵循著一個固定的計畫，跟爵士樂的演奏者在學一首歌時，一些和弦的前後次序是固定的一樣，只有在人類共有的架構頂端，因為基因組的變異性以及懷孕使兩個人的基因組合，讓大腦出現一些個人的即興演出，形成了每個人的個別差異。我們的個別差異的確存在，但是不應該被誇大：我們每一個人都是**人類**變奏曲上的一個樂符。我們每一個人，不管是黑人、白人、亞洲人還是美洲原住民，在地球的任何一個角落，人類大腦的結構永遠都是一樣的，所以任何一個人類的大腦皮質都跟我們最近的親戚黑猩猩不一樣，就像即興演出〈My Funny Valentine〉（譯註：美國流行歌曲）時，怎麼變都還是與另一首歌〈My Romance〉不同。

因為我們都有著一開始時的大腦結構、相同的核心知識、同樣的學習演算法，使我們可以學會更多才藝，我們常常會有相同的概念（譯註：中國人說，人同此心，心同此理），人類的潛能是每一個人都有的——不管是閱讀、科學或是數學，也不管我們是瞎的、聾的或啞的。就如英國的哲學家羅杰．培根（Roger Bacon，一二二〇——一二九二）在十三世紀觀察到的「數學的知識幾乎是我們天生就有的……，這是科學裡面最容易的，它是一個大腦不能拒絕的事實，即使是門外漢和文盲都會數數和計算」。我們也可以用這段話來形容語言——孩子天生有能力學會他周遭的語言，而黑猩猩即使一出生就被人類家庭收養，也沒有辦法講幾個字或打出幾個手語。

簡單來說，個別差異是真的——但它們只是程度（degree）上的差異，而不是類型（kind）上的差異。只有在大腦組織常態分配（normal distribution）的極端情況下，神經生物上的變異最終才會造成認知上的差異。我們發現，患有發展病變的孩子處於這個常態分配的尾端，他們的大腦在發展的路途上轉錯了彎。懷孕時，神經元本來是應該循著基因的指示，遷移到它應該到的地方，神經迴路進行自我組織，但是如果在發展途中走錯了，就會使孩子落在常態分配的尾端。

例如失讀症（dyslexia）。失讀症是一種大腦發展上的病變，影響孩子學習閱讀的能力，但是不影響智慧和其他方面的能力。假如你是一個閱讀障礙者，你的兄弟姐妹有百分之五十的機率也有閱讀困難，所以它跟基因關係密切。目前科學家已經找到至少四個基因跟失讀症有關係——很有趣的是，這些基因主要影響發生在懷孕時，神經元移走到它最終目的地的能力。[22] 核磁共振顯示，這些孩子的左腦在跟閱讀有關的連接上有嚴重的異常[23]，這些異常很早就可以被偵察到——大約六個月大時，不能區辨口語音素的寶寶，以後會有閱讀困難。[24] 語音的缺陷是失讀症的一個主要因素——但不是唯一的原因。閱讀的迴路非常複雜，任何一個環節出問題都會導致閱讀障礙，失讀症有很多種，包括注意力缺失，這會使孩子把目標字與旁邊字的字母相混。[25] 視覺的缺陷也會引起左右不分的鏡像混淆。[26] 失讀症的孩子是在視覺、注意力和語音等能力常態分配的尾端。[27]

我們都有著**人類**的基因組，但是在遺傳的物質上有一點點的不同，這可能來自神經迴路早期設定時，半隨機變異（semi-random variations）的關係。

其他發展上的缺陷幾乎也是同樣的原因，失計算症（dyscalculia）跟早期灰質（gray-matter）和白質（white-matter）在頂葉外側與前葉迴路的缺陷有關係，因為這條迴路跟計算和數學有關。[28] 早產兒若有頂葉腦室周圍梗塞（periventricular infarcts），以後得失計算症的機率較高，因為那個地方掌管數字感覺。[29] 早期的神經元組織不良也會引起失計算症，因為它會直接影響組（set）和量的核心知識，或是中斷它跟其他學習數字和算術符號地區的連接。無論是哪一個原因，它的結果就是童年時學習數學的困難，這些孩子需要特別的幫助來強化他們很弱的對量的直覺。

我們常會誇大基因在發展缺陷上的科學發現，其實沒有任何一個疾病是百分之百的基因原因，包括失讀症、失計算症，或是其他發展症候群，如自閉症（autism）和思覺失調症（schizophrenia）。它們最多也是使天秤傾斜了而已。環境還是非常重要，我在特殊教育的同事對此抱著非常正向的態度：只要有足夠的努力，沒有失讀症、失計算症教不會的，所以我們現在轉向大腦發展的第二個主要因素：**大腦的可塑性**。

第5章 後天的部分

每一個人都知道鋼琴家的能力……需要許多年的心智和肌肉的訓練，要了解這個重要的現象，除了增強已經存在的有機體的神經通路，新通路也必須利用樹狀突和軸突的歷程慢慢的長出來。

——**聖地亞哥・拉蒙・卡哈**（Santiago Ramóny Cajal，一九〇四）

前面講到了先天對我們大腦建構的貢獻——即基因和自我組織互相影響的結果。但是，後天當然也是一樣的重要。大腦早期的組織並非永遠沒有改變的：經驗使它更精緻也更豐富，也就是銅板的另外一面：學習如何改變孩子大腦的迴路？要了解這一點，我們必須把時鐘撥回一個世紀前，回到偉大的西班牙解剖學家卡哈（一八五二—一九三四）的基本發現。

卡哈是神經科學的英雄之一，他是第一個利用顯微鏡畫出大腦微組織地圖的人。他是天生的製圖家，在沒有照相機的時候，他畫出簡單但真實的神經迴路圖，是主要科學圖中的傑作。但是最主要的是，他不像別人只停留在觀察上，他能從觀察到解釋現象，從結構到功能，所下的結論是無比正確的判斷，雖然他的顯微鏡讓他看到的是一個人死後的神經元和神經迴路的切片，他卻能大膽並正確的推論出：這些神經元在活著的時候的功能。

卡哈的偉大發現令他拿到一九〇六年的諾貝爾獎，他看到大腦是由獨特的神經細胞（神經元）所構成，並不是如當時人們以為的網狀組織。這些神經細胞跟紅血球等其他細胞不同，神經元有著非常複雜的形狀，每一個神經元都有像大樹般好幾千個分枝，每一個比前一個小，叫做「樹狀突」（dendrites，*dendron* 在希臘文中是樹的意思），這些神經元聚合起來形成一個解不開的神經元樹枝圖。

這個複雜性並沒有嚇走這位西班牙的神經科學家。卡哈在他傳世不朽的皮質和海馬迴詳圖中添畫了一個簡單但有啟發性的箭頭，這個箭頭指示了神經脈衝（nerve impulses）的走向：從樹狀突到神經元的細胞體，最後到軸突。這在當時是大膽的猜測，但是後來證實他是對的，卡哈了解神經元的形狀是對應到它們的功能：神經元從樹狀突收集其他細胞的訊息，這些訊息匯集到細胞體內，在那裡被處理後，送出一個單一的指令，這個訊息叫做「運動電位」（action potential）或「尖峰脈衝」（spike），在軸突上移動，送到成千上萬個其他神經元去，有時可達好幾公分遠。

卡哈推論出另外一個非常重要的點，即神經元透過突觸溝通。他是第一個了解每一個神經元都是獨特的細胞，這些細胞在某一點上聚合，這個聚合處就是我們現在叫做突觸的地方（卡哈雖是第一個發現的人，但是這個名字是一八九七年，英國生理學家薛林頓〔Charles Sherrington，一八五七—一九五二〕所命名的），每一個突觸是兩個神經元的交會點，說的更正確一點，是一個神經元的軸突跟另一個神經元的樹狀突交會的地方。「突觸前」（presynaptic）神經元把它的訊息透過軸突送到「突觸後」（postsynaptic）神經元的樹狀突上，兩個神經元相連接。

那麼，在突觸上發生了什麼事？另一個諾貝爾獎得主（譯註：二〇一三年）神經生理學家湯瑪士．聚德霍夫（Thomas Südhof）花了他一生的時間在這研究上。他下結論

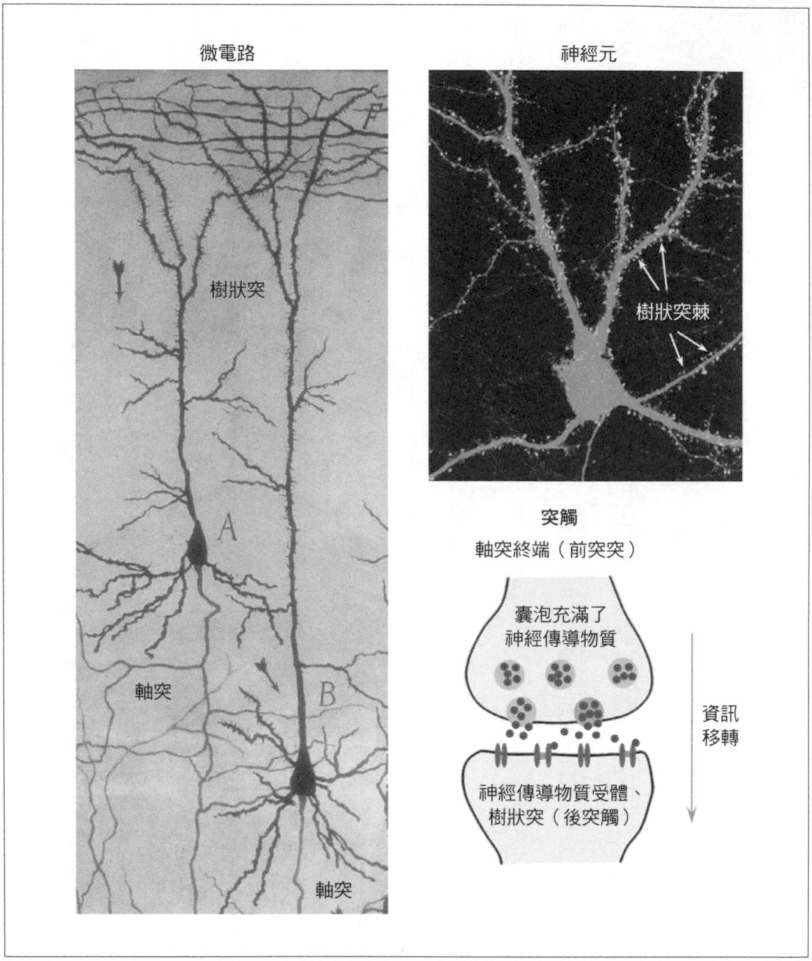

神經元、突觸和微電路形成大腦可塑性的物質硬體：每一次我們學習，它們都隨之改變，每一個神經元都有它的「樹」，叫樹狀突（上圖左），它從別的神經元處接受資訊，然後軸突（下圖左）送資訊到其他的神經元去。樹狀突棘是樹狀突中長出像草菇一樣的突起。突觸是連接兩個神經元的地方。當我們學習時，突觸的形狀、數量和強度，樹狀突棘的大小，樹狀突和軸突分枝的多寡，甚至軸突外面包的加快傳導速度絕緣體髓鞘的多寡都會隨著改變。

說，突觸是神經系統的計算單位——是大腦真正的計算機。我們的大腦中有億兆的突觸，所以它的複雜度是無可比擬的。在這裡，我只能就最簡單的特性來說，在軸突上走的訊息是電流，但是大部分的突觸把它轉換成化學的，軸突的末端，靠近突觸的地方叫「終端按鈕」（terminal button），裡面有許多囊泡（vesicle），這些囊泡中充滿了「神經傳導物質」（neurotransmitters）的分子（例如麩胺酸〔glutamate〕），當電的訊息到達軸突的終端按鈕時，這些囊泡就會打開，裡面的分子流入區隔兩個神經元的突觸空間，這是為什麼我們叫這些分子為「神經傳導物質」：它們把訊息從一個神經元傳到另一個神經元。當這些分子從突觸前終端被釋放出來時，它們馬上附著在突觸後神經元上的「受體」（receptors）。神經傳導物質對這些受體來說，就像鑰匙跟鎖一樣，它們可以打開突觸後神經元的細胞膜。帶著正電或負電的離子（ions）便湧入這些打開的管道，產生突觸後神經元內的電流，於是完成了一個循環：訊息從電流到化學，再從化學回到電流，在這歷程中，它穿過了兩個神經元中間的空隙。

這個與學習有什麼關係呢？我們的突觸是不停的在改變，從出生到死亡，而這改變反映出來的就是我們的學習。[1] 每一個突觸都是一座小的化學廠，這個廠內的許多元素在學習的過程中可以改變：如囊泡的數目、大小、受體的多寡、它們的效率、甚至突觸的大小和形狀。這些參數影響著電流從突觸傳到突觸後的強度，它們也提供了學習到訊息的儲存空間。

此外，這些突觸強度的改變並不是隨機發生：它們如果以前發生過，就會用增強神經元彼此間的活化來穩定神經元的活動（興奮作用，excitation）。這個簡單的基本定律，早在一九四九年，心理學家海伯（Donald Hebb，一九〇四—一九八五）就推測到了，這就是有名的海伯定律：一起發射的神經元會連接在一起（*neurons that fire together, wire together*）。當兩個神經元同時被活化，或在極短的時間前後活化時，它們之間的連接就強化了。更精準一點的說，如果突觸前神經元活化，而突觸後神經元在幾個毫秒之後也活化的話，那麼它們之間的突觸被強化了：將來它們兩個神經元之間的轉換會更有效率。假如，從另一方面來說，突觸後的神經元沒有活化，那麼這個突觸就變弱了。

我們現在了解為什麼這個現象會穩定神經元的活動：它強化過去做的很好的電路。突觸會依海伯定律而改變，曾經發生過的活動會被增強，突觸的可塑性使神經元能精準的連接在一起，如悠揚的樂音從小提琴家的指縫流出，老鼠能在迷宮中以最佳的路線跑出來，或是成功背誦一首詩的孩子……，這些表現來自每一個動作、每一個音符、每一個字都已經登錄在億萬個神經突觸上面了。

當然，大腦不可能登記我們這一生所發生的所有事情，只有在當下被認為是最重要的事情才會銘印到我們的突觸上。要達到這個目的，突觸的可塑性就被很多的神經傳導物質網路所調控，特別是乙醯膽鹼（acetylcholin）、多巴胺（dopamine）和血清胺（serotonin），它們決定哪些事情是重要到應該要被記住的，例如多巴胺是跟報酬有關的神經傳導物質，如食物、性、毒品，是的，還有搖滾樂（rock'n' roll）！[2] 我們所愛的東西會活化多巴胺迴路，我們「上癮」的刺激也會引發多巴胺的分泌，它對大腦送出訊息，訴說著我們正經驗一個正向的、超出預期的好事情。乙醯膽鹼則是對應所有重要的事情，它的效用比較廣，例如你會記得二〇〇一年九月十一日，你聽到紐約世貿中心被攻擊時，你正在做什麼事，因為那一天巨大的神經傳導物質湧進你大腦的迴路，使你的突觸大大的改變了。有一條迴路特別重要：杏仁核（amygdala），它是皮質下的一群神經元，主要受到強烈情緒的激發，它會送訊息到旁邊的海馬迴，那裡儲存著我們存在的主要事蹟。用這個方法，突觸因應我們大腦認為最重要事情的情緒迴路，把九一一這件事列為不該忘記的生活重要事實。

突觸能依前和後突觸神經元的活動來修正自己，這個能力一開始是在人工情境下發現的。實驗者用強電流快速的刺激神經元來看突觸強度的改變，在這巨大經驗之下，突觸保持了好幾個小時的狀態，這叫「長期增益效應」（long-term potentiation），可使記憶長期保留。[3]但這是大腦在正常的情況下，儲存資訊的方式嗎？第一個證據來自海生動物—海兔（*Aplysia californica*），一種海蛞蝓、海蝸牛。牠的神經元很大，牠們沒有大腦，只有一個叫做「節細胞」（ganglia）的大束神經細胞。諾貝爾獎得主肯代爾（Eric Kandel）發現，當制約牠們去期待食物時，在節細胞中的突觸改變了，有點像巴夫洛夫的狗（Pavlov's dog）。[4]

後來，當突觸記錄的技術進步了以後，很多實驗都支持了突觸可塑性在學習上的重要性，突觸的改變只發生在學習所用到的迴路上。當一隻老鼠學會去避開牠受到電擊的地方時，牠的海馬迴掌管空間和事件記憶的突觸改變了。[5]海馬迴和杏仁核之間的連接把這個創傷的經驗固定下來。當老鼠聽到一個聲音而受到驚嚇時，杏仁核和聽覺皮質之間連接的突觸也改變了。[6]此外，這些改變並不是在學習時同步發生的，它們有因果關係。證據顯示在，假如老鼠被電之後，我們去操弄使學習產生改變突觸的分子機制，那麼這隻老鼠就不記得發生過什麼事情（譯註：牠對進入曾經電過牠的地方就不再害怕恐懼了）。[7]

記憶的剖析圖

記憶是什麼？它在大腦的什麼地方？大部分的研究者同意下面的解釋，因為它區分了登錄（encoding）和記憶的時段。[8]

我們先從登錄開始，我們的知覺、動作和思想都跟某些特定神經元組的活化有關（其他的不活化，甚至被抑制），這些活化的神經元分布在大腦很多地方，當我看到川普在白宮橢圓形辦公室時，有些神經元對他的面孔起反應（在顳葉下端），有些對他的聲音（在顳葉上端），更有的對他的辦公室（在海馬迴旁邊區域）等等。單一神經元可能提供一些訊息，但是整個記憶一定是很多交錯複雜連接在一起的神經元所登錄的。假如我在辦公室遇見一個同事，稍微不同組的神經元會大量活化起來使我不會把她與美國總統混淆，把辦公室跟美國白宮混淆。不同的神經元組登錄不同的面孔和地方，因為這些神經元是緊密的連接在一起，只要一瞥見白宮就可能使我想起川普的臉，而我可能在脫離情境的情況下，認不出我的同事，例如我在健身房看到她就可能不認得。

現在假設看到總統在橢圓形辦公室後，我的情緒系統判斷這個經驗可能重要到應該儲存在記憶中，我的大腦會怎麼保存呢？要永久保留這個事件，剛剛被活化的神經元必須要經過巨大的改變。它們必須強化相關神經元之間的連接，增強團隊的支持，使這一組的神經元將來會一起發射，有些突觸變大了，甚至複製它自己，目標神經元有時會長出新的棘突（spine）、終端按鈕或樹狀突，這些生理上的改變顯示在幾個小時或幾天之內，新的基因展現了（new gene expression）。這些改變是學習的生理基礎集合起來時，所形成記憶的基質。

一旦突觸的記憶形成後，神經元就可以休息了。當他們停止發射（即活化）記憶保持冬眠狀態，潛意識但銘刻在神經元的迴路上，將來一個外在的線索（如一張白宮的相片）就足以引發原來迴路中一連串的神經元活動。這個連續性的神經元活化會重新儲存跟這個記憶第一次被儲存時很相似的程序，使我可以辨認出川普的臉來。根據這個理論，每一次重新儲存記憶都是一個重新建構的歷程：回憶是想去找回跟過去經驗同樣神經迴路、同樣的神經元發射型態。

因此記憶並不是在大腦的單一地方——它是分散在大腦很多的電路中，因為每一個電路都能改變它的突觸來因應頻繁產生的神經元活動。不過不是所有的電路都扮演相同的角色，雖然記憶的術語不是很清楚，而且一直在演變，但是研究者區分出至少四種的記憶。

工作記憶（working memory）：是將心智表徵保持在一個活化的情形下幾秒鐘的時間。它主要是依賴頂葉和前額葉皮質神經元的拚命活化來支持比較周邊地區的神經元。[9]我們要將電話號碼輸入手機時，工作記憶可以使我們**暫時**記住它們而不需寫下來。這些神經元彼此支持，使電話號碼在大腦中保持活躍的狀態。這種記憶主要是基於神經元活動形態的維持，不過最近發現突觸可能也有暫時的改變[10]，這個改變使神經元能短暫的冬眠，然後很快回到它們原來的活躍狀態。無論如何，工作記憶從來沒有長過幾秒鐘，一旦我們的注意力被別的東西吸引，這些活化的神經元連線也就消失，它是大腦的短期緩衝物，將最熱門、最新的訊息保留在心中。

事件記憶（Episodic memory）：大腦皮質下深處的海馬迴登錄著我們每天的生活，海馬迴的神經元似乎記憶著每一件事情——它們登錄什麼時候、在哪裡、怎麼樣、跟誰發生了什麼事情。它們靠著突觸的改變儲存著每一個事件，我們後來才能回憶出來。曾經有個病人H.M.，他左右兩邊的海馬迴被切除了以後，就不記得後來發生的任何事情，他永遠活在當下，無法將任何新的記憶加入他心智的自傳中（譯註：他因癲癇在一九五三年切除了兩邊的海馬迴，他的記憶只回到手術前兩年，後來發生的事一概不知，這是科學界第一次知道海馬迴的重要性）。最近的資料顯示，海馬迴跟所有快速學習有關，只要學習的內容是獨特的，不管這是一個特殊的事件或是有興趣的新發現，海馬迴的神經元都會活化起來，每個事件有它獨特的發射序列。[11]

語意記憶（Semantic memory）：記憶並不會永遠停留在海馬迴中。晚上睡覺時，大腦將白天發生的事情叫出來重新整理，把它們移到皮質的某個地方去；在那裡，這些記憶被轉換成永久的知識——大腦把我們生活經驗中的知識抽取出來，類化它，把它融合到我們對外界知識的圖書館中。幾天以後，我們還記得美國總統的名字，但是已經記不得我們是在哪裡或什麼時候第一次聽到他的名字，因為事件的記憶已經變成語意的記憶了。原來的事件已經轉換成長久的知識，它的神經碼（neural code）從海馬迴移到相關的皮質電路上去了。[12]

程序記憶（Procedural memory）：當我們一直重複同樣的動作（如綁鞋帶、背詩、計算、拋接球、拉小提琴、騎自行車等），皮質的神經元和其他皮質下的電路改變，下次這個訊息得傳遞會快一點，神經元的發射變得更有效率，並將不必要的神經活動刪除，像時鐘一樣正確無誤地精準。這就是程序記憶——潛意識記錄例行公事的動作，它不需要海馬迴的幫忙，透過練習，程序記憶主要儲存在皮質下一組叫做「基底核」（basal ganglia）的神經元。這是為什麼 H.M. 在沒有任何意識、事件以及海馬迴相關的記憶，他仍可以學習新的程序。研究者曾經教他看著鏡子寫下左右顛倒的文字，即所謂的鏡像（mirror image），H.M. 並不記得他曾經接受過這個訓練，所以當他發現他可以輕而易舉的做這個作業時，非常的驚異（譯註：這個實驗表示 H.M. 不記得他曾學過，但是學的有儲存起來，所以他會越做越快越好）！

真正的突觸和假的記憶

在這部好看而令人難忘的電影《王牌冤家》（*Eternal Sunshine of the Spotless Mind*, 2004），法國的導演甘德拉（Michel Gondry）想像有一個公司可以選擇性的洗掉人們腦中的記憶，如果這是真的，那麼那些引起創傷後症候群的記憶就不再困擾著解甲歸田的戰士；或者，反過來說，我們也可以畫一幅假記憶來愉悅自己？

其實，神經科學的進步已經離甘德拉導演的夢想不太遠了。另一位諾貝爾獎得主利根川進（Susumu Tonegawa）教授的團隊，在老鼠身上獲得了很好的結果。他先讓老鼠在一個房間接受電擊，老鼠從此就會避開那個房間，代表這個不愉快事件的記憶印刻在老鼠記憶中，然後用一個精密的雙光子激發顯微鏡（two-photon microscope），他找出哪些神經元在這些經驗中受到活化，結果在海馬迴中看到不同組的神經元，一組在老鼠進入A房間時活化起來，這些是跟電擊經驗有關的神經元，另一組跟B房間有關，在B房間，什麼事都沒發生。

然後他把老鼠放進A房，電擊牠，但是他用人工活化B組神經元，結果當老鼠進入B房時，他會恐懼，害怕到僵直不敢動。這個壞的記憶現在轉移到B房，雖然這裡沒有發生任何事情。[13]科學家可以用活化神經元的方式把新資訊植入進去。

利根川進教授的團隊現在要把不好的記憶變成好的，這個被電擊的壞記憶可以被洗掉嗎？可以的，他把老鼠跟一隻異性老鼠放在一起，然後重新刺激B房的神經元。現在老鼠不再恐懼B房，舊的電擊記憶被洗掉，現在老鼠在B房中搜尋上次交配的老鼠。[14]

另一組研究團隊採取了稍微不同的策略：他們重新喚醒最初壞記憶的神經元組，這時，把連接它們的突觸變弱，結果老鼠就不記得一開始的創傷，那個記憶沒有了。[15]

法國研究者卡漢·本舍南（Karim Benchenane）在老鼠睡覺時，成功植入一個新的記憶到牠的大腦中。[16]當動物睡眠時，海馬迴中的神經元會自動活化前一天的記憶，尤其是牠們去過的地方（後面第十章會詳細談這部分），所以 Benchenane 就利用老鼠睡覺時，重新活化跟某個地方有關的神經元，注射一些快樂的神經傳導物質——多巴胺進去，結果老鼠醒來後迫不及待的跑到這個地方去。這個本來沒有什麼特別的地方，突然變成像上癮的普羅旺斯（Provence）的甜品或初戀的地方。

老鼠畢竟跟人還有些距離，這些實驗是否可以用在跟人類比較接近的動物身上呢？有些實驗者便在猴子身上模擬大腦學習的效果，比如說，當猴子學會字母、數字或用工具時，牠們的大腦是什麼樣呢？[17] 日本研究者八來篤史（Atsushi Iriki）顯示，猴子可以學會用耙子去把遠處手搆不及的食物耙近來吃，經過幾千次的訓練後，猴子動作快得像賭場荷官收錢那樣快，只要幾分之一秒的時間就能把食物弄到嘴裡。牠們甚至學會用一個中型的耙子去把第二根長一點的耙子弄到手，好耙更遠地方的食物來吃。這種工具學習激發了一連串大腦的改變，皮質的前頂葉區就是我們人類用來控制手的動作，寫字、抓一個物體或用槌子、鉗子。新的基因展現出來，突觸大量形成，樹狀突和軸突成倍數成長——這些增加的連接，使有經驗的老手猴子皮質厚度增加了百分之二十三。這些神經連接巨大的改變：遠處在顳葉的軸突長了好幾毫米，侵入前頂葉區，這個區域的神經元本來跟它們是沒有連接的。

這些例子說明了大腦可塑性的時間和空間的延展性。我們來回顧一下幾個重點。當我們希望記住一個事件或一個概念時，一組神經元會活化起來，一開始是突觸，即二個神經元接觸的地方，當二個神經元同步發射時，它們之間的連接會更緊密，這就是海伯定律：一同發射的神經元會聯結（wire）在一起。一個強化的突觸就像一個增加產量的工廠：它的前突觸需要更多的神經傳導物質，後突觸需要更多的受體，這個突觸也會變大以承載更多的訊息量。

當神經元學習時，它的形狀改變了，一個像草菇一樣的結構，叫做「樹突棘」（dendritic spine），在樹狀突接近突觸的地方，有必要時，會長出第二個突觸來，在這個神經元上的其他突觸也會被強化。[18]

所以當持續學習時，大腦的生理結構就改變了。感謝顯微鏡的進步——尤其雙光子激發顯微鏡的發明——現在可以直接觀察到突觸和軸突按鈕依每一次的學習而生長，就像春天的植物一樣。當累積夠多的學習，使軸突和樹狀突改變以毫米速度持續生長時，最後在核磁共振中就可以看得見了。學習音樂[19]、閱讀[20]、拋接球[21]、甚至在大都會開計程車[22]都會形成看得見的皮質厚度改變，以及連接皮質各區塊神經迴路的強度改變，我們用的越多，大腦中的高速公路進步就越多。

突觸是學習的縮影，但不是大腦中唯一改變的機制。當我們學習時，大量增加的新突觸常迫使神經元去長出更多的軸突和樹狀突。軸突的外面包有一層絕緣體叫髓鞘

（myelin），它就好像電線外面包的黑色膠布一樣，使電流通過軸突時不會短路，軸突用的越多，外面包的髓鞘越厚，電流通過越快，訊息就傳遞越快。

神經元並不是學習的唯一主角，當學習進行時，神經元旁邊的環境也會隨之改變，包括環繞神經元的膠質細胞（glial cell），它為神經元提供氧和營養，固定神經元膠質細胞的位置，間隔神經元和另外一個神經元會把死亡的神經元運出去。在這個階段，可以說整個神經迴路和膠質細胞的支持結構都改變了（譯註：過去認為膠質細胞不重要，glial 是希臘文「膠」的意思，只是神經系統的膠，後來發現它很重要）。

有些學者挑戰這個教條——突觸是所有學習中不可缺的主角。最近的研究發現，小腦中的普金斯細胞（Purkinje cell）可以記得時間長短，而突觸在時間的學習上沒有扮演任何角色：這個機制似乎完全是細胞內在的作業。[23]這是有可能的，因為小腦的專長在時間，對時間的記憶演化可能用的是不同的策略，而不是依賴突觸的改變。小腦的每一個神經元都能儲存好幾個時間差距，可能是仰賴它自己的 DNA 中穩定的化學改變。

另一個很少被研究的領域是去釐清學習所引發的改變，不論是不是突觸，可以達到大腦能力所及的最高級「思考的語言」的學習，並能很快地把現有概念重新連結。我們在前面已經看到，人工神經網路的模式提供了一個可以接受的合理解釋，即幾百萬個突觸的改變可以使我們辨識一個數字、一個物體或一張臉。然而，就語言習得和數學算則的神經網路突觸的改變來說，這不是一個真正令人滿意的模式，從突觸到數學符號算則中間還有很多不明白的地方，目前請先不要下定論，因為我們對大腦儲存記憶的生物碼知道的還非常少。

營養是學習的要素

有一點很確定的就是我們在學習的時候，不但神經元的樹狀突和軸突在改變，它周邊的膠質細胞也在改變。這些改變都需要時間，每一個學習經驗都需要好幾天一連串的生物學上的改變。許多專司彈性的基因必須展現出來，使細胞能製造必要的蛋白質和細胞膜，以長出新的突觸、樹狀突和軸突。這個歷程需要很多的能量：一個小孩子的大腦用掉他身體百分之五十的能量。大腦需要很多葡萄糖、氧氣、維他命、鐵、碘、脂肪酸等重要營養才能正常的發展，大腦需要平衡的飲食、氧氣和身體的運動才能因應每秒製作或拆散幾百萬個突觸的工作。[24]

下面這個例子告訴我們適當的營養對發展中的大腦有多麼重要。二〇〇三年十一月，以色列的兒童突然不明原因的生病了[25]，一夜之間，幾十個寶寶進了全國的小兒科醫院，他們都有嚴重的神經學上的症狀：疲倦無力、嘔吐、視力損壞、不能警覺，有時甚至進入無意識的植物人（coma）狀態，有兩個寶寶死亡。大家緊張的跟時間賽跑：這個新疾病是什麼？為什麼會突然爆發？

調查最後追蹤到了營養，所有生病的寶寶都是喝同一品牌的豆奶粉。當分析這些豆奶時，發現了一件可怕的事情：雖然奶粉上標示著三百八十五毫克的維生素B_1（thiamine, Vitmine B_1），但實際上裡面一點都沒有。廠商後來承認，為了省錢，二〇〇三年初即停止了維生素B_1的摻入，而維生素B_1是大腦重要的營養。更糟的是，身體不會儲存維生素B_1，所以如果飲食中缺乏補充，很快地大腦就會嚴重匱乏B_1了。

神經學家已經知道如果成人缺少維生素B_1會引發嚴重的神經病變，叫做威尼基—科薩科夫徵候群（Wernicke–Korsakoff syndrome），通常在重度酗酒的人身上會看到。急性期階段，B_1不足會引發威尼基區（Wernicke's area）的腦病變，有致命的可能性。患者會出現心智混淆、視力不正常、眼手不協調、無法保持警覺性、有時會進入無意識的植物人狀態、死亡，跟以色列嬰兒的症狀一模一樣。

最終的證據來自於治療介入。當把維生素B_1加回嬰兒奶粉中，幾天後寶寶的病情有所好轉，並且可以出院回家了。醫生估計大約有六百到一千名以色列嬰兒在出生後的頭幾個月裡，有二到三週是沒有攝取到任何維生素B_1的，重新添加維生素B_1顯然救了他們的命，但是當他們六歲或七歲時，卻顯現出嚴重的語言問題。以色列的心理學家佛利曼（Naama Friedmann）在他們六歲或七歲時，共測試了六十位孩子，他們在語意理解和說話造句上有很大缺陷，他們的文法特別不正常，給他們看或聽一個句子，他們無法辨識出誰對誰做了什麼。不過他們觀念的處理卻是無礙，知道聯結關係，例如會把毛線球和羊的圖片放在一起，而不會跟獅子的圖片放在一起，他們在智商的測驗上是正常的。

這些悲劇顯示了大腦可塑性的上限，學習語言絕對跟嬰兒大腦巨大的可塑性有關，任何一個寶寶都能學會世界上任何一種語言，從四聲的中文到南非班圖（Bantu）語的咯（clicks）聲。因為嬰兒的大腦有很大的可塑性，但是這個可塑性並非無限長，也不是魔術，它是物質的歷程，需要特別的營養和能量，儘管只有幾個禮拜的短缺就足以造成永久傷害。

因為大腦組織是非常模組化的，所以這些缺陷只會出現在某個特定的認知領域，如文法或詞彙。小兒科的文獻中充滿了這樣的例子，例如胎兒酒精徵候群（fetal alcohol syndrome）就是母親在懷孕時酗酒所致。酒精是致畸型的物質，會使胚胎發育的身體和大腦畸型。對發展中的神經系統來說，它是真正的毒藥，在懷孕時一定要避免。如果要樹長得茂盛，大腦這個花園必須提供所有需要的養分。

突觸可塑性的強度和限制

後天經驗可以完全重新設定大腦的硬體嗎？包括生理結構的劇烈改變？不行的！可塑性只能調整神經結構，它是學習的基礎沒錯，但是它受到基因的限制，它是先天設定基因和後天獨特經驗的產物。

現在到了我要告訴你尼可故事的時候了，他就是我在第一章裡提到的那位年輕藝術家（見彩圖一）。尼可靠著半顆腦創造出他卓越的繪畫藝術，他在三歲七個月時，因為嚴重的癲癇，動手術把放電的右腦全部切除，只剩下了左腦。

在他的家人、醫生、哈佛大學教育學院研究者巴特羅（Antonio Battro）的支持下，尼可得以在阿根廷首都布宜諾艾利思（Buenos Aires）上小學，然後去西班牙的馬德里（Madrid）上高中，直到他十八歲。現在他的口語、書寫能力、記憶和空間能力都非常好，他甚至拿到大學畢業證書。他最大的才能在素描和繪畫上。

他可以算是大腦可塑性的好例子嗎？當然可以，因為他的左腦成功掌握了許多原本是右腦的功能，例如他可以注意到整張圖（譯註：本來應該有偏盲，因為右邊的視覺皮質切掉了），他可以描繪出有空間安排的樣本，他瞭解跟人對話時的諷刺語氣，也可以猜到別人話語背後的意思，假如這個手術是動用在成人身上，上述的功能是不可能出現的。

但是尼可的可塑性還是有限制：當我們掃描他的大腦並讓他做所有測驗時，我們發現他把所有的學習都擠到左腦去！事實上，所有傳統右腦的功能我們都可在他左腦相對應的位置上找到，例如對人臉的辨識本來在右腦的顳葉皮質，但是尼可的人臉辨識在左腦顳葉皮質的相對應位置上，所以當他的大腦重新組織時，它還是受到人腦組織的規範，沒有亂來，那些在胎盤中就形成的大腦連接神經迫使他的學習仍然循著人類大腦地圖的限制，只是把本來應該在右腦的功能擠進左腦來，但仍然保持大腦一貫的對稱性。

大腦可塑性的強度和限制在視覺上是最為顯著的。不出意料地，尼可有偏盲（hemianopia），因為右腦切除的關係，他的左視野是看不見的（譯註：我們的眼睛不是右眼到左腦、左眼到右腦，而是兩個眼睛的右邊到左腦、兩個眼睛的左邊到右腦，所以尼可右視野是可以看得見的，因為他的左腦無恙），當他看一張圖時，圖的右邊是正常的，左邊就看不見了，所以他必須移動他的眼睛才看得見全圖。二十年的視覺經驗並沒有辦法改變他大腦先天設定的視神經迴路，我們大腦視覺發展是很早就關掉了（譯註：如果小貓一出生就給牠戴上眼罩，使牠沒有任何視覺刺激的輸入，三個月以後，將眼罩拿掉，這隻小貓是盲的，看不見的）。

現在讓我告訴你另外一個小病人，一個十歲的小女孩 **A.H.**。[26] **A.H.** 跟尼可一樣，只有腦的左半部；但是跟尼可不一樣的地方是，在胚胎七週時，因為病變，她的右腦停止生長了，所以 **A.H.** 是從來不曾有過右腦（譯註：尼可是三歲七個月大時才失去他的右腦）。我們很好奇的是，**A.H.** 的大腦會不會因此跟我們不一樣？不會，但是她的大腦跟尼可的有一點點不同，**A.H.** 的左視野可以看到一些光、形狀和動作，而尼可是完全不行，腦造影片子顯示她的視覺皮質有一部分重新組織過了（見彩圖十一）。在她左半球後端的視覺皮質區有著完全正確的右半地圖，但仍有一小部分不正常。她視網膜一半的軸突本來應該是看不見的，卻被重新引導到大腦的另一半去。這是出生前胚胎可塑性的極端例子——即便如此，這個重新組織也只是一部分，並不足以重新恢復視覺。在視覺系統裡，基因主控，而可塑性只能在狹小的空間裡運作。

科學家好奇這個基因的限制可以到什麼程度，一個很有名的實驗可以看出。麻省理工學院神經科學家蘇爾（Mriganka Sur）成功的把雪貂（ferret）的聽覺皮質換成視覺皮質。[27] 聽神經的路徑是從耳蝸（cochlea）到腦幹，再走到視丘（thalamus）的聽覺部分，最後到達聽覺皮質區。蘇爾切斷雪貂胚胎的聽神經，這隻雪貂就聽不見了，但是牠的視覺神經開始侵入這個被切斷的聽覺迴路，好像去替代失去的聽覺輸入。現在聽覺皮質對視覺起反應了，這些神經元對光、線條的方向敏感，就跟任何一個視覺皮質一樣，那些突觸重新適應新的輸入，並且登錄那些本來是聽覺的神經元，轉變成視覺神經元中間的訊息。

我們能夠從這些數據下結論說大腦的可塑性是「廣大的」（massive），而後天經驗是「皮質組織」（organizes the cortex）的內涵，就像最熱衷於空白石板捍衛者宣傳的那樣嗎？[28] 這並不是蘇爾的結論，其實正好相反，他認為這是一個病態的情形，病人的大腦重組離完好（perfect）還差得遠，視覺雖然侵入了沒有在使用的聽覺皮質，但是它們並沒有明確區分，視覺皮質先天（基因）就是設定來支持視覺功能，在正常發展的大腦裡，大腦區塊應該專職什麼功能很早就劃分好了，這是無數專司發展基因的責任，軸突會循著預定的化學分子通道找到追蹤大腦原型地圖的路徑，只有在路徑終點才會受到神經活動輸入的影響，並且去適應這些輸入的需求。如果神經元是個織氈（tapestry）那麼它的花樣是是固定的，只有少數但顯著或重要的針腳可以改變。

另一點很重要的就是即使突觸是受到神經元活動的影響而改變，也不見得一定就是環境在大腦中留下烙痕，大腦也很可能利用突觸的可塑性去**自我**—組織，大腦可以在完全沒有任何環境輸入的情況下，從內在產生脈衝活動，它可以利用這些活動的型態（activity pattern）加上突觸的可塑性去設定（wire）神經電路。子宮裡沒有任何感官的輸入，但是大腦、肌肉、甚至視網膜都已經展現自動自發的活動（這是為什麼胎兒在子宮裡會動）。神經元是可以被興奮的細胞：它們會自發性的發射，脈衝會自我組織成巨大的電波在大腦細胞組織上行走。即使在子宮中，胚胎的視網膜會隨機出現神經元發射所產生的電波，當這些電波到達皮質時，雖然沒有攜帶任何視覺的訊息，卻會組織皮質的視覺地圖。[29] 所以，突觸的可塑性一開始是不需要跟外界互動就會產生，只有在懷孕的最後三個月，大腦發展得差不多，先天和後天的界限逐漸模糊，才會開始調整其內在和外在的世界。

即使出生以後，跟感官輸入無關的隨機神經元發射電波還是繼續在皮質上流動，慢慢的，這些內在自己產生的神經活動才在感覺器官的影響下進化，這個歷程可以用「貝氏大腦」（Bayesian brain）的理論架構來解釋。[30] 這些一開始由內在產生的電波是統計學家所謂的「先驗」(prior),這是大腦的預期,是在跟外界互動之前的演化假設。後來這些假設逐漸因環境的訊號而調整,在出生幾個月後,那些自發的內在神經活動就像統計學家所謂的「後面」(posterior):大腦的機率分配曲線變得越來越真實反映外面世界的統計。在大腦發展的過程中,我們生而有之的內在模式因他們感官輸入數據而修正的越來越精準,最後的結果就是妥協,從先前組織的模式中選擇出最好的來。

什麼叫做敏感期?

我們剛剛看到大腦的可塑性既廣大卻又受限制,這些連接的神經纖維在我們生活、成熟和學習的過程中,可以改變而且必須改變;但是主要的神經連接一出生就已經在崗位上了,盡忠職守,終其一生都沒變。我們每一個人都一樣,我們的學習只會造成小小的調整,主要在微電路上,不會超過幾毫米。當神經元成熟,它的終端枝長出新的突觸進入別的神經元時,它們形成的電路會深深扎根在基因給它的小小空間內,神經通路為了反應環境的要求可以改變它們當地的連接、它們的強度、和它們外面包的髓鞘,這個髓鞘可以加速訊息的傳達,加快大腦一區到另外一區的速度,但是它們不能隨意改變它們的方向。

這個長途連接的空間限制也存在於大腦許多區塊時間上的限制，可塑性只有在某個時間範圍內有效，這就叫做「敏感期」（sensitive period）。它在童年的初期開始到達巔峰，然後慢慢因我們長大而下降。這整個歷程所需時間因大腦區塊而有所不同：感官區在孩子一歲或二歲時到達頂點；比較高層次的區域，例如前額葉皮質到童年的晚期甚至青春期初期才到頂峰。可以確定的是，當我們長得越大，可塑性越下降，而學習變得越來越困難，但並非完全冰凍住。[31]

我認為寶寶是個學習機器，因為在生命的頭幾年，他們的大腦在突觸可塑性的鼎盛時期，錐狀細胞（pyramidal cell）的樹狀突以驚人的速度呈倍數成長。剛出生時，嬰兒大腦皮質看起來像被颱風掃過的樹林，光禿禿的樹枝和樹幹；六個月大時，他的大腦像春天的林間，神經的連接和樹狀突大量生長，直到它們形成一個密不可分的叢林。[32]

這種漸進的神經樹林表示環境迫使它們生長，以儲存越來越多的數據。然而，真相是比這個更錯綜複雜。在未成熟的大腦，突觸並不會因學習多寡而成比例出現。相反地，大腦先製造大量的突觸，再由環境來決定保留還是刪除，這全看它們對有機體有沒有用。幼年期的突觸密度是成人的二倍，然後才慢慢減少。皮質的每一個區塊都是先有大量的突觸，然後依它們有沒有跟別的神經元連接而決定他們被刪除或保留的命運。下一次你看到一個小小孩時，他的大腦中，每一秒鐘都有幾百萬個突觸被製造出來或修剪掉。這個現象基本上解釋了敏感期的存在。幼年時期，樹狀突和突觸的葉子還是很有延展性，可以被修剪，但當大腦越成熟，學習限制只剩周邊一點點的突觸能有所改變了。

有趣的是，這個突觸的過度生長和修剪並不會同時發生於大腦的各個區塊。[33]大腦的主要視覺皮質區（跟其他的感官區一樣）會比高層次皮質的成熟快上許多，它們的原則似乎是趕快用凍結皮質組織的方法來穩定大腦的輸入，但是高層次的區域可以慢慢改變，所以階層越高的區域，如前額葉皮質是到最後才穩定下來，他們在整個青春期持續改變，甚至過了青春期仍可改變。人類視覺皮質突觸的過度製造大約在二週歲時到達尖峰，聽覺皮質是三歲到四歲的時候，而前額葉皮質是五到十歲的時候到達頂峰[34]，包在軸突神經纖維外面的髓鞘也是一樣。[35]在生命的頭幾個月，感覺皮質區的神經元是最早受到髓鞘的好處，所以視覺訊息才能被處理的這麼快，訊息從視網膜到視覺皮質，從一開始的四分之一秒進步到十分之一秒。[36]這個絕緣的髓鞘是抽象思考、注意力和計畫的中心，卻很慢才到額葉。小孩的感官和運動電路很早就成熟，而高層次的思考等卻很慢才包完髓鞘，因此，一歲的孩子在偵察基本訊息上，如一張臉的出現，要比成人慢了四

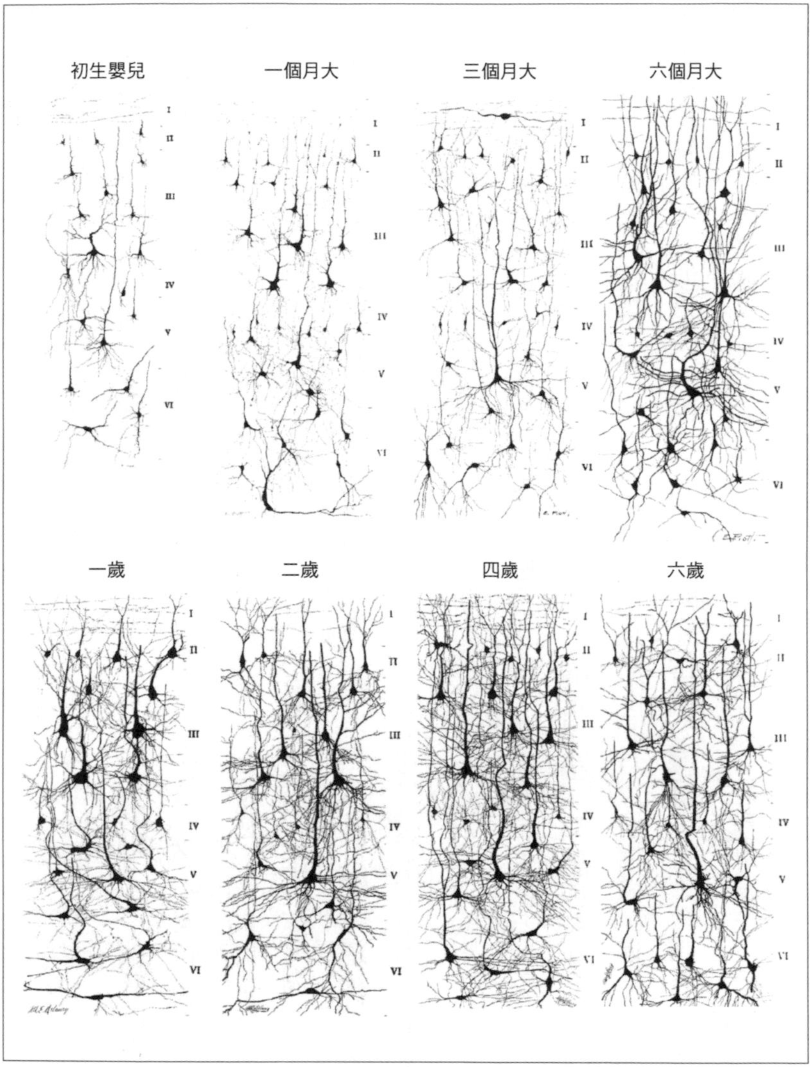

嬰兒剛出生的頭二年，神經元樹會瘋狂生長，直到它們形成複雜的神經叢，二歲幼兒大腦中的突觸數量幾乎是成人的二倍。在大腦發育的過程中，樹狀突會因神經元的活動情況而被修剪，有用到的神經元被保留起來，沒有用到的則被修剪掉。

倍的時間。[37]

因為大腦區塊突觸的過度生長和髓鞘包裹完成有著不同的時刻表，所以學習敏感期的開和關也就有所不同。感官區域是最早關掉學習能力的地方。最好的例子是雙眼視差（binocular vision）。[38]不管是人或動物，要能看到深度，必須要有二隻眼睛，在敏感期各自送進來高解析度的影像才可能形成深度知覺。這個敏感期的時間，在貓身上是幾個月，人類則是幾年，假如在這敏感期中有一隻眼睛看不見或是模糊、斜視（俗話鬥雞眼），那麼他就沒有辦法形成深度知覺，這個傷害是永久性的，這種情況在醫學上叫「弱視」（amblyopia），必須在孩子小的時候（三歲以前）矯正，不然就來不及了。

另一個敏感期的例子是母語的學習。所有寶寶都是語言學習的天才，他們可以區辨世界上任何語言中的語音，不論他們在哪裡出生，也不管他們的基因如何，只要是正常寶寶都能學會他生長環境中所使用的語言（不論是單語、雙語或三語都沒有問題），只要幾個月，他們的耳朵（聽覺）就會對生活周邊的語音反應靈敏，連最細微的變化都能敏銳地察覺出來。但是長大後，這個珍貴的學習能力就會失去，我們看到在英語國家過了一輩子的日本人仍沒有辦法區辨 /R/ 跟 /L/，永遠把 right 和 light、red 和 led、election 和 erection 混在一起。但是說英語的英國和美國讀者不要覺得驕傲，因為你們也不能區辨印度語（Hindi）中的齒音/T/和卷舌音的/T/，也分不出芬蘭語和日語的長短母音，或是中文的四聲。

研究顯示，我們在一歲左右失去這個能力。[39] 嬰兒潛意識會統計出他所聽到的聲音，大腦將之做成音素的分配曲線圖。到十二個月大時，這個歷程完成，我們保留母語中所有用到的音，拋棄沒有用到的，因為不再需要，這時大腦就凍結了這個學習能力。由此可見，除了非常特殊的情況，我們永遠沒有辦法假裝我們是日本人、芬蘭人或印度人——我們的語音（phonology）是（或幾乎是）凍結成石頭了。大人要重新恢復區辨外國語音的能力要花很大很大的力氣，只有長期聚焦的訓練，先放大/R/和/L/的差別使耳朵能聽得出來（譯註：我們說不出耳朵聽不見差異的音，這是為什麼神經學家說我們是用耳朵在唱），然後慢慢減少這個差異，最後日本的成人可能可以區辨出這兩個子音的差異，但也不是百分之百。[40]

這是為什麼科學家用敏感期，而不用關鍵期（critical period）的說法。這個能力會縮小，但是沒有真正到零，完全沒有。成人學習第二外國語的能力個別差異很大，對大部分的我們來說，成年以後才學外國語需要不可思議的努力才能說得讓別人勉強聽得懂。這是為什麼大部分的法國人到美國時，都像「粉紅豹」（*The Pink Panther*）裡的偵探克盧索（Inspector Clouseau）（Vere iz ze teléfawn? Where is the telephone?）最近科學家可以從一個人聽覺皮質的大小、形狀和連接的數量來預測這個人學習外國語的能力（不是百分之百，但能做到部分已經很了不起）。[41] 這些幸運的大腦保留了比較有彈性的連接，使他們可以說的跟母語一樣好——但是這絕對是例外，不是規則（譯註：中研院院士，加州大學柏克萊校區的王士元教授有此能力）。

學習外國語的敏感期關的很早，一、二歲的孩子就比幾個月大的寶寶差很多，不過高層次的語言處理如文法學習就長了很多，大約在青春期開始關閉。這些證據來自被收養的外國孩子或移民，他們可能在新語言上表現非常傑出，但是常常還是帶有一點外國口音或文法錯誤，透露出他們原來的國家；這個差距在三歲或四歲就進入新國家的孩子身上幾乎察覺不出來，但是在青春期或成年後的人身上差距會很大。[42]

最近有篇研究是從網路上收集了幾百萬個第二語言的學習者，用這些資料來模擬一般人的語言學習曲線。[43] 結果顯示，學習文法能力在童年期慢慢下降，到十七歲時急劇下降。因為文法需要時間學習，所以研究者建議在十歲以前一定要學；此外，他們強調浸淫在要學語言的這個國家的好處，因為沒有什麼比社交互動學語言學得更快的方法了。假如你必須要說這個語言才能吃到中飯或坐上巴士，就絕對比在教室中或看電視學

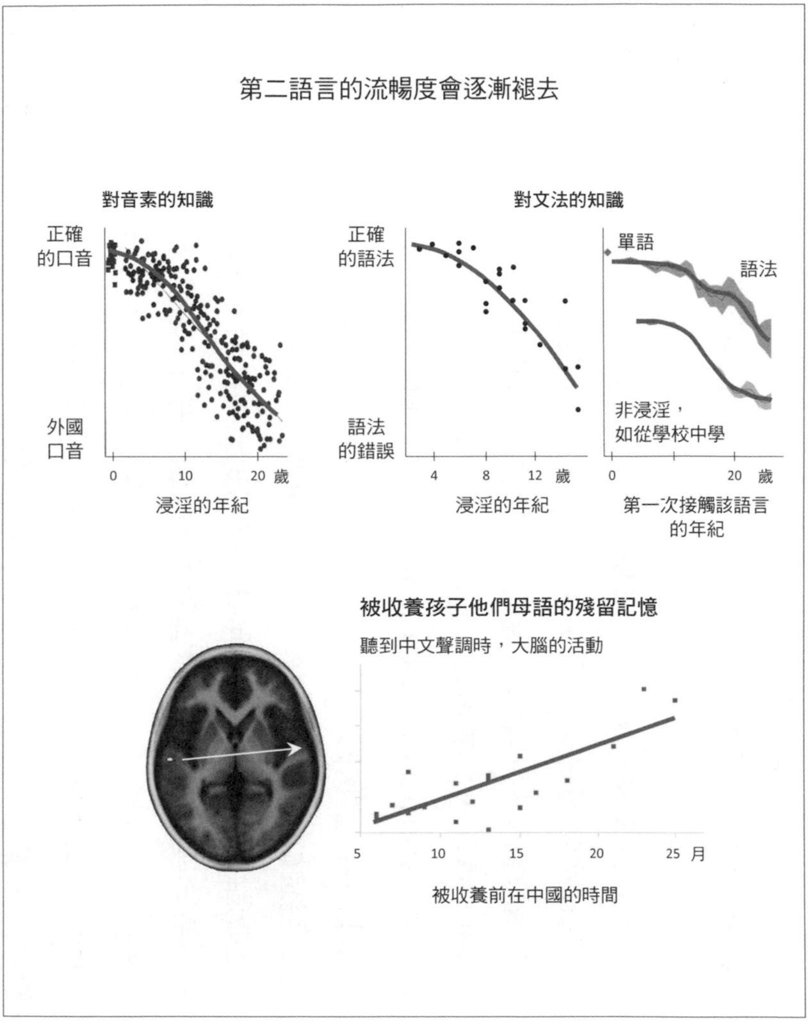

學習外國語的能力隨著年齡急劇下降，顯示大腦可塑性敏感期的關閉。越晚學一個語言，你沒有口音和文法錯誤的機率越低（上圖）；相反的，年紀越大才被收養的孩子，原生語言在他大腦中潛意識冬眠的痕跡越久（下圖）。

得快。學文法也是越早越好，大腦學文法的可塑性在青春期結束時急劇下降（不過這個下降不能全部歸因到失去大腦的可塑性，其他因素如動機和社會化也可能有關係）。

直到現在，我們都在談第二語言的學習，但是請注意，這不是單純的情況，這個能力下降的很慢，大約花了十年，而且沒有降到零，因為有一部分原因是這個大腦已經受到第一語言的影響了。假如一個孩子從出生就沒有接觸到任何語言的話呢？傳說埃及的法老王普薩美提克一世（Pharaoh Psamtik I）是第一個提出這個問題的人，他讓牧羊人去照顧二個孩子，嚴厲禁止他和孩子們說話，結果這二個孩子最後都能說話……說的是 Phrygian 語！十三世紀時的腓特烈二世（Emperor Frederick II）、十五世紀的蘇格蘭國王詹姆士四世（James IV）和十六世紀蒙兀兒帝國（Mughal Empire）的阿克巴君主（Jalaluddin Muhammad Akbar）都曾做過這個「實驗」，試圖剝奪這些孩子學習語言的機會，他們有些人因此而死亡（拉康心理分析師完全不能忍受這個故事）（譯註：拉康〔Jacques Lacanian〕是法國的心理分析學家，被稱為佛洛伊德以來最有爭議的心理分析學家）。

唉！我們不必再去傳播這些寓言故事，因為這個情況在全世界每一個國家都不時的發生，每一天都有孩子生下來就聽不見，假如他們沒有及早接受治療，他們一輩子都會禁錮在寂靜的環境中。我們現在知道，在一歲以前，給他們語言的機會是非常重要的：不論是手語（手語是個自然的語言，跟口語是一樣的，使用手語的孩子，他們語言的發展很正常）或是口語（假如這些孩子可以接受到人工耳蝸〔cochlear implant〕使他們可以聽到一部分的聲音），研究已發現及早治療非常的關鍵，晚了就來不及。[44]八個月大的嬰兒接受人工耳蝸就已經太晚了，因為他們在語法上會留下永久性的傷害。他們無法完全理解一些主詞受詞互換的句子，如「指給我看祖母在替她梳頭的女孩」（Show me the girl that the grandmother combs）這句話中，女孩是被祖母梳頭的人，是梳（comb）的受詞而不是主詞，這種句子叫「文法移動」（syntactic movement）。假如一個聾孩在一歲或二歲以後才接受人工耳蝸，他們對這種句子會沒輒，給他們看二張圖片，一張是祖母在替女孩梳頭，另一張是女孩在替祖母梳頭，他們無法做出正確的選擇。

幼年期對文法移動的發展十分關鍵，假如到寶寶一歲，他還沒有機會接觸到語言的互動，那麼這個文法移動的大腦可塑性便關閉了。還記得二〇〇三年的以色列孩子嗎？僅僅幾個禮拜缺乏維生素B_1，他們就永久失去了語法的感覺。這些結果再加上被家人棄養的野孩子如著名的法國亞韋龍（Aveyron）的狼孩維多（Victor，一七八八－一八二八）和美國的受虐兒吉妮（Genie，她被關在衣櫥中十三年，沒有人跟她說過話）。雖然維多和吉妮被救出以後，在文明社會中又生活了許多年，他們始終沒有辦法正確的使用語法，他們可以說話，學會一些詞彙，但語法上始終有缺陷（譯註：吉妮的文法很像我們中國人說英文，第三人稱單數後面動詞不加 s，he、she 後面的動詞沒有加 s，過去式沒有加 ed 等等）。

所以語言的習得是敏感期最好的例子，如上面看到的語音和文法缺失。不過雖然這個部分的大腦凍結了，其他部分的功能仍然開放，如學習新字和它們的意義是終其一生都可以達成的，這剩餘的可塑性是我們不論多老都能學習新字如 *fax*（影印）、*iPad*（平板電腦）、*meme*（迷因，譯註：英國演化生物學家 Richard Dawkins 在《自私的基因》書中所創造出來的字）和 *geek*（怪傑），或是一些幽默的新詞（neologism），如 *askhole*（一直問愚蠢、沒有意義問題的人）或 *chairdrobe*（衣服堆在椅子上而不是掛在衣櫥裡，chair + wardrobe）。對詞彙的學習，我們成人的大腦一直保留著孩童時代的可塑性，終身可以學習，從生物學的觀點，為什麼心理詞彙的神經電路沒有因敏感期而關閉是目前科學家仍不知道的事。

突觸必須是打開的或是關閉的

為什麼突觸要喪失它的可塑性？是什麼生物機制使它關閉？這個敏感期開和關的來源是現代神經科學的主要研究題目。[45] 敏感期的關閉似乎跟神經元的興奮和抑制的平衡有關，在童年期，主興奮的神經元發育得很快，而主抑制的神經元發育較慢，一些含有「小白蛋白」（parvalbumin）的神經元外面會包有「神經周圍網」（perineuronal net），它會越包越緊，最後阻止了突觸的生長或移動。神經電路被這個網緊緊包住時，就無法再變動了。假如我們可以把神經元從這個緊身衣中解救出來的話，突觸的可塑性就可以再回來，有一個方法是用藥物，如氟西汀（fluoxetine），就是大家熟知的百憂解（Prozac）。這對中風的病人是一大佳音，因為他們必須用損壞大腦區塊週邊的神經元來重新學習他們失去的能力。

敏感期的關閉還有其他的因素，例如一種叫做 Lynx1 的蛋白質，它會抑制突觸可塑性乙醯膽鹼的作用。乙醯膽鹼通常在我們對某件事感興趣時會分泌出來，它會加強突觸的可塑性，Lynx1 會使乙醯膽鹼在成人神經迴路上失去作用。有些研究者想用基因方式控制 Lynx1，或用藥物方式增強乙醯膽鹼的機制來重新開啟可塑性，目前在動物身上的效果還不錯。

另一個比較容易用到人身上，也比較容易成功的方法，是用電擊使神經細胞降低它們容易到達發射的閾（threshold）而活化，使興奮的神經迴路比較容易被活化而產生改變。[46] 這種蓬勃發展的治療方法為病人帶來了很大的希望，尤其是那些重度憂鬱的病人，有的時候只要在頭皮上通過一個小小的電流，就能使病人回到未發病前的情況。

你可能會好奇，為什麼神經系統這麼堅持限制它的可塑性，這裡應該有演化上的原因（好處）去關閉敏感期，避免更多的大腦迴路改變。研究者模擬神經網路時發現，低層次的視覺皮質神經元在寶寶出生的頭幾個月就已經學到簡單、可被複製的接受域（receptive field），如物體輪廓的偵察，它需要一再更新（update）功能，因為這種輪廓的偵察細胞已經到它們能力的最高點了，大腦不如省下突觸和軸突發展的能源，把它用到更好的別處。此外，感官區的組織是所有知覺的基礎，改變這個組織會影響到高層次的知覺，製造出混亂，因此，從這個觀點看來，一段時間後，最好不要再去動這些感官神經元，這理由可能是演化為什麼這麼早就把大腦感覺區的敏感期關掉，而讓高層次的聯結區有比較長的時間去調適自己。

它的好處是既然迴路凍結了，那麼終身就不會改變，我們在童年學的東西就變得穩定，即使這些早期學到的東西被後來學到的知識所覆蓋過去，我們的大腦還是保留著我們童年已經冬眠的神經迴路。例如，在嬰兒期就被收養的孩子，他們有第二母語——養父母的語言，但是他們自己原生的語言還在不在呢？這是一個非常有趣的研究。一九五八年以後的四十年，大約有十八萬韓國兒童被收養，絕大部分（大約十三萬）是被送到離韓國很遠的國家。其中有一萬名到了法國，在我們巴黎的實驗室帕利爾（Christophe Pallier）和我掃描了其中的二十位孩子，當時他們已經成年，他們大約是五歲到九歲之間抵達法國，他們已經不記得韓國時期的事情（除了一些嗅覺記憶，尤其是食物的味道）。我們的掃描發現，他們大腦的組織跟在法國出生的孩子沒有兩樣[47]：他們的語言區在左邊，對強烈的法文句子起反應，對韓文句子沒反應（基本上跟任何其他不知道的語言，如日語的反應一樣），從心理詞彙和文法層次看起來，新的語言覆蓋了舊的語言。

然而，更細緻一點的研究會發現其實不是這樣——這些被收養的孩子在他們的大腦深層仍然保留著最初語言的語音形態。[48]研究者掃描了九歲到十七歲的孩子，他們在被加拿大家庭收養前，只在中國住了一年，也就是說，很小就被收養了。研究者請他們分辨中文的四聲，這個作業比聽句子困難一些，結果發現沒有聽過中文的加拿大人把中文的四聲當作物理音在右腦處理，而這些很小就離開中國已經不會說中文的收養孩子就像中國人一樣，把它當作語音，在左腦掌管語音的顳葉平面（planum temporale）處理，所以這些母語迴路似乎在孩子出生的頭一年便已深烙在孩子的大腦中了，從來沒有被完全洗掉。

這並不是唯一的例子。我在前面說過如果孩子的眼睛有一隻失去大部分視力或斜視而沒有及早處理，會形成弱視，又叫懶惰眼（lazy eye），這會影響孩子一生的視力，長大以後再矯正就來不及了。個體生態學家（ethologist）和神經生理學家鈕森（Eric Knudsen）專門研究動物的敏感期效應模式，他在實驗室中給幼小的貓頭鷹戴上稜鏡，使牠們的視野向右偏二十度，用這些貓頭鷹來研究敏感期的神經機制。[49]結果發現，只有很小的時候就戴上稜鏡的貓頭鷹能夠調整這個不尋常的感官輸入，而將他們的聽覺反應也調整右邊二十度，以配合視網膜的輸入，所以牠們仍然可以抓得到獵物來吃；但是年紀大一點的貓頭鷹，即使戴了好幾個禮拜的稜鏡，仍然沒有辦法調適。最有趣的是，在小的時候就接受到這個稜鏡訓練的貓頭鷹，牠們的大腦有二條神經迴路，聽覺皮質區小阜（colliculus）神經元的軸突保留著它們原本正常的位置，但是另一些神經元卻和視覺地圖的方向對齊。也就是說，早期的偏右經驗在大腦中留下了永久性終身神經迴路痕

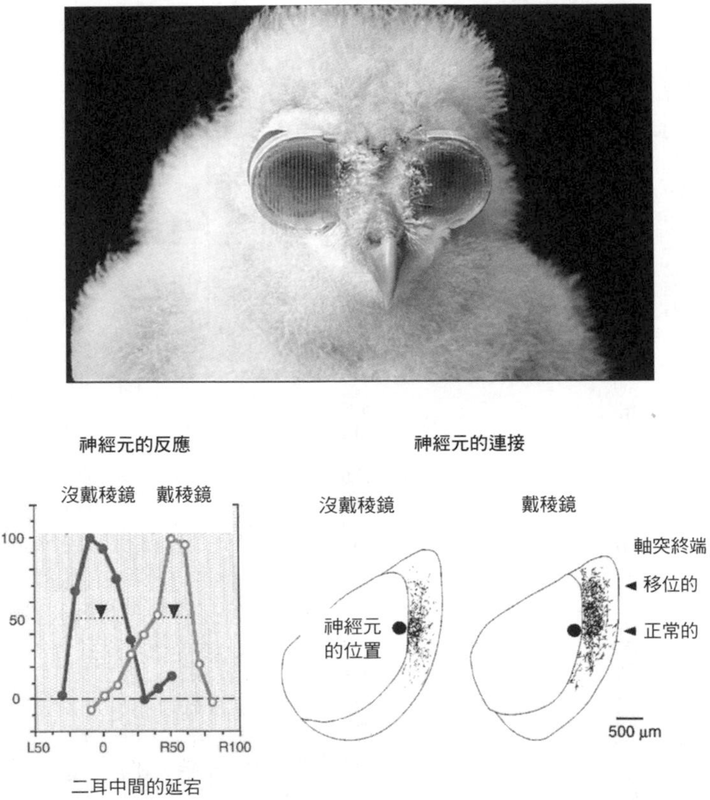

早期經驗會嚴重塑造我們的大腦迴路，一隻貓頭鷹在戴上稜鏡後會改變牠的視覺——但是只有在牠很小的時候才會。貓頭鷹的聽覺定位是靠聲音到達左耳和右耳之間的些微差距，它會因視覺訊號而做調整，軸突可以被移位半個毫米長。在這早期經驗之後——正常的和被移位的神經迴路——會終身保存在大腦中。

跡。當脫去稜鏡後，他們可以很快重新學習回正常的方向，一旦又戴上稜鏡，牠們的聽覺皮質又馬上調回二十度偏右的情況。就像一個完美的雙語者，他們可以自在的轉換語言。這兩套參數永久存在於牠們的大腦中，使牠們可以在彈指間轉換——就像被加拿大家庭收養的中國嬰兒一樣，大腦中保留了他們第一個母語的聲音痕跡。

人類也是一樣，早期的學習——彈鋼琴、雙眼視覺的發展或是學會第一個字，都會在大腦中留下永久的痕跡。長大以後，我們對童年期學會的字反應較快，例如辨識「奶瓶」、「爸爸」或「尿布」這些字的時間比較短，早期突觸的可塑性永久烙印在我們的大腦中。[50] 年輕的皮質幾乎是不費力的就學會了語言，把這些知識永久的儲存在軸突和樹狀突的幾何結構中。

布加勒斯特的奇蹟

這些幼年期大腦可塑性的證據表示兒童的早期教育是最好的投資，幼年期是一個非常敏感的時期，許多大腦的電路都非常容易改變。年紀越大，突觸的可塑性消失愈快，使得學習逐漸困難——但是不要忘記神經迴路的凍結其實是使我們穩定保持我們在童年期所學東西的方法，這些永久性的突觸記號最後形成我們是個什麼樣的人（譯註：這是俗語「江山易改，本性難移」的神經機制）。

雖然越早學越容易，但是假如你認為每一個學習都取決於敏感期，奉行零到三歲運動的教條，你就大錯特錯了。因為大部分的學習不是在三歲以前發生，我們大腦的柔韌性其實維持很長的時間，雖然幼年期過後，神經的可塑性逐漸降低，但是它們從來沒有消失，周邊感覺區隨著年齡增長開始變弱，但是高層次的皮質區是終身保持他們的適應能力，這是為什麼很多五十歲、六十歲的成人還能成功的學習彈奏一種新的樂器，或學習第二外國語，這也是為什麼教育的介入會產生奇蹟，尤其是緊密學習的話。假如錯過了敏感期，你可能沒有辦法恢復一個孩子對文法移動或中文四聲的精細敏感度，但是教育的介入可以成功的轉變一個有風險的孩子成為一個有為、能負責任的年輕人。

布加勒斯特（Bucharest）的孤兒院為這個大腦彈性提供了一個令人心碎的證據。一九八九年的十二月，羅馬尼亞人突然發動反抗共產黨政權，不到一週的時間，他們把獨裁者希奧塞古（Nicolae Ceaușescu，一九一八—一九八九）和他的太太趕下台，快速的審判、定罪，並在聖誕節執行死刑。在這之後，羅馬尼亞人悲慘的生活情形震驚了全世界，最令人難過的就是六百個羅馬尼亞孤兒院中的孩子，十五萬個孩子擠在狹小的空間中，幾乎沒有人照顧，希奧塞古強烈認為國家的前途在於年輕人的勞力（譯註：十九世紀的財富在土地，二十世紀的財富在勞力，二十一世紀的財富在腦力，當時羅馬尼亞的青壯都死於二次世界大戰的戰場，國家缺乏勞動力），因此政府加重結婚不生育或單身的稅金，不准避孕，不准墮胎，私自墮胎判處死刑……，結果無法負擔這麼多孩子的父母只好把孩子送到公家機構去，造成擁擠的孤兒院，沒有食物、衛生條件、暖氣和沒有人照顧，當然更沒有大腦正常發展所需要的認知刺激，這個恐怖的政府政策造成了成千上萬的受虐兒，在認知和情緒上有嚴重的缺失。

當羅馬尼亞重新開放邊界後，好幾個非營利組織進去援救這些孩子，這就是「布加勒斯特早期介入專案」（Bucharest Early Intervention Project）。[51] 哈佛研究者尼爾遜（Charles Nelson）在得到羅馬尼亞兒童福利部的同意後，用科學角度去研究這些孤兒院兒童受虐的後果，以及把他們救出來放置寄養家庭的可能性。因為羅馬尼亞沒有寄養家庭制度，他成立私人的召募系統，找到五十六個自願家庭來收養一到二個孤兒。然而這像大海中的一滴水：總共只有六十八個孩子得以離開羅馬尼亞獲得新生。尼爾遜在刊登於《科學雜誌》（*Science*）的文章中描述了現代狄更斯（Dickensian）悲慘世界中的情景，一百三十六名兒童的號碼放在一個帽子中，抽籤看誰留下、誰得以重生，聽起來

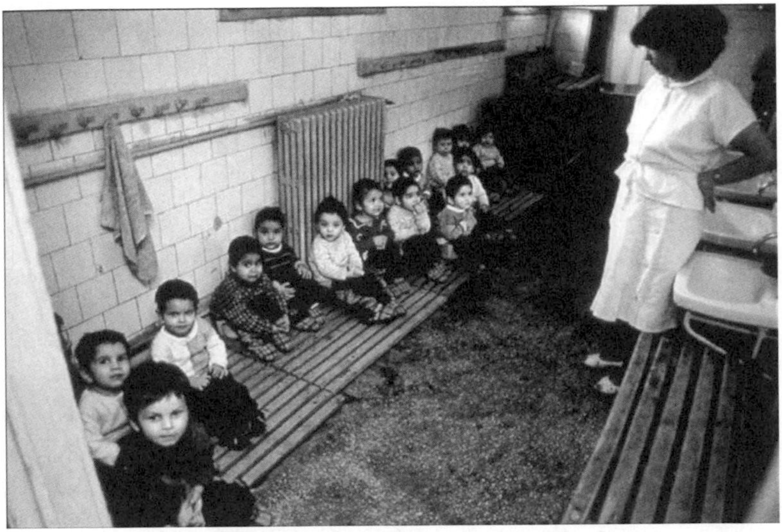

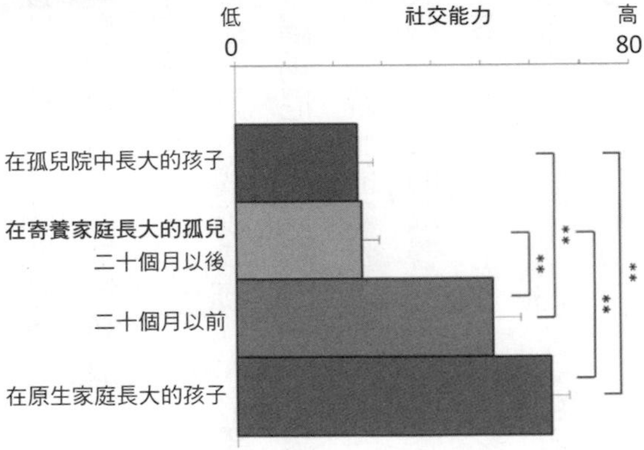

童年的創傷會在他們大腦中留下痕跡，但是早期介入可以減少創傷的疤痕，在羅馬尼亞獨裁者統治下的孤兒院被虐待並剝奪與成人互動的機會。當他們八歲時，大部分的孤兒都顯示出重大的社交技能缺失，不論他們是繼續留在孤兒院中長大或是二十個月以後被收養在正常家庭中長大，皆有社交功能的缺失。但是在二十個月以前被放在寄養家庭中長大的孩子，他們的社交能力基本上是正常的。

非常殘酷，但是也沒有更好的辦法。尼爾遜的團隊的確有繼續募款去救助這些可憐的孩子，也建議新的羅馬尼亞政權如何照顧這些孩子，寫了第二篇《科學雜誌》的文章[52]（譯註：作者認為這種文章沒有達到《科學雜誌》的標準，但因為用的是科學的隨機取樣法〔抽籤決定去留〕，所以符合了刊登的標準）。

因為是隨機取樣，所以研究者可以問一些重要的問題：是不是越小就被放置在收養家庭中，越能幫助孩子自立？這個答案是肯定的，但是年齡很重要，只有在二十個月以內被收養的孩子比留在孤兒院中的孩子有顯著得好。

有幾十篇的論文都談到情緒和社會孤立對大腦發展的巨大影響，布加勒斯特的研究也不例外：比較生在正常家庭的孩子和羅馬尼亞孤兒院的孩子在認知功能上的缺失，結果發現非常嚴重，甚至葡萄糖的代謝和灰質細胞的數量這種基本的大腦功能都有缺失。不過經過收養家庭的照顧後，這些缺失得到很大的改善。在被收養六年後，這些在二十個月大之前被收養的孩子比控制組有顯著的進步，跟生長在正常家庭中的八歲兒童沒有差別了。在很多項目上的測量都十分正常，包括阿爾法腦波（alpha wave）——這是注意力和警覺性的指標，他們的社交技巧和詞彙也大幅的進步。

這個戲劇化的進步並不能掩蓋一個事實，即這些孩子在其他方面都持續落後正常的孩子，包括灰質數量，研究者擔心這可能會是永久性的缺失。至於那些在二十個月以後才被收養的孩子，他們在所有測量的領域都落後正常兒童，沒有任何足夠的家庭支持可以彌補前二十個月失去的愛（和營養），這些孩子在他們的大腦中，永遠留下受苦的疤痕。不過，布加勒斯特孤兒院的孩子，就像被收養的韓國孤兒，提醒著我們永遠不要放棄希望。大腦的可塑性在小的時候的確比較強，但是它到任何年紀也都還存在，早期的創傷可能有嚴重的後果，但是神經電路的彈性也同樣很強韌，只要及早治療，許多腦傷不是不可挽回的。

第6章

重複使用你的大腦

讓我們先整理一下，到現在為止我所說的東西。過去哲學家所說的心智是塊白板的假說很顯然是錯的：嬰兒出生時已有相當多的核心知識，他們對將來要面對的環境已有豐富的普遍性假設可適用於任何文化情境。他們出生時，大腦電路已經有非常好的組織，使他們在物體、人、時間、空間、數字等領域上有很強的直覺。他們的統計能力好得很，使他們看起來像個小小科學家；而他們精密的學習能力，使他們逐漸演算出最適合的外界模式。

嬰兒出生時，所有的大條神經迴路都已經各就各位，大腦的可塑性只能重新組織這些神經纖維的終端連接。在我們學習新知時，幾百萬個突觸都被改變，以豐富孩子的環境，例如送他們去上學，會深深強化他們的大腦，使所學技能可以跟著他們一輩子。不過這個可塑性不是沒有規範，它有空間（只有幾毫米的空間可以改變）和時間（許多電路在出生後幾個月或幾年內便關閉了）的限制。

本章將檢視正規教育在大腦早期發展所扮演的角色。教育引發一個兩難的問題：為什麼只有**人類**可以拿粉筆或鍵盤寫字或計算？人類如何能將這本來在基因演化上沒有的能力擴展到新的方向去？為何只有人類這個靈長類的動物可以學習閱讀和計算，一直是我們猜不透原因的地方。納博科夫（Vladimir Nabokov，一八九九—一九七七）說的好：「幾個書寫的符號就能包含永恆的影像、錯綜複雜的思想，人們哭笑生活的新世界真是個奇蹟，假如有一天我們醒來，突然發現我們不能閱讀，一個字也不認得時，會怎麼樣？」[1]

我曾經長時間在葡萄牙、巴西和亞馬遜研究文盲者的心和大腦，這些人從來沒有機會上學，因為他們的家庭太窮，或住家附近沒有學校。在某些方面來說，他們的技能非常的不一樣[2]：不只是無法辨識字母，他們對形狀的確認也有困難，他們無法區辨鏡像[3]（譯註：R和Я）、注意臉的一部分[4]、記住語音或區辨語音。[5]柏拉圖很天真的以為閱讀會摧毀我們內在的記憶，因為我們可以仰賴外在書本的記憶（譯註：其實蘇格拉底也認為人可以寫後就不會再花時間去記憶，而記憶能力曾是古人很驕傲的一項成就），他真是大錯特錯，那個文盲的吟遊詩人可以輕鬆的記住很長的史詩，他們有很強的記憶是個神話，記憶需要訓練——去上學，學會閱讀只會使記憶變得更好而不是更壞。

教育在數學上的效果更是大。[6]我們會發現這個，是因為我們去研究南美亞馬遜河流域的印地安人，他們從來沒有機會去上學。第一，很多印地安部落的人不會數數，他們的語言甚至沒有數字系統——他們只有「很少」（few）和「很多」（many）（如Pirahã部落），或只有幾個字來代表一到五（如Munduruku部落），假如他們學會用西班牙語或葡萄牙語來數的話，跟西方孩子比起來，他們數得很慢（如Tsimane部落）。[7]第二，他們只有很粗淺的數學直覺，他們可以區分出基本的幾何形狀，了解空間組織，可以走直線，知道量的差別。比如說，三十個和五十個，知道數字可以依序排列，這些能力是我們從演化而得來，並且與其他的動物如烏鴉（ravens）、獼猴和剛剛孵出來的小雞共享。但是教育可以大大增加這些初始能力，例如沒有受過教育的亞馬遜印地安人好像不能了解二個連續數字之間的距離是＋1，但是教育可以大大翻轉我們對數字的感覺，當我們學會數數，會做算術時，我們就了解所有連續的數字是同等的距離，會形成一條直線，但是非常小的孩子和沒有受過教育的大人會壓縮這條線，他們會認為大的數字彼此會靠近些。[8]假如我們像其他動物一樣，只有約略的數字感覺，我們就無法區辨十一和十二。是教育給了我們這個精製的數字準確度，從這個數字的準確度上，我們發展出數學這個領域。

神經元重複使用假設

教育如何革命我們的心智能力，把我們轉變成可以讀納博科夫、史坦貝克（Steinbeck）、愛因斯坦或格羅滕迪克（Grothendieck，譯註：法國數學家）的人？我們前面看到，我們是透過修改與生俱來的神經迴路才能發展出閱讀的能力，雖然修改的幅度很小，只有幾毫米而已。因此，所有人類文明的多樣性必須符合神經元的限制和規範。

要解決這個兩難（paradox），我提出了神經元重複使用的假設（recycling hypothesis）。[9]我的想法很簡單，人類的童年期很長，有十五年到二十年之久，這時突觸的可塑性使大腦可以受外界的影響，有延展性，但是這些神經迴路受很強的生理上的規範，這個規範，也可以說限制，是來自演化。因此，每一個新發明的文化物體，如英文字母或阿拉伯數字，必須在大腦神經元中找到它的位置，即要找到一組神經電路，它原始的功能跟新發明的文化角色很相似，可以被轉到新的用途上。任何文化的學習必須重新調整舊的、已存在的神經迴路，重複使用。教育必須符合演化來的神經電路的天性，透過人類很長的神經可塑性及神經元的多樣性來達成教育的目的。

根據這個假設，要教育一個人就是把他大腦已經有的電路重複再利用。在過去的一千年裡，我們學會把舊的東西改造成新的。我們在學校學的每一樣東西都是把已經存在的迴路重新調整到新的方向，孩子把演化本來做其他事情的迴路重新用來閱讀和計算，因為這些迴路有可塑性，所以他們適應了新的文化功能。

我為什麼造出「神經重複使用」這個奇怪的名詞呢？因為它的法國字 *recyclage* 正好是大腦二個特性的結合字——用舊的材料給它新的生命，以及調頭朝新的方向出發：

- 重複使用材料表示把它用在新產品上，給它第二次生命。不過這種重複使用是有限制的，你不能用回收紙去造一輛汽車，每種材料有它的特質：它必須符合新的用途才可能去替代。同樣地，大腦皮質的每一個區域有它天生而來的特質，如細胞分子的性質、在地的迴路和長程的連接，學習必須符合這些材料的限制。

- 在法文中，recyclage 同時可以用來指一個人接受到訓練去做新的工作，即接受額外的訓練使能適應他事業上出乎意料的改變。當我們學習閱讀和計算時，我們的皮質就是在接受額外的訓練，使能適應文化的新要求，教育賦予我們皮質一些新的功能，使它超越靈長類大腦原來的功能。

在這裡，我需要區辨出快速學習新的文化技能與其他長久時光演化而來的技能。用一些舊材料製造出一個新的東西出來，在達爾文物競天擇的演化過程中，把舊的材料拿來重新使用是普遍的。基因的重組可以把舊器官變成新的、優雅的機器。鳥的羽毛是舊的溫度調節器變成新的空氣動力學的翅膀。爬蟲類和哺乳類的腳？古老的鰭？法國一九六五年諾貝爾獎得主，生物學家賈可布（F. Jacob，一九二〇—二〇一三）曾說演化是個偉大的補鍋匠，在他的工作室中，肺可以改造成浮水的器官，爬蟲類的下顎可以造成內耳，甚至飢餓肉食者的冷笑都可以變成蒙娜麗莎捉摸不定的微笑。

大腦也沒有例外，例如語言的迴路可能來自人類演化過程中複製或重新調整先前已有的皮質迴路。[10] 但是這個很慢的基因改變並不符合我的神經重複使用理論。比較合適的名詞應該是「擴展適應」（exaptation）。哈佛演化學家古德（Stephen Jay Gould，一九四一—二〇〇二）和耶魯大學古生物學家維巴（Elisabeth Vrba）創造出來的新名詞，從「適應」（adaptation）而來。一個舊的機制透過達爾文的進化論演變出不同的功能（有一個簡單的記憶方法可以幫助你記得擴展適應這個字：把舊的「ex」調適成（apt）新的作業 ex + apt = exaptation），因為它是建立在群體中基因的擴散，所以它需要千百萬年，而神經回收是在個人的大腦中發生，只需要很短的時間，從幾天到幾年，重複使用大腦電路是重新調整它的功能，而不動用到基因改變，只需經過學習和教育。

我提出神經重複使用假設，主要是想解釋人類為何能超越原來的生態環境而習得新的技能如讀、寫、計算、數學、唱歌、穿衣服、騎馬和開車，我認為我們延長的大腦可塑性加上學習新符號演算法則的能力，使我們有超強的適應能力——我們的社會也發現了可以增強這些能力的方法，那就是送孩子去上學。

我強調人類的這些能力並不是否認其他的動物就沒有神經重複使用。實驗技術的精進，使研究者可以記錄猴子學習新技能好幾個禮拜時的大腦神經元活動——因此，對神經回收的觀點進行強而有力的測試。這些實驗能夠解決這個理論簡單而深刻的預測：學習可以改變某個大腦電路的神經碼嗎？它是否如神經重複使用理論所預測的學習本身改變了電路的目的？

在最近的一個實驗中，研究者訓練猴子去控制牠的大腦，假如電腦螢幕的游標朝右，牠就活化了十個特定的神經元，如果把游標朝上移，牠就活化了另外十個神經元，諸如此類，以此類推。[11] 很厲害的是，這個方法有效，幾個禮拜之後，猴子學會了啟動某十個神經元來使游標滑動，但是牠要活化的神經元不能離跟皮質原來設定功能區塊太遠；也就是說，猴子要學的東西必須在電路本來就會的範圍之內。

大腦的電路是動態的可以改變的，但是這個改變有限制，它被原始設定的功能所規範。就理論來說，在一組一百個神經元的團體裡，它的活動可以擴展到一百面向的空間，得到不可思議多的情況（每一個神經元可以是 on 或 off，所以它會超過 2^{100}，或是千百萬億兆那麼多），然而，事實上，大腦的活動限制在十的面向而已。簡明地說，猴子可以去學新的作業，假如這個新作業跟原有的空間有相容性，得以符合（fits）的話。假如我們要求猴子去活化一組神經元，它們從來沒有做過類似作業的話，這隻猴子就學不會。

請注意，這隻猴子所學會的行為是一個完全新的——誰會預見一隻猴子有一天可以控制電腦螢幕的游標呢？所以這個行為的出現必然是符合皮質活動中的一個可能項目，所以它直接證實了神經元重複使用假設的預測——學會一個新的技能並不需要重新設定大腦的電路，好像大腦是個空白石板似的，它只要改變現有組織目標就可以了。

我們現在越來越清楚大腦每一個區塊都對學習有它自己的限制與規範。在頂葉，神經元的活動通常是限制在單一面向，直線。[12] 頂葉的神經元把所有輸入的數據以直線從小到大排列——所以它們非常適合登錄量化和大小的數據，看起來這些神經元似乎很受限，但是這個缺陷在表達大小、數字、區域，或任何可以從小到大排序的參數時，就變得非常有用。所以，這部分的皮質可能就是先天設定來登錄「量」——果然，當我們操弄直線上可以量化的東西，如數字、社會地位（誰在誰的上頭），這些神經元便動起來了。[13]

再舉一個例子，內嗅皮質（就是我在前面第四章所講的那個位在顳葉，內有掌管空間地圖格子細胞的區域）的神經碼是二維的，雖然這個區域有幾百萬個神經元，它們的活動還是被限制在一個平面（二維）空間[14]，這個限制不是缺陷，它非常適合形成製作環境的地圖——事實上，我們知道這個區域正是老鼠的GPS，讓牠知道自己在空間的位置。最近的研究發現一旦我們要學習二度空間地圖時，這個地區的神經元就立刻活化起來，即使這些數據並不是直接跟空間有關。[15] 例如有一個實驗是用二個向度來區分鳥類——牠們頸子的長度和腳的長度。一旦受試者要學習用這兩個向度來代表鳥時，他們的內嗅皮質就活化起來了，當然還有一些其他的腦區來幫助他們完成這個作業。

這種例子多得是：例如，視覺皮質腹區（ventral visual cortex）是專門處理線條和形狀的，布羅卡區專門處理文法樹狀圖[16]等等。每一區域有它自己的專長，而且謹守本分，有的處理直線數據，有的作地圖展示，更有的作樹狀圖的表達……，這些都在學習之前就有的，它們使學習得以發生。所以我們可以學習新的事實，但是這些新知也必須找到它們的神經元位置（譯註：作者翻來覆去只在說明一點，神經元可以學習新的作業，但是這個作業不能離他的本行太遠，就像我們可以訓練老鼠用牠的前掌去按桿，但是無法訓練鴿子如此做，鴿子平日最常做的動作是用喙去啄食物，因此，用鴿子做實驗時，桿子就要換成圓鍵以利鴿子學習，很像孔子說的因材施教，神經元也是如此）。

現在讓我們來看一下如何把這個想法應用到最基本的學校教學：算術和閱讀上。

如何用數學重複使用電路來做估算

請先看數學的例子。我在我的書《數字概念》（*The Number Sense*，又譯為《數字感》)[17]中提到，目前已有很多的實驗顯示，數字教育（及其他學習領域）並不像在溶化的蠟上刻印那般在大腦上留下痕跡；相反的，數學必須先天存在，在天生就有的數字量化的表徵上找到它的位置，然後延伸並精製這些量的數字概念。

人類和猴子的頂葉及前額葉有很多神經迴路代表著粗略的數的概念。在任何正規教育之前，這些迴路已經對具體物體有粗略數量敏感的神經元。[18]那麼學習發揮了什麼功效呢？那些被訓練去比較數量的猴子，牠們額葉偵測數字的神經元變多了。[19]最重要的是，當牠們學會看阿拉伯數字而不是估計大約是多少時，當中一些神經元會對阿拉伯數字特別敏感。[20]大腦轉變一部分的迴路使能照顧到阿拉伯數字這個文化所發明的符號，就是神經元重複使用假設最好的例證。

對人類來說，當我們學習最基本的算術（加法和減法）時，我們持續重複使用那個區域的神經元以及附近後頂葉的迴路。那個區域是轉移我們的注視點和注意力的地方——我們用它來作數字空間的移動：加法活化的是你把注意力移到右邊去的迴路，那是數字越來越大的方向，而減法活化的是你移轉注意力到左邊去的神經元。[21]我們每個人大腦中都有這樣一條數字直線，我們有一張數字的心智地圖，在那裡，當我們計算時，我們學會正確的向左或向右移動。

最近，我的研究團隊提供了一個更嚴謹的神經元重複使用假設的測試。我和一位從數學家轉換跑道成為認知科學家的年輕人亞馬利克（Marie Amalric）合作，想知道頂葉作算術的神經迴路是否和代表數學中最抽象概念的迴路是同一條。[22]我們找了十五位數學家，在給他們看最深奧的數學方程式包括$\int s \nabla \times F \cdot dS$時，用核磁共振掃描他們的大腦，果然如我們預期，這些數學家活化的地方跟寶寶看到一個、二個、三個物體[23]，或兒童學會數數所活化的是同一個地方（見彩圖十二）。[24]所有的數學，從格羅滕迪克的意象（topoi）到複雜的歧管（manifolds）都是童年學會的那些最基本神經迴路的組合；我們每一個人，從小學生到費爾德獎（Fields Medal）得主，在學習數學時，都是持續不斷的磨光打亮大腦那一組特定迴路的神經碼。

這些迴路的組織受到嚴謹的遺傳規範，只要是人，都擁有這些基因，雖然學習使它可以滿足許多新的概念，但是整個結構還是一樣。不論我們的經驗為何，每一個人都相同，當我們研究這些數學家大腦的組織時，我們對這個看法得到很大的肯定。這些數學家的感官經驗跟自小就眼盲的盲人數學家是很不一樣的。[25]其實，盲人成為數學家並沒有什麼好驚奇的，雖然他們的人數很少，一個最有名的盲人數學家便是桑德森（Nicholas Saunderson，一六八二—一七三九）。他在八歲時眼盲，但是最後做到劍橋大學牛頓講座的教授。當然我們無法去掃描桑德森的大腦，但是我們在法國找到三位眼盲的大學數學教授，其中一位吉魯（Emmanuel Giroux）是一位了不起的數學家，目前是黑昂高等師範學校（École normale supérieure in Lyon）一個六十人實驗室的主任，他十一歲眼盲，最著名的便是他證明了接觸幾何理論（theorem of contact geometry）。

盲人數學家的出現反駁了圖靈實證主義的觀點：大腦絕對不是一本「筆記本」，裡面有許多「空白筆記紙」，靠著感覺器官慢慢填滿它。的確，一個盲人經驗是如此的受限，假如他們不是已經有了可以得出這個概念的神經迴路，他們如何去推論抽象的概念？吉魯套用《小王子》（*The Little Prince*）的話說：「在幾何學中，重要的東西是眼睛看不到，只有透過心智的眼睛你才看得清楚。」對數學來說，感官的經驗並不重要，想法和概念才是主角。

假如經驗決定大腦皮質的組織，那麼眼盲的數學家在做數學時，應該會活化觸覺和聽覺區，因為他們是透過這些管道來學習外在世界的；但是我們掃描這三位眼盲的數學家時，他們大腦活化的區域與明眼的數學家是同一個地方，這正是神經元重複使用假設的預期，因為這個假設認為數學的神經迴路是固定的——只有大腦的某一部分可以重新設定目標來學數學。果然我們發現當盲眼數學家要判斷一個數學命題的真偽時，他們動用到頂葉和額葉的迴路，跟明眼數學家動用的地方一模一樣（見彩圖十三）。感官的經驗是不相干的：只有這條迴路可以處理數學的表徵。

唯一的差別是當我們這三位眼盲的數學家在想最喜歡的領域時，他們動用到大腦另外一個地方：早期的視覺皮質位於枕極（occipital pole）這個大腦區域，是專門用來處理視網膜送進來影像的地方！事實上，這正是另一個費爾德獎得主，數學家維蘭尼（Cédric Villani）直覺認為的地方。當我們還沒有開始實驗、還在討論時，他就開玩笑的跟我說：「你知道，吉魯是偉大的數學家，但是他同時很幸運，因為他看不見，他可以把更多的皮質區拿來做數學！」

維蘭尼是對的，正常看得見的人，他們的視覺皮質忙著處理其他的功能如數學；但是對盲人來說，他們的視覺皮質不必去處理視覺的東西，它就轉去處理比較抽象的作業，包括心智運算和數學。[26] 對天生眼盲者而言，這個重新組織更極端：他們的視覺皮質不只是處理數字和數學，還處理口語的文法，跟布羅卡區一樣。[27]

盲人視覺皮質會有這種抽象的反應一直是理論爭議的主題：這個皮質的重組代表著真正的神經元重複使用，還是它是大腦可塑性的極端證據？[28] 我認為神經元重複使用比較有道理，因為大腦這個區塊先前設定的組織並沒有被洗掉，而大腦的可塑性會像板擦一樣把原來視覺皮質那塊黑板上的字擦掉。的確，盲人的視覺皮質仍然保留著它正常的連接和神經地圖[29]，只是被拿來處理其他的認知功能而已。事實上，因為這部分的皮質面積很大，盲人的視覺區不但對數學和語言起反應，它還對字母和數字（如盲人用的點字）、物體、地點和動物有反應。[30]最令人驚奇的是，雖然他們感官的經驗如此不同，這些類別（categories）區的皮質位置竟然和明眼人一模一樣，例如盲人和明眼人大腦處理文字是同一個地方，只不過一個是處理點字，一個是處理印出來的字母。這個區塊的功能是基因決定的，因為基因控制它和語言區的連接；此外，因為它是先天設定好的，不會因感官輸入而改變[31]，所以盲人的類別、想法、概念都跟明眼人一樣，用到大腦同樣的地區。

支持數學神經元重複使用假說的證據不只是來自最基本的數學概念（1＋1＝2）和最高級的數學概念（$e^{-i\pi}+1=0$），它們都共用同樣的大腦區塊。其他純心理本質的發現，也支持我們在學校學的數學是把舊概略量（approximate quantities）的電路重複使用於新的概念上。

以數字五為例，現在你的大腦在重新活化跟四和六很接近的概略量的表徵，你現在活化的數字神經元跟在靈長類大腦中的非常相似，活化的最高峰在五，但是旁邊的四和六也有活化。這個神經元活化的曲線模糊不清，這也是為什麼粗看之下，要馬上決定一組物體是四個、五個、還是六個不是那麼容易的原因。現在，請告訴我，五比六大還是小。你可以馬上告訴我正確答案，五比六小。然而，實驗顯示你的答案受到概略量的影響，假如兩個數字很接近，你會比較慢，若兩個數字隔得遠些，你會快得多且較不犯錯，即你對五比六小的反應會慢於五比九小，這個叫做距離效應（distance effect）[32]，它就是你在學習數數和計算時，重複使用你最古老的數的表徵的證據，不管你多努力去聚焦在數字上，你的大腦會自動活化四跟六的神經表徵，假如他們的距離越近，重疊的部分就越多。雖然你運用學校所學的所有數字符號來思考「五、五、五」，你的行為還是顯露出你是把遠古演化的概略量表徵拿來重複使用這個事實。即使你只是要決定兩個數字如八和九是否相同，這麼簡單的作業也受到距離效應的影響——很有趣的是，猴子在學會辨識阿拉伯數字後，也會有同樣的情形，數字越靠近，反應越慢，越容易出錯。[33]

假如我們做減法運算，所花的時間跟被減數的大小成比例[34]——即9－6花的時間比9－4或9－2長。假如我們要在心智的數字線上移動的話，我們要移動的步伐越多，所花的時間越長，我們不能像數位電腦一樣壓縮符號，我們只能慢慢地一步步在數字線上移動。同樣的，當我們想到價錢時，數字越大，準確率越低，因為它也是我們靈長類大腦數字的餘孽。[35] 這是為什麼當我們討價還價時，我們願意多花幾千元去買一間公寓，卻不願多花幾毛錢去買一條麵包，在這一點上，我們跟獼猴是一樣的。

這種例子很多，對等性（parity）、負數、分數……，這些概念都是我們從演化遺傳來的量的表徵。[36] 不像數位電腦，我們不能抽象的去操弄符號：它必須是具體的、概略量的。一個受過教育的大腦會一直持續出現這個來自我們古老的數字概念的類比效應（analog effects）。

概略數是數學古老的根基之一，教育更豐富了這個原始的概念。當我們學習數數和計算時，我們所學會的數字符號使我們可以精準的計算，這是幾百萬年的革命。演化對模糊的量是滿意的，符號的學習是改變的巨大因素，我們的大腦電路透過學習重新設定目標，使我們可以精準的操弄數字。

當然數字感不是數學唯一的根基，我們前面看到，我們也從演化繼承來了空間感，因為它特殊的神經迴路有地點、方向和網格細胞。我們同時也有形狀感，它使任何幼兒能夠區分四方形、長方形和三角形，我們現在還沒有完全了解當我們學習數學時，文字和數字如何影響這些概念的重複使用。人類的大腦用語言的思想去重新組合這些概念以形成新的概念。[37] 我們從演化所繼承來的基本建構基石變成數學家每天創新所需的新語言的原始基礎。

閱讀重複使用視覺和口語的迴路

閱讀是神經重複使用的另一個例子，要能閱讀，我們重複使用了很多大腦原來設定給視覺和口語的區域。在我的《大腦與閱讀》（*Reading in the Brain*，信誼出版）[38]書中，我很詳細描述了閱讀的神經迴路。當我們閱讀時，視覺區有一組神經元是專門負責辨識字母的，並把它們辨識完的資訊送到口語區。所以，對一個流利的讀者來說，文字最後被處理的方式跟口語一樣，閱讀創造了一個去到語言迴路的新的出入口。

早在孩子學會閱讀之前，他們已經有了精密的視覺系統，使他們可以辨識物體、動物和人，並叫出名字來。他們可以辨識任何影像，不管它在三度空間中的大小、位置或方向，而且知道如何把名字和這些三度空間中的影像結合。閱讀重複使用會運用部分先前所出現圖片命名的神經迴路。閱讀用到視覺皮質中我跟同事柯翰（Laurent Cohen）命名為「視覺字形區」（visual word form area）的區域，這是專門負責我們對字母的知識，所以它又叫作「字母盒」（letter box）。就是這個地方使我們能夠辨識字，不管**放大**、位置（偏右）、字體（font）或一下大寫、一下小寫如 cAsE、大小寫如 UPPERCASE 與 lowercase。[39]這個區域對所有識字的人來說，都在同一地點，相差幾毫米而已。它有二個作用，第一是辨認字母，第二是透過它和語言區的直接連接[40]，很快的把這些字母串轉譯成聲音和字義。

假如在孩子或大人學習閱讀的過程中，持續掃描他們的大腦，我們會看到什麼（譯註：這也可用於文盲）？假如理論是正確的，我們應該會看到視覺皮質的重組。神經元重複使用理論預測閱讀會侵入皮質本來用來作相同功能的區塊，重新設定來作這個新的作業。我們預期大腦視覺皮質本來用來辨識各種物體、身體部件、臉、植物和地方等功能的區域，現在會來跟閱讀競爭。我們會不會因為要學習閱讀而失去演化本來賦予我們的一些視覺功能呢？或是說，這些原本的功能因為閱讀競爭資源的關係而重新組織了呢？

這正是我跟同事在一序列的實驗中所測試的目標。為了要畫出大腦因閱讀而改變的地圖，我們掃描了葡萄牙和巴西的文盲，我們比較他們和同村莊很幸運能夠去學校習得閱讀的成人和孩子。[41]結果顯示閱讀使大腦很大一塊地區對文字起反應（請見彩圖十四），在電腦螢幕上，一個字、一個字的閃示給文盲看，他們的大腦沒有什麼反應：視覺皮質有反應，然後就停住了，因為他們並不能辨識字母。但是把同樣序列的字母閃給會閱讀的人看，他大腦皮質很多地方都亮起來了，亮的程度跟這個人的閱讀成績成比例。活化的地區包括左枕顳葉區的字母盒區塊（occipitotemporal）以及負責語意理解的古典語言區（classical language regions）。甚至最早的視覺區都增加了它們的反應：透過閱讀的精進，它們似乎對小體字（small print）變得敏感了。[42] 這個人閱讀能力越強，這個地區越被文字所活化，它們的連接也更強壯：當閱讀變得越來越自動化時，字母轉譯成音的速度也會加快。

但是我們也可以問一個相反的問題：一個閱讀能力不好的人，有沒有什麼地方是特別活化的，而這個活化程度會因為他學習閱讀而減低？有的，文盲的大腦對面孔的反應比較強，我們閱讀能力越精進，左半球字母盒區域的活化程度就越低，大腦好像需要空間來放字母，所以學習閱讀就干擾了這個區域原本的功能——辨識臉孔和物體。但是當然，我們並沒有因為學習閱讀而忘記辨識面孔，這個功能並沒有被趕走，而是被轉移到右腦去了。現在右腦負責面孔辨識，並相對應到左腦字母盒的位置。[43]

我們第一次在文盲和識字人的大腦上觀察到這個現象，我們很快的在學習閱讀的兒童大腦中肯定了這個現象。[44] 當一個孩子開始學習閱讀時，他左腦的視覺字形區開始起反應，同時，右腦相對應的區域開始強化它對臉孔的辨識（見彩圖十五）。這個效應強大到，只要檢視大腦對臉的活化程度就可得知孩子是否開始學習閱讀。假如這個孩子有失讀症——這個區域沒有正常的發展，那麼左腦的視覺字形區沒有出現，而右腦的梭狀迴（fusiform cortex）也沒有發展出對臉的強烈反應。[45] 左邊枕顳葉皮質對文字的微弱活化或活化程度的降低，是所有國家閱讀障礙的共同標記（marker）。[46]

最近我們做了一個很大膽的實驗，我們想看兒童大腦中閱讀迴路的浮現。從幼兒園結束後到小學一年級結束的這段時間，我們每兩個月把同一個孩子帶回大腦圖像中心的實驗室來掃描他的大腦。這個結果完全符合我們的預期，第一次我們掃描這些孩子的大腦時，我們沒有看到什麼，因為孩子還沒有學習閱讀，他們的皮質對物體、面孔和房子起反應，但是對字母沒有反應。上學兩個月以後，對字母的特殊反應開始出現了，地點跟成人是同一個地方——左邊的枕顳葉皮質。慢慢地，對臉的反應改換到右腦，改換的程度跟孩子的閱讀成績成正比。這又一次的支持了神經元重複使用理論，我們可以看到學習閱讀跟左邊枕顳葉皮質以前辨識面孔的功能相競爭。

這個競爭可以有二個不同的解釋。第一個可能性是所謂的「剔除模式」（knockout model）：從出生以來，面孔的辨識就在左腦的視覺皮質區，而學習閱讀把它們趕到右

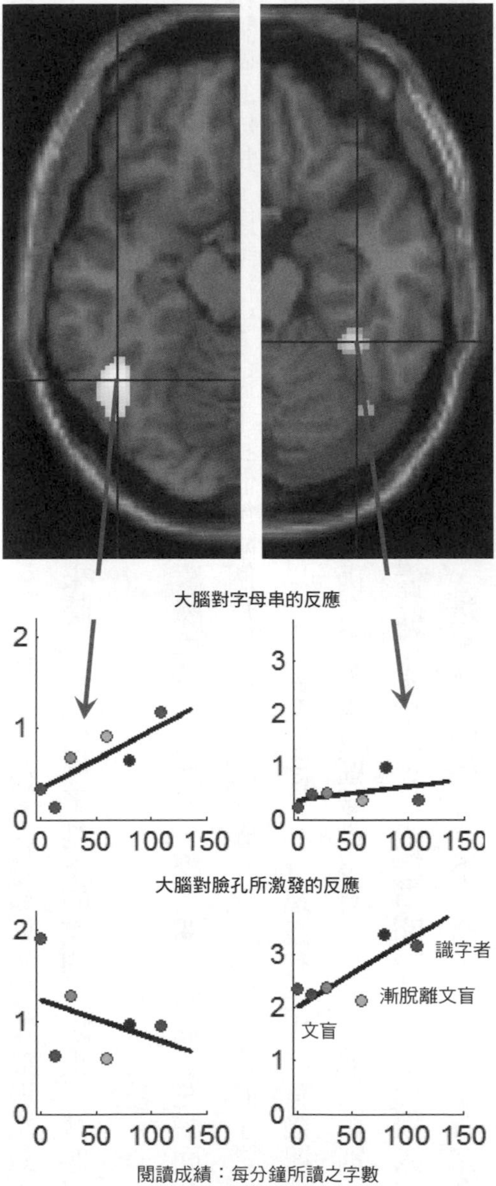

如同神經元回收假設所說，孩子的學習閱讀會跟視覺皮質以前的功能——即臉孔辨識競爭。當閱讀能力增強，從文盲進步到流利的讀者時，文字所激發的大腦反應在左腦增加了，而臉孔所激發的反應從左腦移到右腦去了。

腦。第二個可能性是「阻擋模式」（blocking model）：皮質慢慢發展，慢慢發展出對面孔、地方和物體起反應的地區，當字母進來時，它們佔據了剩下的空間，阻止了其他視覺類別的擴展。

那麼究竟哪一個模式是對的？我們的實驗支持的是後者，學習閱讀阻擋了左腦面孔辨識區的成長。感謝核磁共振幫我們每兩個月掃描他們的大腦一次，讓我們目睹了這個阻擋。[47]在六、七歲的時候，大腦皮質的特定化（specialization）還沒有完成，有幾塊地區是已經劃分給面孔、物體和地方，但是仍有很多皮質區域還沒有分配給其他的類別，我們在孩子進入一年級後可以逐漸看到這些特定化，當孩子學習閱讀時，字母侵入一個還沒有界定很清楚的區塊，重複使用它。這跟我一開始想的不一樣，字母並沒有完全侵佔原先的面孔區塊，它們是先搬到隔壁一個空的皮質區，有點像一間很有攻擊性的超市，先在柑仔店的隔壁開一家店，然後一步步的擴張——因為字母在左腦定居，而左邊是語言的主控區，面孔沒辦法，只好移到右邊去了。

總結上面，在一、二年級時，腹部視覺系統（ventral visual system）仍在進行大重組，學校教導六到八歲期間的孩子閱讀是非常配合大腦可塑性的改變，我們的教育系統規劃正好可以利用視覺皮質柔韌的敏感期。雖然下顳葉皮質（inferotemporal）的結構一

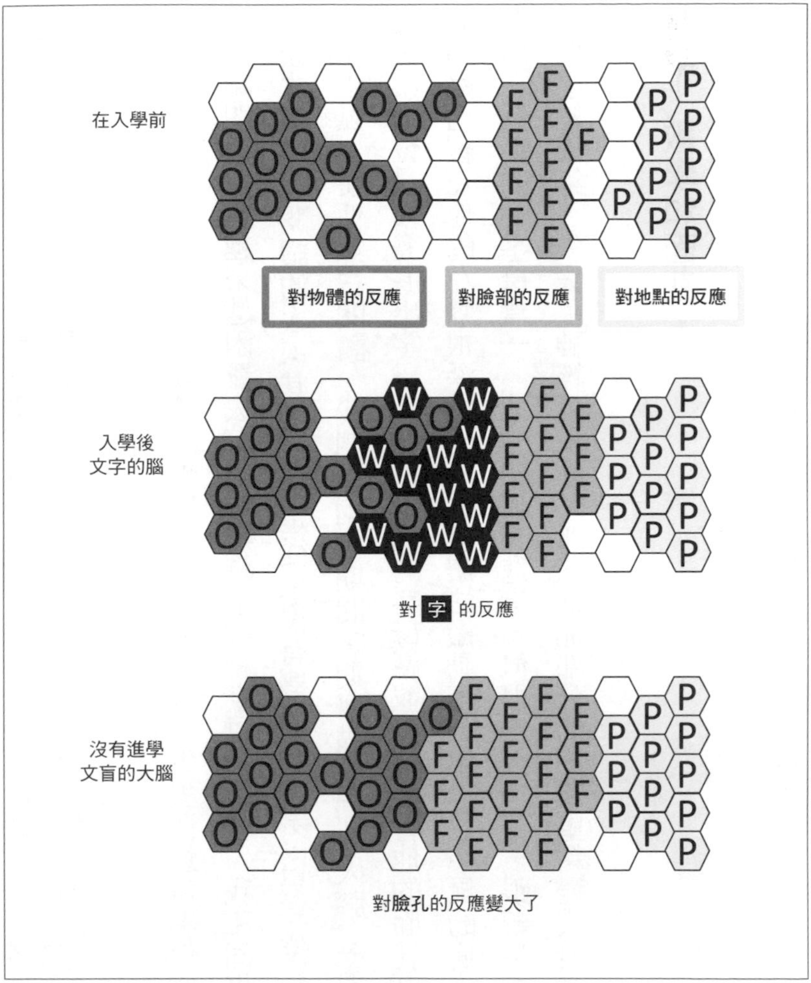

因為皮質仍可改變，童年期的學習比較容易。在幼兒入學前，大腦視覺皮質的一些地方已經劃分為專門處理物體、面孔和地點的區域，但是仍有很大的區塊沒有特別劃分功能（以空白的六角形來代表）。學習閱讀後，會入侵這些迴路空白的地方，並阻止其他類別物體的成長，假如一個孩子沒有機會學習閱讀，那麼這些空白的區域會逐漸被面孔和物體的辨識所佔去，這孩子將逐漸喪失學習字母的能力。

出生就被規範住了，但是它仍有很大的能力去適應各種形狀，學習各種影像。當接觸到幾千個字時，這個區域重複回收使用它自己來學習新的活動，因為它生來就跟語言迴路相連接。

當我們逐漸長大後，我們的視覺皮質逐漸冰凍，失去注意新影像的能力。敏感期的逐漸關閉使皮質越來越困難去有效的辨識字母和字母的組合。我和同事曾經研究兩位成年後才想學習閱讀的人：其中一位是從來沒有機會去上學，另一位是在視覺字形區發生小中風，使他無法閱讀。我們在兩年期間定期掃描他們的大腦[48]，他們的進步非常緩慢，第一位最後發展出字母區，但是他的字母區並沒有影響他的面孔區，因為臉孔辨識的迴路已經在他的左腦根深柢固，沒有辦法搬動了。第二位中風的病人沒有辦法重新創造出一個新的「字母盒」，他的閱讀有進步，但很慢很辛苦，跟新手在解閱讀碼一樣，因他已經成年，失去了神經可塑性，無法把他部分的皮質重新變成自動閱讀的機器。

音樂、數學和面孔

這個結論很簡單，要重新使用視覺皮質，變成一個流利的閱讀者，我們必須利用幼年期神經的最大可塑性。我們的研究提供了幾個例子，如閱讀琴譜：一個很小就學會看譜的音樂家，他大腦視覺皮質區用來處理音符的區域比沒有學過音樂的人大了二倍。[49]這些處理樂符的細胞甚至侵入了處理文字的視覺形狀區，即前面我們說的字母盒。音樂家的字母盒跟非音樂家的比起來，移動了大約一公分。

另一個例子是解讀數學公式。一位很有成就的數學家，只要瞄一眼就能認出 $\pi = 3.141592\ldots$，$\varphi = 1.61803394\ldots$，$f_{(x)} = a_0 + \Sigma_{n=1}^{\infty}\left(a_n \cos\frac{n\pi x}{L} + b_n \sin\frac{n\pi x}{L}\right)$，或 $e^x = 1 + \frac{x}{1!} + \frac{x^2}{2!} + \frac{x^3}{3!} + \cdots$，就像我們在讀小說的句子一樣。我有一次去參加一個會議，目睹法國數學家阿蘭・科納（Alain Connes，一九八二年費爾德獎得主）寫下一個二十五行長的數學公式，他說這個數學公式可以解釋所有已知基本粒子的物理效應。另一位數學家舉起手指著黑板說：「第十三行是否有錯？」科納馬上說：「沒有，因為相對應互補就在第十四行！」

這些數學家的大腦是怎麼記住這些複雜的公式？大腦掃描顯示這些數學符號侵入兩個腦半球的枕葉，他們大腦的這個區域對代數符號的反應遠比非數學家來得大。在這裡，我們又再次看到跟面孔的競爭：這一次，辨識臉孔的皮質區塊在兩個腦半球都消退了。[50]也就是說，文字只是把面孔辨識驅趕出了左腦，逼它們搬到右腦，但是強烈的數字和公式的訓練根本就干擾了兩個腦半球對臉孔的處理，縮小了視覺臉部辨識的神經迴路。

不知道這個發現是否可以解釋那個有名的傳說：一個自我中心的數學家除了對他的公式之外，對什麼都沒有興趣，他不認得他的鄰居、他的狗、甚至鏡子中的自己。的確，坊間有很多關於心不在焉的數學家的笑話，例如，一個內向的數學家和一個外向的數學家有什麼差別？當他跟你講話時，內向的數學家看著他的鞋尖，外向的數學家看著**你**的鞋尖。

說真的，我們並不知道數學家大腦皮質對面孔反應的減縮跟他們缺乏社交能力是否有直接的關係（我不認為如此，因為我認識很多數學家在社交上遊刃有餘），這個因果關係需要被證實。如果一個人花一生的時間在數學公式上，這會減少他對面孔的反應嗎？或是說，數學家會浸淫在數學公式中，因為他們覺得數學公式比社會互動來得容易？哪個是因，哪個是果？不論答案是什麼，皮質的競爭是一個真正的現象，我們大腦中面孔表徵對學習和學校教育是非常的敏感，而我們可以從大腦推論這個孩子有沒有接受數學、音樂或閱讀的訓練。神經元的重複使用是真的。

豐富環境刺激的好處

本章的重點在先天和後天的爭辯都是對的，孩子的大腦是有結構的，但也是可以改變的。當嬰兒出生時，他已經擁有千百萬年演化所塑造的基因給他的許多特定的神經迴路。大腦的自我組織使孩子對知識的幾個大領域有很深的直覺：他們對物體和它的動作有物理上直覺，對數字、機率和數學也有天生的直覺，還知道在空間遊走的訣竅，喜歡跟他人相處，甚至可以說是一個語言天才。嬰兒是塊白板的說法錯得離譜。演化也給了後天學習很多的機會，並不是每一樣東西都是先天設定的；相反的，神經迴路可以跟外界互動，雖然可動的範圍只有幾毫米而已。

在生命的頭一年，基因使神經迴路的增長比需要的多了二倍，為什麼會這樣？科學家到現在還沒有完全了解。但是這個一開始的豐富神經元使孩子可以形成各種假設去探測外面的世界，每一個嬰兒都可以學會世界上所有的語言、所有的文字、所有的數學——當然這些都必須在人類基因的範圍之內。

嬰兒的大腦天生也有一個非常強大的學習演算法則去選擇最有用的突觸和迴路，提供有機體去適應環境的第二層機制。所以雖然才出生幾天，嬰兒的大腦便開始特殊化，安頓下來。第一個凍結的區域是感覺區：視覺區最早成熟，而聽覺區在不到十二個月的時間就鎖定孩子母語的母音和子音。大腦敏感期會逐漸關閉，只要在這期間接觸到環境，我們都能成為某一個語言的母語使用者，包括書寫和文化。但是假如在這期間被剝奪某個領域的刺激，不論是布加勒斯特的孤兒、巴西貧民窟或偏鄉的文盲，就可能永遠失去這個領域知識的心智彈性。

但這不是說以後都不要學習，不論在哪個年紀，大腦都維持某個程度的可塑性，特別是最高層次的地方，例如前額葉皮質。只是所有的證據都指向早期的效用最好，不管目標是讓貓頭鷹去戴屈光的稜鏡或是教收養的孩子第二語言，或是幫助一個孩子適應他的聾、盲甚至失去整個腦半球皮質，效果都是越早介入越好。

學校教育是為了盡量利用發展中大腦的可塑性，教學的成功與否依賴著孩子大腦神經元的再利用，把這些迴路轉向去做新的活動如閱讀和數學。早入學受教育可以改變生活。有無數的實驗顯示，家境不好、環境不良的孩子，若能早早接受教育可以在很多領域有好的結果，因而改變他的人生——從低的犯罪率到高的智商和收入，到比較好的健康。[51]

但是教育不是魔術，也不是仙丹，父母和家庭也有責任盡可能地去刺激孩子的大腦，豐富他的生活環境。所有的嬰兒都是未來的物理學家，他們都喜歡用手邊的東西來做各種萬有引力的實驗（譯註：這是為什麼嬰兒喜歡坐在高椅子上丟湯匙讓父母去撿），條件是不用被綁在汽車的安全座椅上幾個小時，可以自由去敲打、建構、拆毀、再重新開始。所有的孩子都是新生的數學家，他們都喜歡數東西、量東西、拿筆畫線和圓圈、各種形狀，條件是你要給他們尺、羅盤、紙和有趣的數學難題。所有的孩子都是語言學家，才八個月大，一天就能學會十到二十個生字，但是條件是有人跟他講話。家人和朋友必須餵給他們文法正確的句子，不要怕音節很長或是艱難生字，以滿足他們對知識的胃口。許多研究都顯示三到四歲孩子的詞彙量，跟大人與他們說話的數量有直接關係，被動的聽是不夠的，大人要主動對著孩子一對一的互動說話才會有效。[52]

所有的研究都指向一個共同點：豐富幼兒的生長環境會幫助他建構更好的大腦，例如每晚聽床邊故事的孩子，他的口語能力就比沒有床邊故事可聽的同年齡孩子好。而這個強化的皮質通路（pathway）正是以後使他們可以更容易了解文本意思，並形成複雜的思想。[53] 同樣的，那些很幸運能夠生在雙語家庭中的孩子，從父母身上很輕鬆學到二個語言的心理詞彙、二個文法、二個文化，不花一點力氣。[54] 終其一生，他們雙語的大腦在語言的處理和學習第三或第四語言上都有較好的能力，當他們年老時，他們的大腦比較可以抵抗阿茲海默症。在大腦發育的時候能夠接觸豐富的環境刺激使這些孩子保留比較多的突觸、比較大的樹狀突、比較有彈性的迴路和較多相似功能（redundant）的迴路[55]——就像學會戴著稜鏡的貓頭鷹一樣，牠們有比較多樣性的樹狀突、比較大的能力從一個行為轉換到另一個行為（譯註：學會後取下，適應正常視力再戴上，計算重新適應的時間時，研究者發現第二次僅需很短時間立刻適應偏差的視覺角度，表示原來學習的神經元仍然存在才能這麼快的轉變）。讓我們的孩子有多樣性的轉換能力：他們大腦的卓越表現，有一部分是決定於他們從環境所接受到的刺激有多豐富。

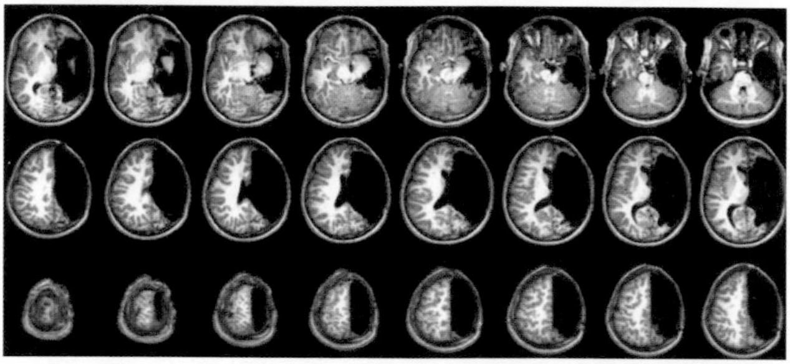

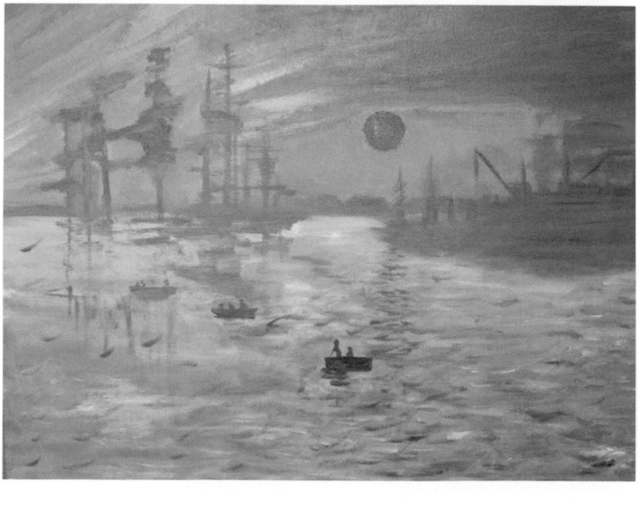

彩圖一

大腦的可塑性有時可以克服重大的傷殘。

尼可在三歲時手術切除了右腦（見中間的核磁共振圖），然而這個巨大的缺失並沒有阻止他成為一位有成就的藝術家，他能夠複製（下圖）和創作新的畫作（上圖）。

把他所有學習的才能，包括語言、數學、閱讀和繪畫，都擠到一個腦半球去了。

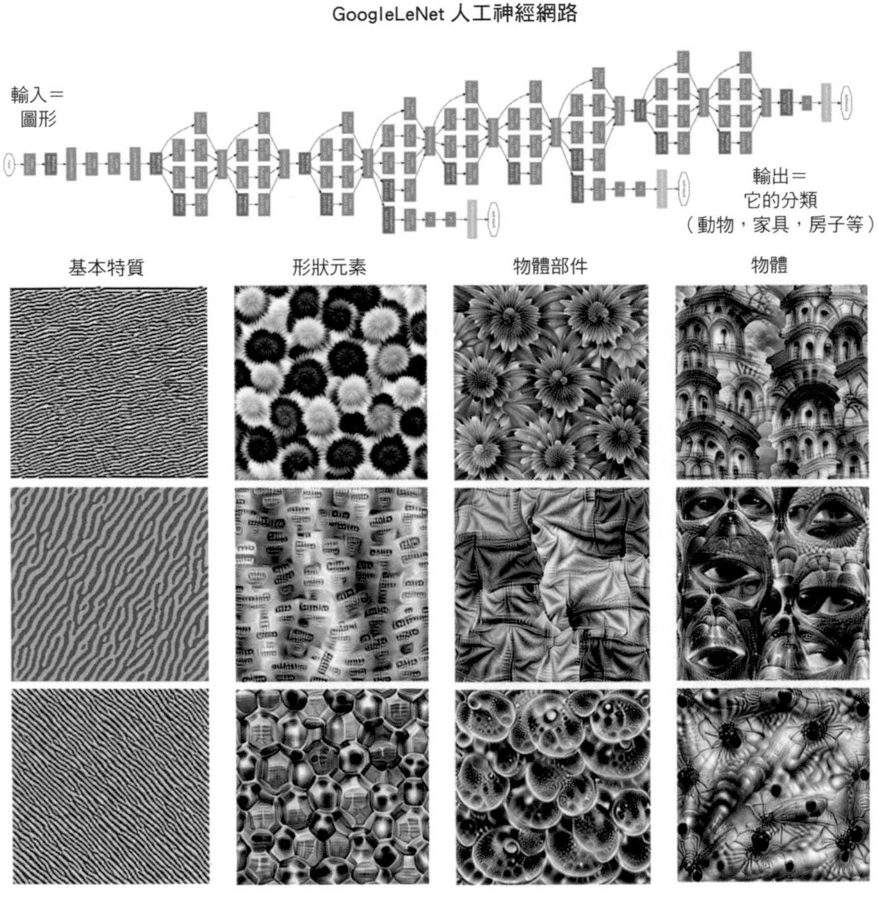

彩圖二

學習是找出手邊問題所適合的表徵階層，在學習去辨識影像的 GoogleLeNet 網路中，它必須調整幾百萬個參數來使每一個階層能有用的辨識出真實世界的一部分。在最低的層次，模擬的神經元只有對最基本的特質如線條方向和質地敏感。當順著階層慢慢爬上去，神經元就對比較複雜的形狀，包括房子、眼睛和昆蟲起反應了。

彩圖三

一個深層的神經網路如何學習分類手寫的數字？這是一個很困難的工作，因為每一個數字可以有幾百種不同的寫法。在這網路的最下層（右下圖），人工神經元會混淆看起來很相似的數字，如 9 和 4，越高的階層，神經元就越可以成功的把同一數字的影像集中在一起，區分出邊界來。

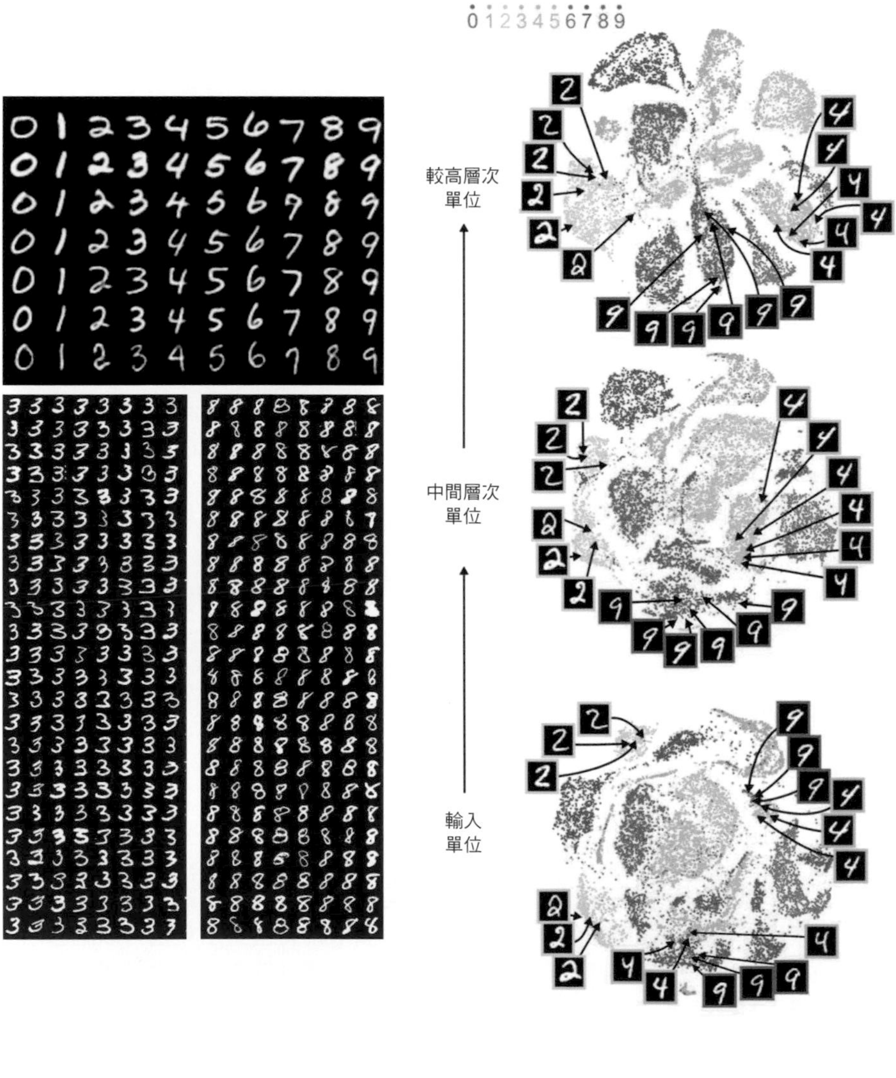

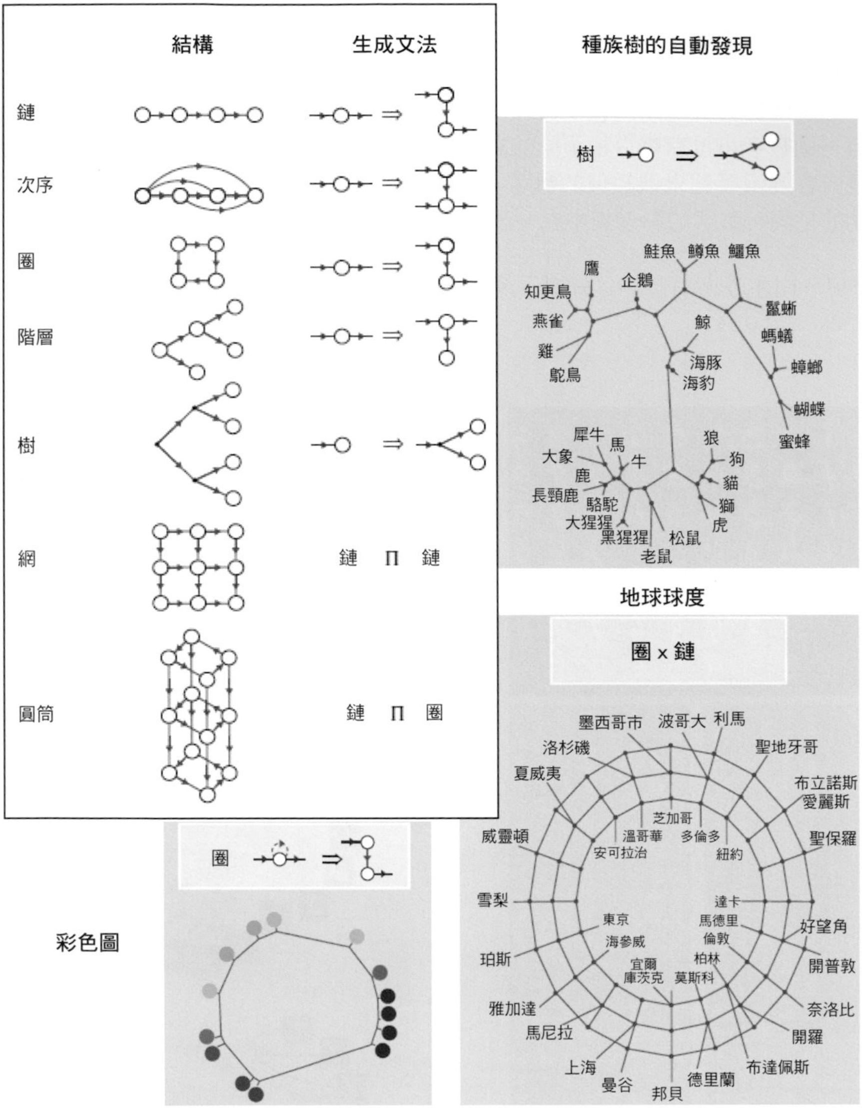

彩圖四

學習表示可以推論一個領域的文法。麻省理工學院的兩個科學家發明了一個算則，可以用來發現科學領域的隱藏性結構，這個系統有個文法規則可以組合所有新的結構，如線條、平面、圓弧、圓筒⋯，用選擇最符合數據的結構，這個算則發現了科學家要花幾年時間才能得出的動物樹圖（達爾文，一八五九）、地球的圓（巴門尼德〔Parmenides〕，西元前六百年）以及色環（牛頓，一六七五）。

彩圖五

嬰兒一出生就擁有很多的知識，絕對不是一塊白板，實驗者在研究室中發現嬰兒精準複雜的直覺，他們用的方法是測量寶寶的驚訝度，假如一個情境違反了物理、算數、機率或幾何的定理時，他們會很驚訝。

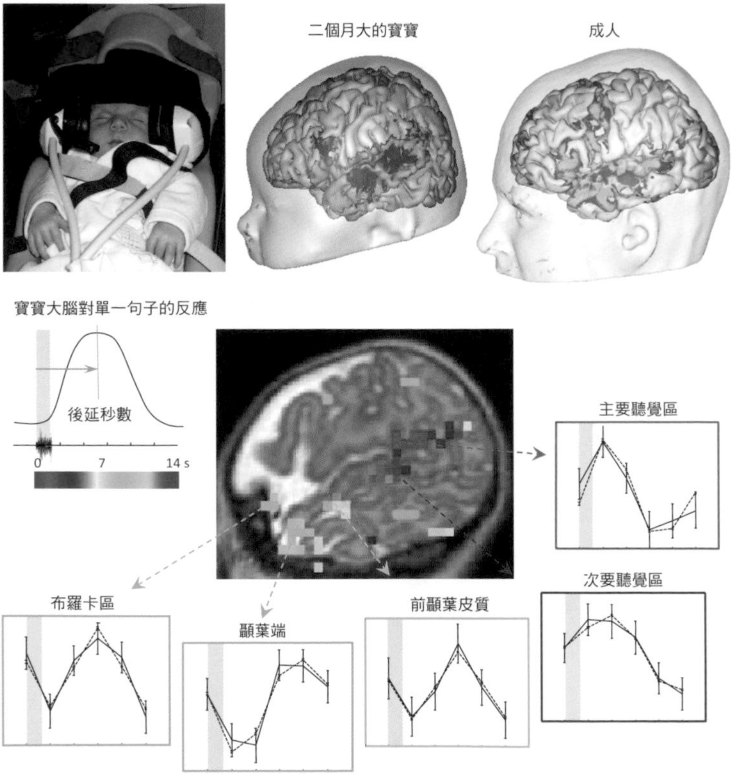

彩圖六

嬰兒出生時，大腦已經把口語分送到左腦特定的迴路上，當他們正在聽母語句子時，用功能性核磁共振掃描嬰兒的大腦，會看到大腦特定的區域活化起來，跟成人活化的地方一模一樣。這個活化起始於主要聽覺皮質區，然後慢慢延伸到顳端和額葉，它的順序跟成人一樣，這些數據反駁了嬰兒大腦一開始是個雜亂無章、沒有組織、待環境去烙印、是一塊白板等的說法。

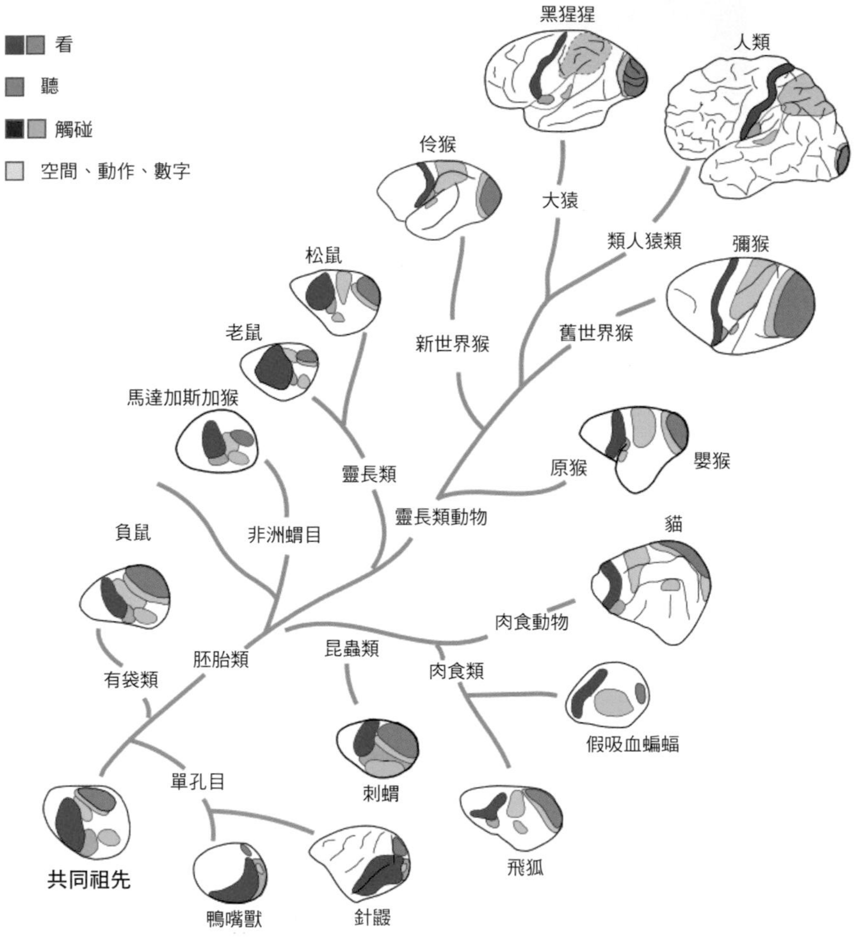

彩圖七

人類的大腦有很長的演化歷史，很多特定的區域（這裡指的是主要感覺區）跟其他動物有著相同的結構，它們在子宮中就透過基因設定好了，在懷孕的第三期（最後三個月）已經活化，靈長類的大腦特徵為比較小的感覺區，頂葉（灰色）、顳葉、尤其是前額葉皮質的巨大認知區。對智人來說，這些區域特別有可塑性，這裡是思想語言的所在地，使我們可以終其一生，不斷的增加我們的知識。

彩圖八

在懷孕的最初幾週，腦兒身體是依基因的指令來發育的，五根手指的形成並不需要學習；同樣的，大腦的基本結構也是不需要學習便形成了。嬰兒出生時，他的皮質已經組織好、摺疊好，而且連接的方式是每一個人都相同的，這一點是我們與其他靈長類的區別。然而細節的部分就依每一個人的環境而有不同了，到懷孕的第三期時，胎兒的大腦已經開始依外界傳進來的訊息而適應了。

週邊神經系統的發展

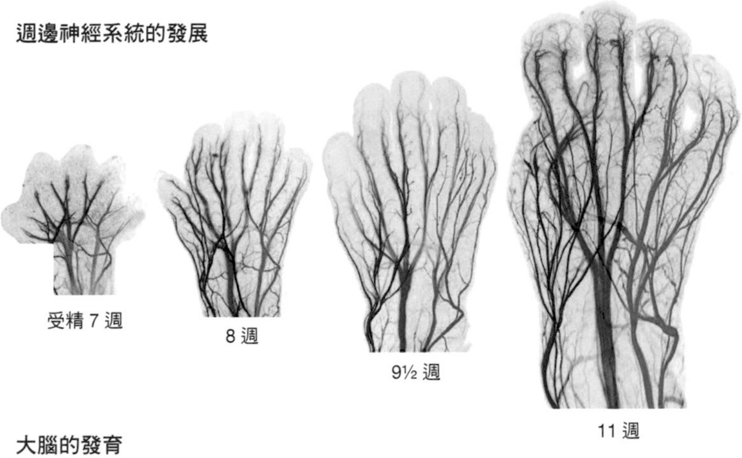

大腦的發育

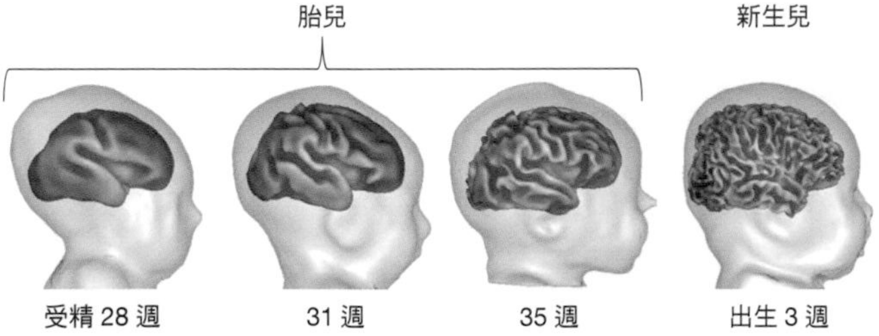

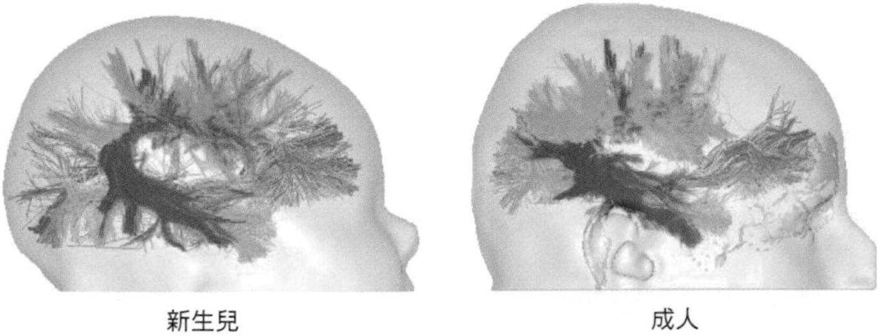

彩圖九

人類的大腦被區分成很多小區，早在一九〇九年，德國的神經學家布羅曼（Korbinian Brodmann, 一八六八～一九一八）注意到大腦皮質不同區的神經元大小和分布都不一樣，例如在專司語言處理的布羅卡區，布羅曼區分出三個小區來，即 #44、45 和 47，分子影像學證實了布羅曼的區割是有理的，皮質各區的邊界因神經傳導物質受體的密度而有顯著差別，在懷孕時，某些基因被選中，展現在大腦的不同區塊，幫助皮質把特定功能區劃分的更清楚。

布羅曼（1909）
大腦皮質區圖

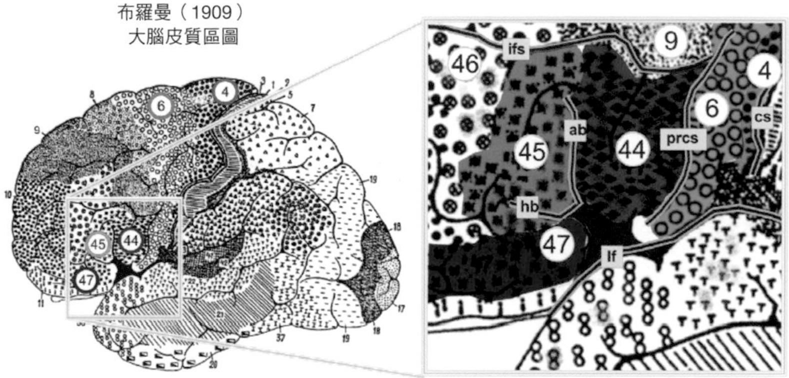

皮質區域的邊界可從四種受體分子而區隔得很清楚

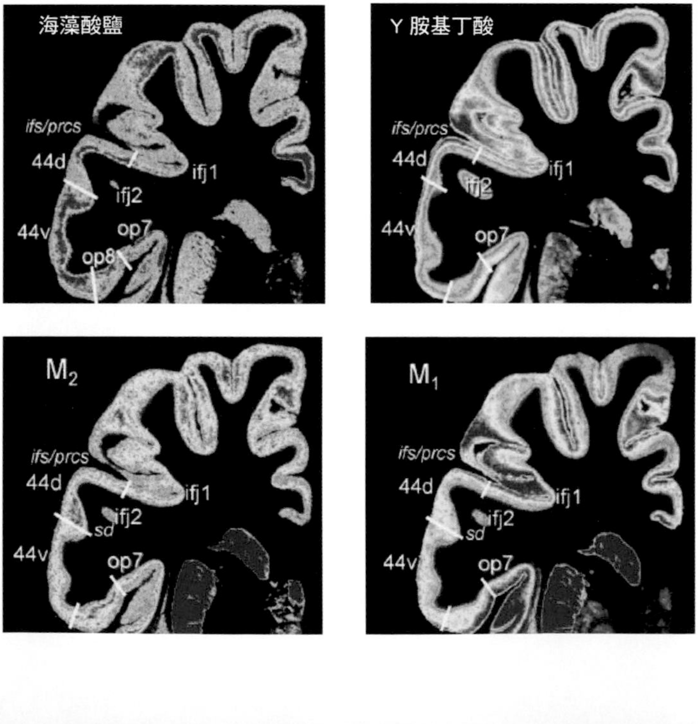

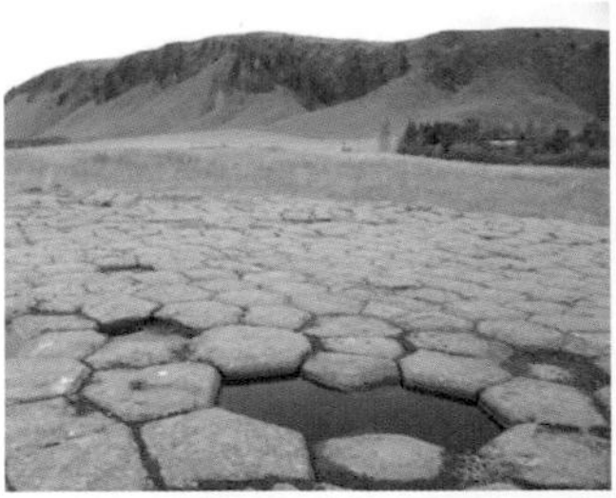

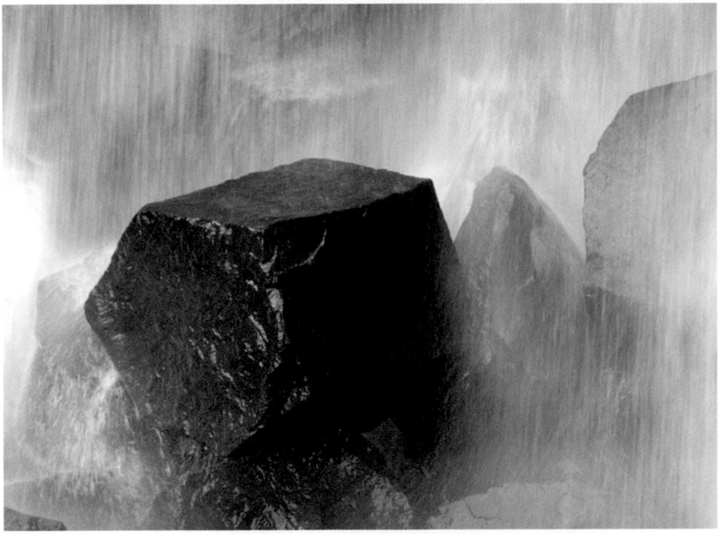

內嗅皮質的神經元

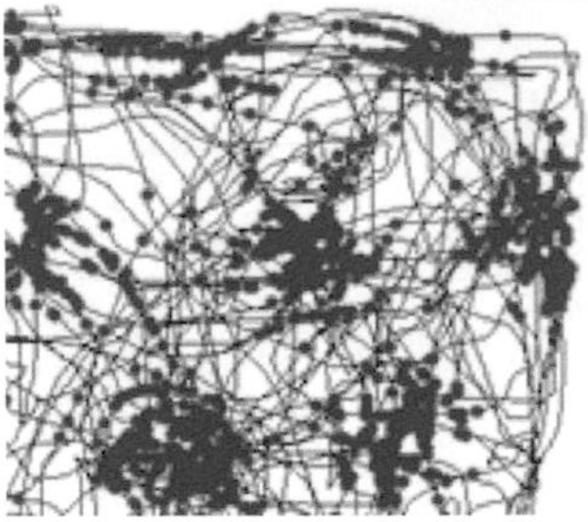
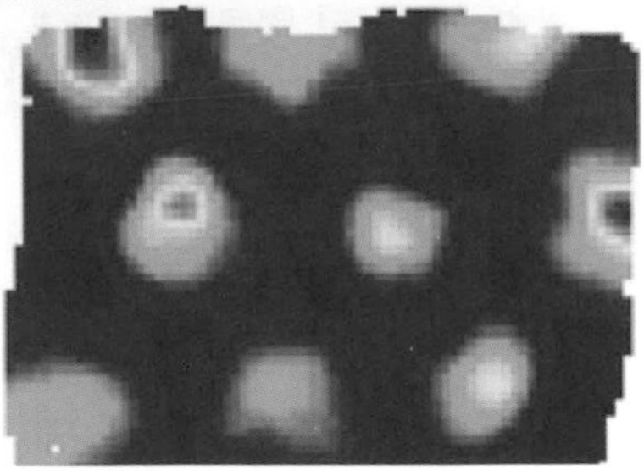

彩圖十

不論是岩漿或蜂蠟的自成組織生理系統，常常是以六角形呈現，神經系統也不例外，在內嗅皮質作為大腦 GPS 的一個小區內，神經元自成組織成「網格細胞」，將這一塊鋪成三角形和六角形的交織圖案。當老鼠在探索一個大的房間時，每一個神經元只有在老鼠踩在這些三角形的縱軸上時，才會發射，這種網格細胞在老鼠出生一天後開始在牠窩附近移動時產生作用。牠對空間的感覺就是來自這個幾乎天生的 GPS 神經迴路。

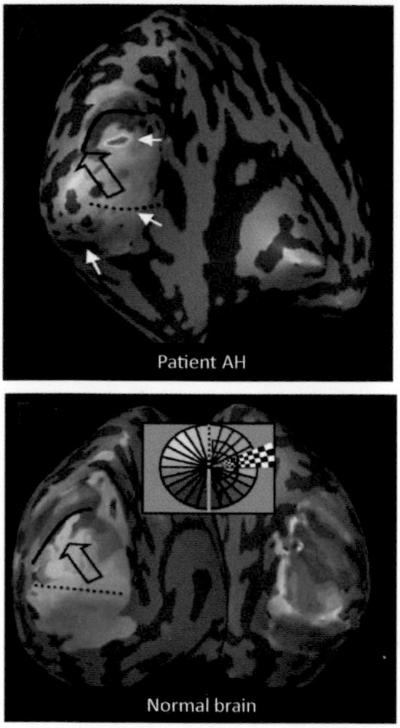

彩圖十一

大腦受到嚴重損壞後，突觸的可塑性讓大腦可以部分重組，病人 A.H.（上圖）天生就只有一個腦半球，懷孕七週時她的右腦停止發育。正常的腦（下圖）中，左腦的視覺皮質區代表的是右半視野（中間彩色圓環中的藍色和綠色），然而對 A.H. 來說，她左腦非常小的區塊重新組織以對左視野起反應（白色箭頭所指的紅色那塊），所以 A.H. 並不是完全看不到左邊，不像其他成年後同樣地方受損的人那樣。不過這個重組是很小的，在她的主要視覺皮質區，基因決定論還是勝過大腦的可塑性。

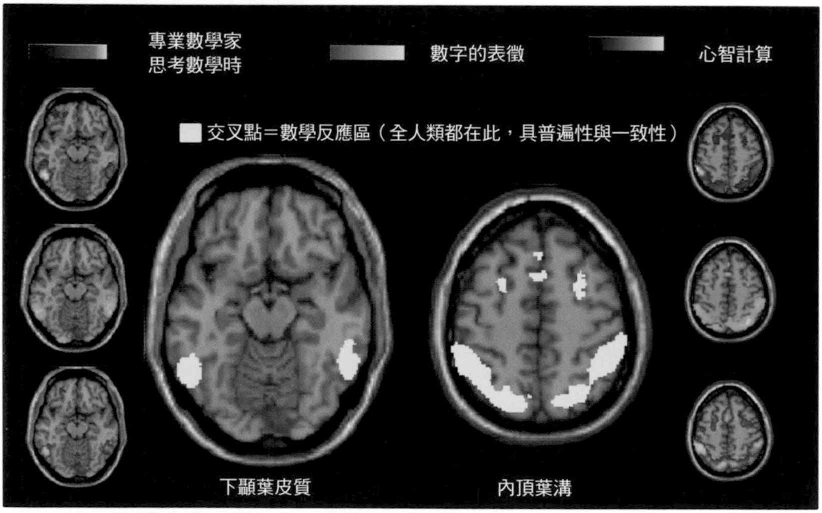

彩圖十二

教育是回收古老的神經迴路再重新使用，並導向新的功能。從嬰兒期起，大腦便有表徵數字的區域（綠色），我們也用同一區域來做心智運算（藍色）。即使是專業數學家，在計算高層次的數學難題時，也是用到這一塊區域（紅色），這些神經網路一開始時是對具體的物體起反應，後來就被回收去處理比較抽象的概念。

彩圖十三

數學的習得基本上跟感覺經驗無關，甚至盲人都可以成為頂尖的數學家，對他們來說，頂葉、顳葉和額葉皮質的這一塊區域在他們思考數學問題時會活化起來，跟明眼的數學家一樣。唯一的差別是，他們也把他們的視覺皮質區回收起來做數學。

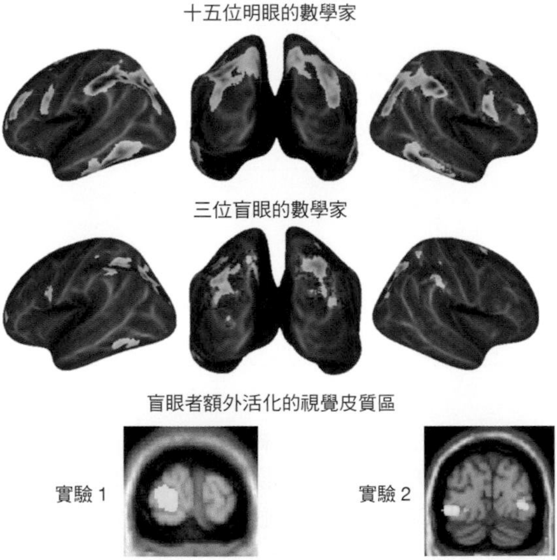

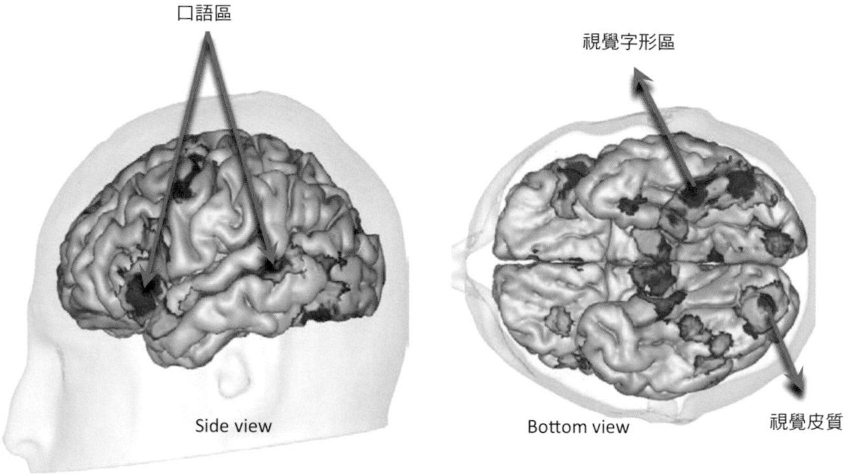

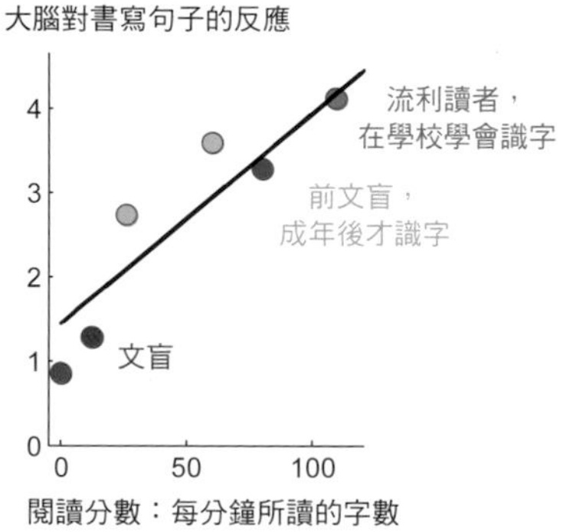

彩圖十四

學習閱讀把大腦原來處理視覺和口語的神經網路重新回收來做新的工作。上圖彩色部分是學習閱讀的地方：從文盲到閱讀者，它們的活化隨著閱讀分數的增加而變大。閱讀影響大腦二個方面：使視覺皮質對字母特別敏感，尤其是左腦的「視覺字形區」（visual word form area），透過視覺激化口語的神經迴路。

彩圖十五

功能性核磁共振可以用來追蹤孩子文字的習得，當孩子一開始學習認字時，他左腦視覺皮質區就開始對字母串活化，閱讀把所有靈長類用來辨識面孔、物體和地方的大腦部分區域回收來處理文字。

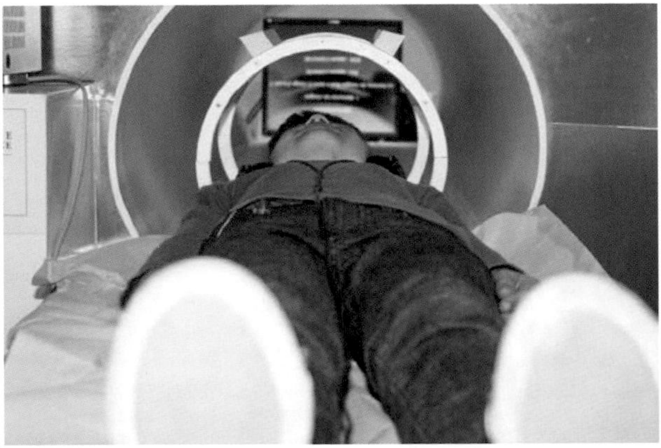

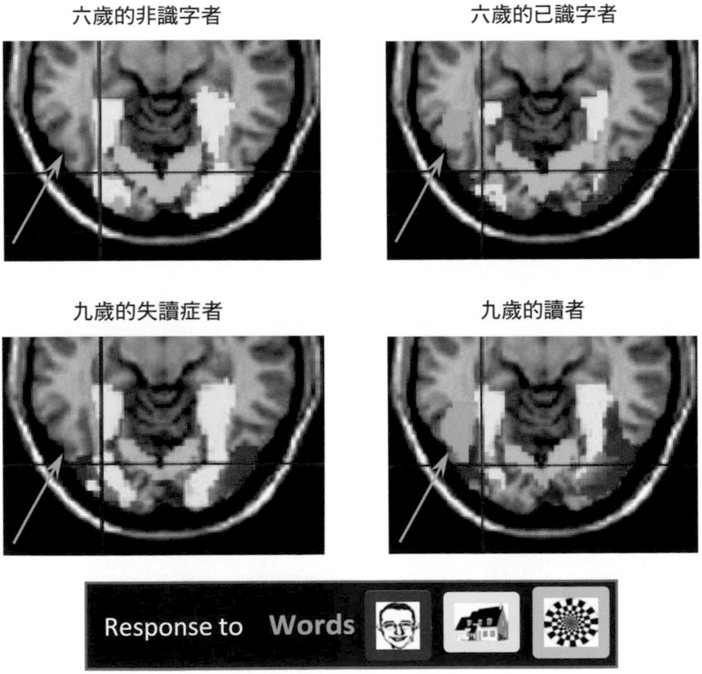

彩圖十六

警覺的訊號可以大大的調整學習，神經傳導物質如血清胺、乙醯膽鹼、多巴胺的訊號可以傳播到整個大腦去，告訴我們什麼時候該要注意。它也強迫大腦學習。在下面的實驗中，老鼠聽一個九千赫的聲音，這個聲音跟基底核的電刺激聯結在一起，使乙醯膽鹼分泌到皮質中，幾天以後，老鼠的聽覺皮質就被這個聲音（九千赫）及它附近頻率聲音所侵占了（藍色區域）。

大腦乙醯膽鹼的迴路

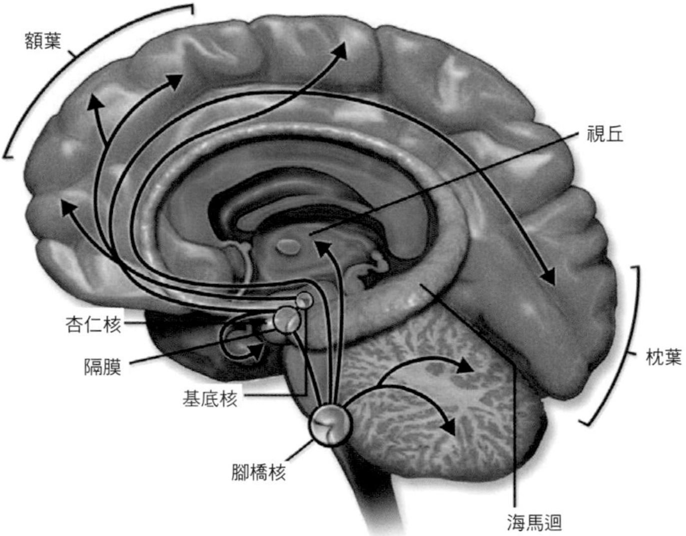

調節學習

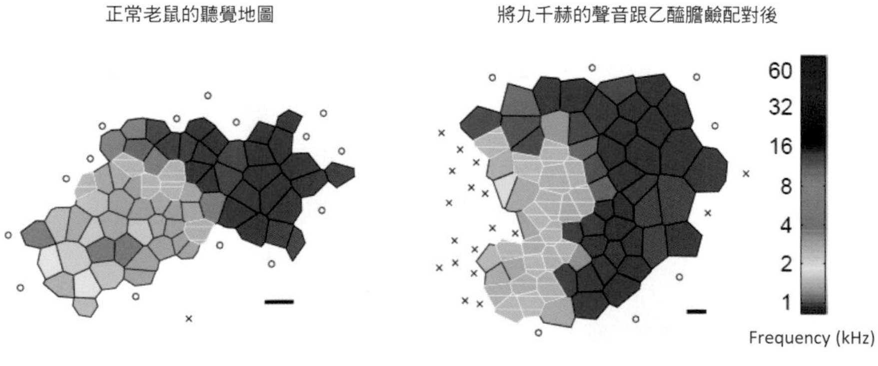

聽覺皮質：偵測聲音的偏差

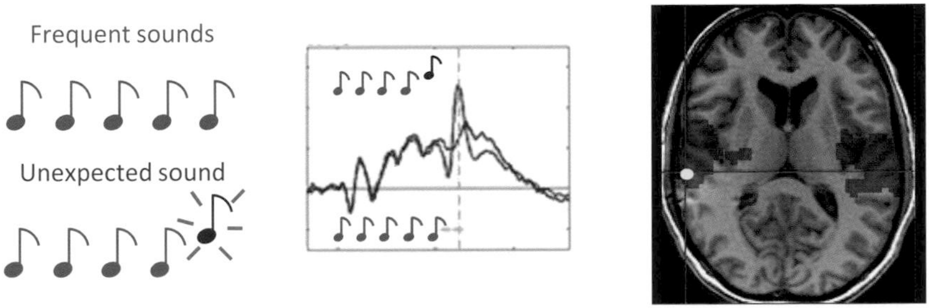

前額葉皮質：偵察旋律的違反

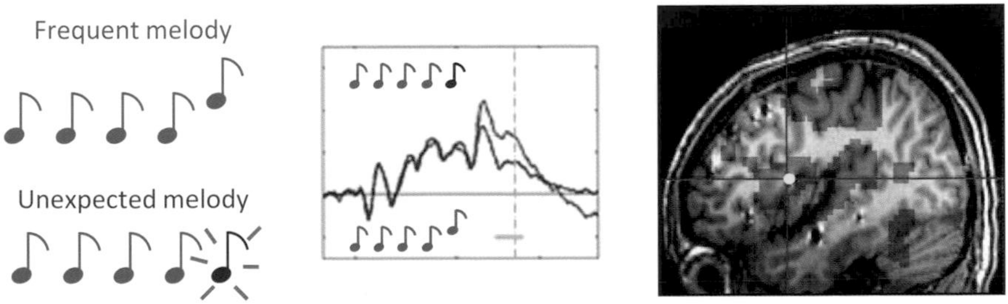

彩圖十七

錯誤回饋是學習的第三根支柱，大腦靠著偵察到錯誤並校正錯誤的方法逐漸調整它對外界環境的模式。基本上，大腦所有地區都會送出並且交換錯誤訊號。在這個實驗裡，大腦學習偵察一序列聲音中的違規聲音：第一、一個五個音的短旋律播放好幾次。當沒有預警而這個序列改變時，一個表示錯誤的驚訝反應（紅色）就馬上送到大腦的其他區域，讓他們可以去改變修補他們的預期。聽覺皮質區對違反預期的反應（上圖），而一個包括前額葉皮質的延伸網路對整個旋律的違反起反應（下圖）。

彩圖十八

固化是學習的第四根柱子，所有的學習都需要相當程度的努力和功夫，這需要頂葉和額葉空間和執行功能的大量活化。對一個初學閱讀的孩子來說，字的解碼是很慢，很辛苦，而且是序列性的歷程：構成這個字的字母越多，孩子讀的越慢(上圖)。但是經過練習以後，解碼慢慢會變成自動化，閱讀便會成為平行處理，潛意識的快速行為。這時，一個特定的閱讀迴路便會出現，把原本所需的皮質資源釋放出來，讓大腦去做別的工作。

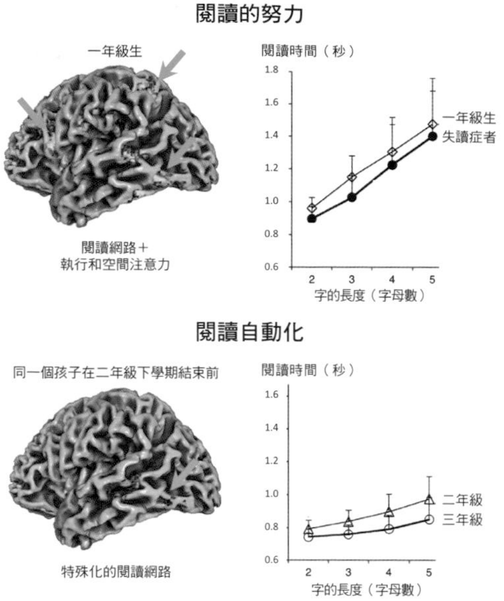

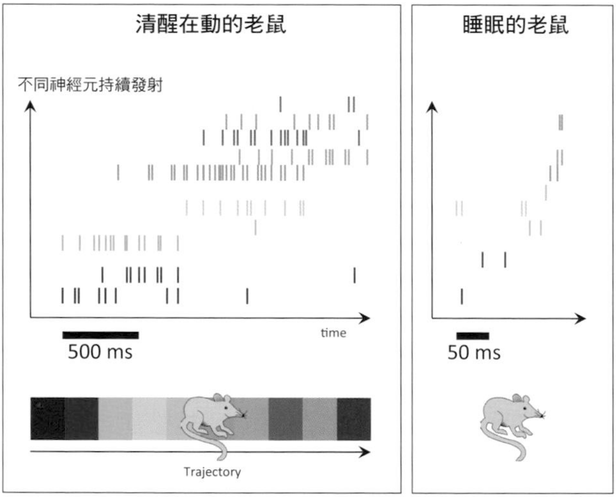

彩圖十九

睡眠在學習的固化中扮演很重要的角色。當一隻老鼠睡覺時，海馬迴的神經元快速的重播牠清醒時所經驗同樣順序的事，這個活動一直延伸到皮質，晚上時可以重複幾百次。這個神經元的重播幫助老鼠把前一天學的東西固化和自動化。睡覺時，我們的大腦甚至可以發現前一天被我們忽略掉的事情。

第三部

學習的四根支柱
The Four Pillars of Learning

突觸的可塑性本身並不足以解釋人類為什麼會這麼成功，因為這個可塑性在動物界到處可見，甚至蒼蠅、線蟲和海蝸牛都有可以改變的突觸。假如智人（Homo sapiens）變成教導的人（Homo docens），假如學習是我們成功的關鍵，那必是因為人類的大腦中藏有一堆比其他動物更多的本事。

在演化的過程裡，有四種功能出現了，它們加快了我們從環境中得取訊息的速度。我把它們叫做學習的四根支柱，因為它們每一根都在我們心智建構的穩定性上，扮演了重要的關鍵角色。假如其中一根支柱沒有了或是變弱了，這整個結構就會動搖。所以假使我們想要學習而且學得很快，我們需要它們在最佳狀態，使我們的努力得到最好的結果。這四根支柱是：

- 注意力（Attention）——它放大我們聚焦的訊息。
- 積極主動參與（Active engagement）——又叫作「好奇心」，鼓勵大腦不停地去測試新的假設。
- 錯誤回饋（Error feedback）——比較預期與真實現況，修正我們對外在世界的模式。
- 固化（Consolidation）——使我們學的東西完全自動化。其中睡眠是它的重要部件。

這四個功能並不是人類所獨有，很多動物也有，但是因為我們有社會性的大腦和語言能力，讓我們比其他動物更能有效的應用——尤其在我們的家庭、學校和大學中。

注意力、積極參與、錯誤回饋和固化是成功學習的四大祕密要件，這些大腦的基礎部件是在家庭和學校中打下根基的。一個老師如果能促使學生啟動這四項功能，就能加速學習的速度和效率，我們每一個人都應該學習如何去掌控它們。

第7章 注意力

想像你及時趕到機場去搭飛機，你的所有行為都在高度注意力之下：你的心智是警覺的，你在尋找「出境」的大牌子，你不會為其他旅客而分心。你很快找到你要搭的那個航班，周邊有很多廣告都在向你招手，但是你根本就沒有看到它們——你直接衝向領取登機證的櫃檯。突然之間，你轉過身來，因為在人群中，有個沒想到會見到的朋友在叫你。你的名字永遠在大腦中佔有最優先的地位，所以你的注意力移轉到叫你名字的人身上……你忘記了剛剛是預備去哪一號櫃檯換取登機證。

在幾分鐘的時間內，你的大腦走過了幾乎所有的注意力階段：警覺、選擇性注意、分心、轉向和過濾。在認知科學中，「注意力」是指大腦選擇訊息，放大它，把它送到應該處理的部位，加深處理歷程的所有機制。這些是演化來的古老機制——當一隻狗豎起牠的耳朵轉向聲音的來源，或一隻老鼠因為聽到聲音而凍結不動，牠們所動用到的注意力迴路跟我們的很相似。[1]

為什麼這麼多動物都演化出注意力的機制呢？因為注意力解決了一個最普遍的問題——訊息飽和。大腦不停受到刺激轟炸：眼睛、耳朵、味覺、嗅覺和觸覺每一秒鐘不停的傳送幾百萬個訊息進入我們的大腦。一開始訊息都需經過專門處理這個類別的神經元關卡，這個處理是平行（parallel processing）的，但是因為大腦資源有限，不可能深度去消化它們，這時注意力就像一個巨大的過濾網，鑑別分類這些訊息，決定它們有多重要、應該分配到多少資源，通常只有最重要的級別才能享受到大腦的資源。

選擇相關的資訊對學習來說，是第一個基本要件。假如沒有注意力，在一大堆資料中，找出要學習的型態就像大海撈針一樣。這是為什麼目前的類神經網路很慢的原因——他們浪費了很多的時間去分析所有資料的可能組合，而不是聚焦於找出相關分類。這種情況一直到二〇一四年，兩位研究者，加拿大的班吉歐（Yoshua Bengio）和韓國的Kyunghyun Cho，才把注意力這個要件融入類神經網路[2]，他們的第一個模型學習翻譯，展現出注意力帶來的好處：他們的系統學得比較快、比較好，因為它可以聚焦到每一階段原始句子的相關字上。

很快的，注意力就像野火一樣，在人工智慧的領域散播開來。今天，如果人工智慧系統可以成功替一張圖片貼上標籤（一個女人在公園丟飛盤），是因為注意力系統使它聚焦在每一個相關的影像上，再把它送到要處理的地方去。當描述飛盤時，這個網路集中所有的資源在飛盤的像素上，暫時把其他跟人和公園有關的像素移走，等一下再移回來。[3]現在所有精密的人工智慧系統不再把所有的輸入跟輸出連接在一起了，它知道如果把學習分成二個模組，一個學習注意力應該放在哪裡，另一個學習被注意力過濾過的數據應該叫什麼名字，那麼學習會快很多。

注意力很重要，但它也可能帶來一些問題，若注意力被誤導，學習就會受阻。[4]假使我沒有把注意力放在飛盤上，這個部分的影像將被洗掉，大腦會繼續處理別的東西，好像它從來沒有存在過。一個沒有被注意到的訊息只會停留在最早的感覺區，只能引發一點點的神經活化，產生很少或根本沒有學習發生。[5]這跟我們注意一個物體時，神經元的大量活化是完全不同的。當我們有意識的注意到這個物體時，登錄這個物體的感覺和概念神經元會大量活化並且延長它的發射，訊息會被送到前額葉皮質去。在那裡，一大堆的神經元活化起來並且活化很長的時間，比原來影像所激發的時間要長很多。[6]這

一位女士在公園丟飛盤

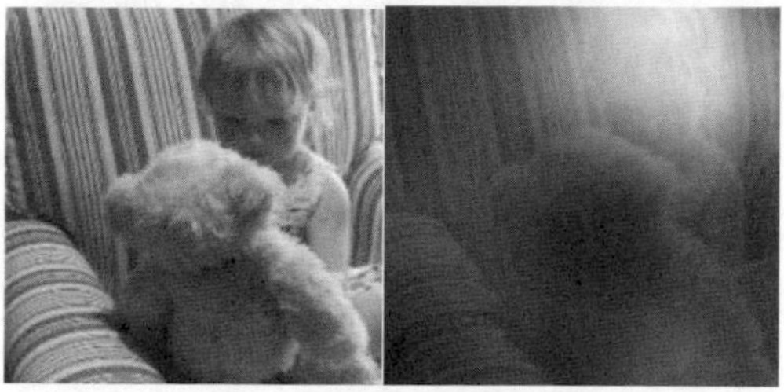

一個小女孩跟泰迪熊一起坐在床上

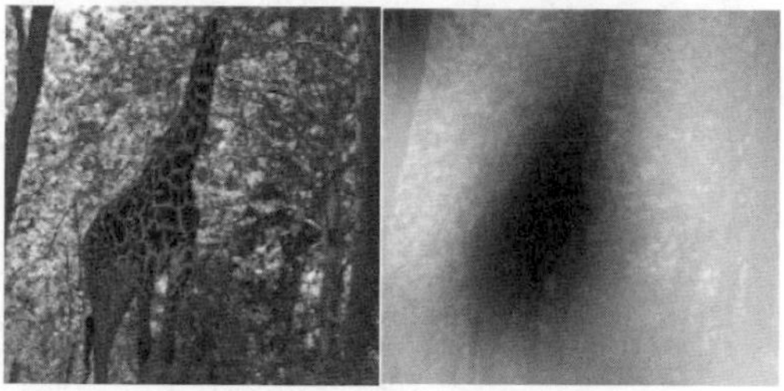

一隻長頸鹿站在樹林中，背景有很多的樹

學習的第一根支柱是注意力，這是最基本的機制，所以現代人工神經系統都把它設計在裡面。在本圖中，機器學習如何描述一個影像。選擇性注意像個鎂光燈照亮影像中某個特定地區（在右邊的白色地方），而忽略所有其他的東西。在任何時候，注意力使學習集中到我們所選擇的數據組中。

個強有力的發射正是突觸改變強度所需要的——這就是神經科學家所謂的「長期增益效應」（long-term potentiation）。當學生注意聽老師剛剛說的一個外國字時，這個字被他的皮質迴路深層處理，一路活化到他的前額葉皮質。因此，這個字就有比較大的機率被記住。潛意識或沒有被注意到的字大部分是留在大腦的感覺迴路中，沒有機會進入深層的心理詞彙。沒有產生概念表徵，也就沒有語意記憶和理解。

這是為什麼每一個學生都得學會如何去注意——這也是為什麼每個老師應該多去觀察學生有沒有在注意學習。假如學生沒有注意應該學習的訊息，他們自然什麼都沒有學到。作為一個老師，最重要的就是抓住學生的注意力，只有這樣才能引導學生學習。

因為注意力在選擇相關的訊息上是這樣的重要，所以它存在於大腦許多地方。美國心理學家波士納（Michael Posner）把注意力區分成三個主要系統：

1. 警覺（alerting）——即什麼時候（when）要注意。
2. 導向（orienting）——即注意什麼（what），放大任何有興趣的物體。
3. 執行注意力（executive attenetion）——即決定如何（how）去處理注意到的訊息，選擇跟這個作業相關的處理過程，控制它的執行。

這些系統就是主要的大腦活動模組，可以加速學習，但是它也可能指錯方向。讓我們一個一個的來詳細檢視它們。

警覺：大腦醒來

這第一個注意力系統應該是演化上最古老的系統，它告訴我們**什麼時候**該注意。當情況需要時，它送出警報訊息以啟動全身；當掠食者靠近或強烈的情緒控制不住時，皮質下所有的神經元立刻增加皮質的警覺度。這個系統掌控很多的神經調節器（neuromodulators），如血清胺、乙醯膽鹼和多巴胺（見彩圖十六）。透過很長的軸突和它擴散的分枝，這個警覺訊息分布到整個大腦皮質，大量調整大腦皮質的活動和學習。有些研究者將之稱為「現在印」（now print）訊號，就像這些訊息告訴大腦皮質，把這個訊息內容馬上放到記憶裡去。

動物實驗顯示，這個警告系統的發射的確可以劇烈地改變大腦地圖（見彩圖十六）。美國神經生理學家莫曾尼克（Michael Merzenich）曾用電擊刺激老鼠皮質下的多巴胺和乙醯膽鹼迴路，以研究警覺系統，結果發現這樣做可以大大的改變老鼠的皮質地圖。在電擊那個時候被活化的所有神經元，即使它們本來是不重要的，也全都被大大的放大活化。例如一個高頻率的聲音被系統化地跟多巴胺或乙醯膽鹼的分泌配對時，老鼠的大腦變得非常喜歡這個刺激，使老鼠整個聽覺地圖被這個聲音所侵入，老鼠對靠近這個聲音的其他鄰近聲音越來越敏感，區辨力越來越好，但是對其他頻率的區辨力就減弱或失去了。[7]

實驗者用這個方法甚至可以在成鼠身上看到皮質的可塑性。實驗者分析血清素和乙醯膽鹼這些神經調節器，尤其是透過尼古丁（nicotine）受體時（這個受體對尼古丁敏感，尼古丁是另一個喚醒大腦、保持警覺的大腦物質），它們可以調節皮質抑制神經元，破壞興奮和抑制的平衡。[8]抑制在關閉突觸可塑性的敏感期上扮演重要角色。警覺的訊號阻止了抑制，大腦皮質似乎從他們少年時的可塑性恢復了過來，重新打開了對老鼠大腦很重要的敏感期。

那麼**人**也可以這麼做嗎？這真是一個非常誘人的想法。假如每一次作曲家或數學家熱情投入他們的領域就能重新組織大腦地圖的話，這不知有多好！尤其假如他們的熱情是很早就開始，如莫札特（Mozart）或拉馬努贊（Srinivasa Ramanujan）（譯註：一八八七—一九二〇，亞洲史上最著名的數學家之一，英國皇家學院院士），他們可能太投入，使大腦地圖被音樂或是數學模式所侵入，才能變得如此傑出。這可能不限於天才而已，任何人不論是工人或是火箭科學家，只要熱情的投入工作，都可能改變他的大腦地圖，正所謂「**熱情滋生才能**」（passion breeds talent）。

雖然大家不可能都是像莫札特這樣的天才，但是大腦中警覺的神經迴路和動機卻是每一個人都有的。我們想知道，什麼樣的生活情境會啟動這些迴路？它們只對創傷或強烈情緒起反應嗎？或許不是，有些研究認為，電玩遊戲，尤其是動作的電玩遊戲會特別激發注意力機制。當啟動警覺系統和報酬系統時，電玩遊戲可以大大促進學習，例如在玩動作遊戲時，多巴胺系統會活化。[9]心理學家貝佛利爾（Daphne Bavelier）的研究顯示多巴胺可以加速學習。[10]越暴力的動作遊戲越能強烈啟動大腦的警覺迴路，十小時的電玩就足以增強視覺偵察（visual detection），快速且精準的判斷螢幕上有多少個物體，增大標的物的專注力範圍，不會被干擾或分心。電玩者可以非常快的作決定而不會影響他們打電動的表現成績。

家長和老師抱怨現在的孩子沉迷在電腦、平板和其他的3C產品上，不停的從一個動作跳到另一個，以至失去專注的能力——但這不是真的。電玩遊戲不但沒有減少他們的注意力，反而增加專注能力。那麼，將來這有可能幫助我們重新啟動大人和孩子突觸的可塑性嗎？無疑地，它們是強有力的注意力刺激物，這是為什麼我的實驗室發展了很多數學和閱讀的教育性電玩遊戲，就是基於認知科學的原則，它可以幫助學生專注。[11]

當然電玩遊戲有它黑暗的一面，最有名的就是「社會隔離」（social isolation），它使玩家浪費時間和上癮，不可自拔。幸運的是，我們還有很多其他方法去解開警覺系統的鎖，而又能同時顧到大腦的社會意識。凡是可以抓住學生注意力的老師，吸引讀者注意力的書本，能夠使觀眾化身為電影或戲劇中的人物去感同身受，都可能提供同樣強度的警覺訊號來刺激大腦的可塑性。

導向：大腦的過濾器

第二個大腦的注意力系統是決定我們應該注意**什麼**。這個系統好像鎂光燈，當外界有幾百萬個刺激在轟炸我們時，它選擇我們應該投入心智資源去注意的項目，因為它們是緊急的、危險的、我們渴望的……或是僅僅是跟我們現在目的有關的項目。

美國心理學之父，威廉．詹姆斯（William James，一八四二—一九一〇）在他的《心理學原則》（*The Principles of Psychology*，一八九〇）書中很清楚的界定了注意力的功能：「我們的感官接受到外界幾百萬個刺激，但它們都未能進入我們的經驗，為什麼呢？因為我們對那些沒有興趣，只有想去注意的刺激才會變成我的經驗，只有我注意到的東西才會塑造我的心智。」

選擇性注意在所有的感官中都有，即使是最抽象的領域也有。例如，狗聽到聲音耳朵會豎起來。人不必如此，我們只要在大腦中去聚焦想要注意的東西就可以了。在一個很吵雜的雞尾酒會裡，我們可以從十個談話中，依聲音和意義去選擇自己想要聽的話。在視覺上，這個選擇性注意就更明顯了，通常我們會把頭轉向吸引我們目光的物件方向，因為這樣做，我們有興趣的東西就會落入我們視網膜的中央（譯註：中央小窩的感受體最多，看得最清楚）。研究顯示，即使不轉動眼睛，我們還是可以注意到我們有興趣的東西或地方，把它的細節放大，不管它在哪裡。[12] 我們甚至可以注意到一個被好幾個層層堆積的線條，就像我們可以注意到好幾個同時進行的談話一樣。你可以注意到一幅畫的顏色，一個曲線的形狀，一個人跑得有多快，一個作家的風格，或是一個畫家的技術。我們大腦裡任何一個表徵都可以成為我們注意力的聚焦點。

注意力導向會放大所有在鎂光燈底下的東西，登錄所注意訊息的神經元會加大它們的發射，而其他吵鬧不休的神經元會被抑制。這結果有雙重意義：注意力使被注意的神經元對相關的訊息更敏感，這會增加此訊息對整個大腦的影響力，下游的神經迴路會呼應我們眼睛、耳或心智所注意的刺激，使皮質轉向去登錄我們注意力中心的訊息。[13] 注意力就像個放大器及一個選擇性的過濾器。

法國哲學家阿蘭（Alain，譯註：本名 Emile Chartie，一八六八－一九五一，Alain 是筆名）說：「注意是一個偉大的藝術，但是不去注意，更是皇家的藝術。」的確，我們注意了一樣東西其實也包括了選擇去忽略其他的東西；一個物體在鎂光燈底下，代表其他幾千個東西必須停留在陰影裡。直接的注意是選擇（choose）、過濾（filter）和挑選（select，譯註：choose 和 select 在中文中都是選擇，但在英文中有不同，select 是經過慎重考慮，淘汰不好的，最後剩下的。如果是二選一，則只能用 choose），這是為什麼認知科學家用 selective attention，這表示所放大的訊號是經過挑選的，把不相干的排除掉後，最後雀屏中選的。這個機制的術語叫「偏頗競爭」（biased competition），在任何一個時間，許多感官輸入在競爭我們大腦的資源，注意力會強化所選擇的表徵，壓制其他的輸入，使這個競爭偏頗不公平。這是鎂光燈（spotlight）這個比喻的意思：它使大腦皮質某一區特別亮起來，鎂光燈同時也會減弱其他區域的亮度，它用干擾電波的方式，使其他區域的電波成為 8 到 12 赫茲的 alpha 波，這就抑制了迴路不能發展出一致性的神經活動。當周邊暗時，鎂光燈的中央就顯得特別亮。

所以注意其實包括壓抑不要的訊息，但是這樣做時，我們承擔了一個風險，我們會看不見沒有被選上的物體。看不見（blind）嗎？是的，這個名詞是正確的。有很多實驗，包括有名的「看不見的大猩猩」（invisible gorilla）實驗[14]：這個經典實驗是放一段打籃球的短片給學生看，二隊學生，一隊穿黑衣，一隊穿白衣，學生要盡可能的數出白隊傳球的次數。這個作業看起來很簡單，的確，三十秒後，你給出了正確的答案。這時，實驗者問：你剛剛在影片中有看到一隻大猩猩嗎？大部分人都說沒有看到，但是重新再看一次時，就會看到有一個人穿著黑色大猩猩的服裝，走到舞台中央，還雙手捶胸幾秒鐘。照說這是不可能看不見的，尤其是眼動儀（eye tracker，一種追蹤目光走向的儀器）照到你的目光其實有停留在那個大猩猩身上。但是你沒有看見它，因為你的注意力完全聚焦在穿白衣服的學生身上，你的大腦還忙著數他們傳了多少球，所以你選擇性的抑制了穿黑衣服人的動作，因為他們叫做干擾物，那隻黑猩猩就有看沒有到了。

這個看不見的大猩猩是認知科學的一個地標實驗（landmark），它很容易做：現在有很多種版本，我們只要聚焦在我們注意的東西上，其他不被注意的刺激就看不見了。例如，我請你判斷一個聲音是高音還是低音，你全神貫注在做這個作業時，你就看不見緊緊跟隨這個聲音出現的文字或其他的刺激。這個叫做「注意力暫失」[15]（attentional blink，譯註：它的必要條件是第二個刺激必須緊緊跟隨著第一個刺激，中間只能隔三十毫秒左右，不能更長），你的眼睛是張開的，但是你的心智視若無睹（blinks），因為心智還在處理第一個刺激，沒有辦法去注意任何其他的東西。即使那個東西很簡單，一個單字而已，你也看不見。

在這個實驗裡，有二個非常不同的錯覺（illusions）。第一，我們沒有看到大猩猩或字（有的實驗是看不見紅綠燈或壓死行人，所以開車一定不可以打手機！）第二個錯覺是我們竟然不知道自己不知道。因此，我們會非常相信自己看到了所有應該看到的東西，大部分做過這個看不見大猩猩的人，不能相信他自己竟沒有看到，他們會認為實驗者騙人：一定是有二卷影片，重播的是另一卷（譯註：做這個實驗一定要當場倒帶，重播一次給他看，受試者才會心服口服）。我們的注意力是很有限的，雖然我們努力在看，但是當我們注意在一個東西上時，其他的東西——不管多麼明顯、好玩或重要，都會從我們的眼睛前面消失，這是為什麼我們常常高估我們所看到的。

這個大猩猩實驗應該讓所有的父母和老師知道，當我們教書時，我們常會忘記不知道人的感覺是什麼樣。我們都認為凡是我看到的，每一個人也應該都看到。這是為什麼我們不能了解一個孩子為什麼沒看到我們教他的東西。大猩猩的實驗告訴我們，要看到需要先注意到，假如一個學生沒有去注意，他們就沒有看到老師的信息，而沒有看到的，自然沒有辦法學會（what they cannot perceive, they cannot learn）。[16]

又例如最近美國心理學家麥克康德利斯（Bruce McCandliss）的一個實驗[17]：他想知道在學習閱讀時，是去注意構成字的字母比較好，還是去注意整個字比較好？（譯註：在七十年代，美國的閱讀界曾有很激烈的辯論，是先教構成這個字的字母如何發音，還是直接教孩子辨識字，即 phonic method vs. whole word method。十幾年後，phonic method 被證明孩子學得比較好。當時還沒有腦造影技術，現在重做這個實驗是從注意力的角度切入，並佐以大腦證據。請讀者在讀這個實驗時，請參照圖片以了解刺激字的結構）麥克康德利斯和他的同事教給成人十六個單字（請參照圖片）（譯註：以往都是用學童、未成年人），並同時登錄他們大腦的反應。測試時，實驗者也給他們看以前沒有看過、由新字母組成的另外十六個字，同時登錄他們大腦的反應。實驗操弄的變項是注意力，實驗者告訴一半的受試者，這些奇怪的符號是一個字，就像中國字一樣；對另外一半的受試者說，這些符號是由三個重疊的字母所構成的，假如他們把注意力放到字母上的話，他們會學得比較好。也就是說，第一組的人注意的是整個字（whole-word

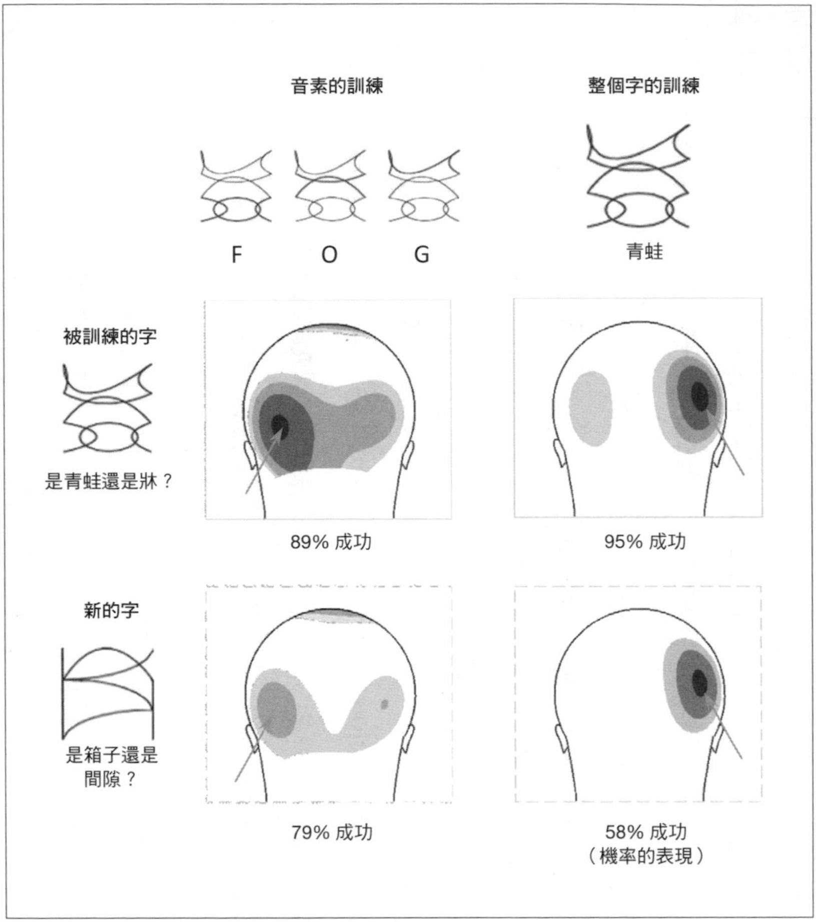

選擇性的注意可以把學習導向對的或錯的神經迴路，在這個實驗裡，成人用音素法或整個字的學習法去學一個新的文字系統。用整個字形狀去學的人，沒有發現這些字是三個字母組成的，即使學了三百次，也不知道。整個字的學習法把學習導向右腦不恰當、不合適的迴路，阻止了受試者把他們所學的應用到新的字上面。然而，當注意力被引到字母上時，他們就能將字母解碼，然後讀出新的字來，他們動用到的是正常閱讀時，所用的左腦腹視覺皮質區迴路。

level），第二組的人注意的是字母，看這三個字母如何組成一個字。

實驗結果顯示，雖然二組人都記住了第一次的十六個字，但是注意力大大的改變了他們解讀新字的能力：第二組的人因為注意力在字母上，就發現了字母和音之間的關係，所以在測試另外十六個新的、不曾學習過的字時，可以念出百分之七十九的新字。他們的大腦活化的是一般我們在閱讀時所用到的區域，即左腦視覺皮質區和它的腹部位置；而第一組的人完全沒有辦法去讀新的字，他們動用的大腦區域是**右邊**的視覺皮質區。

這個實驗非常清楚的顯示，注意力可以巨大的改變大腦的活動，僅注意整個字的形狀是無法發現構成它的字母碼的，這會使大腦動用到非閱讀的右腦迴路。學習閱讀要先學發音，這是很重要的，只有注意到字母和音之間的關係，學生才能活化正統閱讀的迴路，得到學習的效果。所有教一年級的老師都應該要知道這個實驗——引導學生的注意力到對的方法上是非常重要的。音素的方法比整個字的方式好，現在已經是毋庸置疑的了。[18] 當孩子在學習字母的時候，他的手指頭會循著字母，從左到右，學習就容易很多。假如不是這樣，孩子沒有任何注意力的線索，只是去看這個字，若不懂得把它拆開，成為字母來學習，他就沒有辦法知道這個字內在的結構，學習就不會發生。注意力是學習是否成功的關鍵因素（譯註：現在的讀者可能不知道當年 phonic 和 whole word method 的競爭有多激烈，兩派人馬各自有政治背景，在南加州，有的郡採用了 whole word method，結果孩子到小學三年級都還不會閱讀，因此就有父母為孩子而搬家，搬到採用 phonic method 的郡去念書。爸爸通勤，一天四小時在路上，沒有家庭時間，造成當時很大的社會議題）。

一個好的老師必須仔細選擇他要孩子注意的東西，因為只有在注意力鎂光燈下的東西才會得到足夠的大腦資源——被記住。其他被注意力競爭打敗的項目會引起很小或沒有任何突觸的騷動，因此也就沒有留下任何的痕跡。

一個教學有成效的老師會注意學生的心智情況，當他不斷引發孩子的好奇心，用能夠抓住孩子注意力的方式授課，他就能確定孩子記住了他的課；當他能夠注意到每個孩子注意力的長度，從而調整他上課的步伐，他就可以確定所有的學生都跟得上他的進度了。

執行控制：大腦的總機

第三個也是最後一個注意力系統是決定這個注意到的訊息是**如何**被處理的。這個執行控制的系統又叫做「中央控制」（central executive），它是各種迴路的大雜燴，讓我們從中挑選我們要的動作。[19]它主要位在額葉皮質，即額頭後方，佔了大腦差不多三分之一的面積，比其他靈長類都大，連接網絡也密集許多，每一個神經元都有很多、很複雜的樹狀突與別的神經元連接。[20]難怪人類的認知能力比其他的靈長類發達了許多，尤其在最高層次的認知功能上。這使我們可以監控我們的心智操作，知道自己有沒有犯錯，這就是執行控制系統。[21]

假設我要你心算23×8，這時你的執行控制系統就啟動了，第一，聚焦在個位數3上面，乘以8，把結果24存在記憶中，然後聚焦在十位數2上面，乘以8得到16，因為它是十位數，所以它其實是160，再把記憶中的24拿出來，加上去，你就得到了184的結果。

執行控制是大腦的總機（switchboard），它指引、導向和控管我們的心智歷程，就像鐵路局控制室的人員，把每一班火車引到對的鐵軌上，使它可以順利進站。這個執行控制系統跟別的系統一樣，都是從許多的可能性中做選擇，只不過它是從現有的心智操作中去選而不是從輸入的刺激去選。所以，空間注意和執行注意是互為表裡的，當我們心算的時候，空間注意系統就掃描數學課本，把鎂光燈打在23×8上面。但是它能準確的打在預定位置上，是執行注意一步一步引導它的結果：先選擇3，然後8，再把它們送到大腦乘法的迴路去，諸如此類。中央執行系統活化相關的操作模式，並且抑制不相干的干擾物，它不停的確定這個歷程跑得很平順，同時決定什麼時候要換不同的策略。它同時更負著監控我們有沒有犯錯的責任：在扣帶迴皮質（cingulate cortex）有一個特別的迴路專門處理它，如果我們犯了錯或偏離了目標，它會立刻改正。

在執行控制和工作記憶（working memory）之間有一個很緊密的連接，如果要控制心算的執行，我們必須把正在做的每一步放在心裡，哪些是已經執行完畢的，哪些是正要做的。所以執行注意控制了整體神經工作空間（global neural workspace）的輸入和輸出，一個暫時性有意識的記憶——即我們暫時保留任何我們認為有關的訊息，等待傳送到其他的模組去。[22]這個整體的工作空間就像大腦的「路由器」（router，譯註：負責接收網路上數據包及向指定地點發送數據包訊息的專用網路智能設備），它決定如何、以什麼順序，把訊息送到許多不同的大腦處理器去。在這個層次上，心智操作是很慢的而且是序列性的動作，一次只能處理一個訊息，沒有辦法一次處理二個，心理學家把它叫作「中央瓶頸」（central bottleneck）。

但是我們真的不能一次處理二個心智專案嗎？我們有時覺得自己可以同時做二件事，或者同時在跑二個不同的思路——但這是錯覺。有一個很基本的實驗可以說明這一點：請受試者做兩個非常簡單的作業，例如聽到高頻率的聲音時，用左手按鍵，看到字母Y時，用右手按另外一個鍵。當二個目標同時出現或緊接著出現時，受試者可以正常速度的反應第一個作業，但是後面那個就顯著的慢了下來，慢的速度跟花在決定第一個作業上的時間成比例。[23]也就是說，第一個作業延宕了第二個作業，當我們整體工作空間忙著在做第一個決策時，第二個必須在旁邊等，而且等的時間可以到好幾百毫秒。假如你太投入第一個作業，你甚至可能沒有看到第二個作業。很奇怪的是，我們都沒有感覺到這個「雙作業延宕」（dual-task delay），因為我們無法在訊息進入意識的工作空間前，警覺到（aware）它的存在，當第一個刺激在被意識處理時，第二個只好在門外等待，直到整體工作空間有空位。我們無法去內省等待的時間，當被問及時，我們會認為第二個刺激正好在第一個處理完就出現了，而我們是以正常的速度在處理它。[24]

所以我們是不知道自己心智極限的（的確，我們怎麼可能覺識〔aware〕自己是缺乏覺識呢？能覺識到就不缺乏覺識了！）我們相信可以同時做好幾個作業的唯一原因，就是我們根本感受不到第二個作業的延宕，我們其實有在等大腦把第一個作業做完，再來處理第二個，只是自己不知道。所以開車時滑手機、送簡訊是非常危險的事情，所有的證據都指出送簡訊是件非常干擾的行為，我們無法同時做好幾件事。

那麼我們可以透過訓練來達到這個目的嗎？或許可以，但是必須對其中一個作業做強度的訓練，使它達到自動化的地步。只有到自動化的地步才可以不佔意識的工作空間。當執行一件事已到潛意識自動完成的地步，不再佔用大腦的中央資源後就可以。只是這需要很辛苦的練習，例如職業鋼琴演奏家可以一邊彈琴一邊說話，或是熟練的打字員可以一邊聽收音機，一邊打字。不過這些都是極少的例外，心理學家認為或許執行注意力可以很快的從一個作業切換到另一個作業，快到察覺不到的速度。[25]只是多重作業的基本原則是當我們在執行注意控制底下，操作多重認知作業時，至少一個作業是被緩慢下來或根本忘掉的。

因為會有這麼嚴重的干擾效應，學習如何專心就是學習的一個重要條件。我們不能預期孩子或大人同時學二件事。教學需要知道注意力的極限，因此作業的排序很重要，任何的干擾都會使我們慢下來，或浪費我們的努力，因為中央執行會很快忘記它本來還要再做什麼。例如認知科學的實驗發現過度裝飾的教室會干擾孩子的專注力。[26]另一個最近的研究發現，如果允許學生在教室用手機，他們學習的表現會變差；甚至幾個月以後，測試那天上課的內容時，表現仍然不好。[27]如果要得到最好的學習，大腦一定要避免任何種類的干擾。

學習去注意

執行注意相當於我們平常說的「專注力」（concentration）或「自我控制」（self-control），只是這個系統不是孩子生下來就有，差不多要花十五到二十年的時光，他們的前額葉皮質才會成熟。當我們的大腦透過經驗和教育，慢慢學會控制時，這個執行控制才會逐漸浮現於童年和青少年期。大腦的中央執行需要很多時間去系統化地選擇合適的策略，抑制不恰當的反應，同時還要避免干擾。

認知心理學中有很多的實驗顯示孩子是逐漸增加他們的專注力，並且抑制不恰當的反應，從而改正他們的錯誤。心理學家皮亞傑（Jean Piaget）是第一個注意到這個方面的人。年幼的孩子有時會做出看起來很蠢的錯誤，例如，你把玩具藏在A處好幾次，然後轉到B處去藏，一歲以下的寶寶還是會到A處去找玩具（即使他們看到你把玩具換到B處去了）。這個有名的「A-not-B錯誤」（A-not-B error）使得皮亞傑下結論說嬰兒缺乏「物體的恆長性」（object permanence）——即當物件被隱藏時，該物件仍然存在的知識。然而，我們現在知道這個解釋是錯的，如果你檢查嬰兒的眼睛，你就會發現他們其實是知道玩具藏在哪裡的，只是他們沒有辦法去解決心智的衝突，因為先前好幾次的經驗使他們去A處，現在工作記憶告訴他們應該抑制過去的習慣，改到B處。但是在十個月大以前，他們沒有辦法抑制過去的習慣，他們缺少的是執行的控制而不是物體的恆長性，到十二個月時，這個A-not-B的錯誤就消失了，這個改變直接與寶寶前額葉皮質的發展有關係。[28]

另一個典型的錯誤就是數字與大小的混淆。皮亞傑也是第一個發現這個現象的人，但也是給了錯誤的解釋。他發現三歲以下的幼兒沒有辦法判斷一群物體的數量。在他經典的數字守恆（number conservation）實驗中，他給兒童看二行同樣數量的彈珠，一對一的排列著，使年紀最小的孩子都知道它們是一樣多。然後他把一行的彈珠間隔拉大，如：

○○○○○　○○○○○　↓　○ ○ ○ ○ ○　○○○○○

結果孩子就認為這二行不相等了，長的那一行有比較多的彈珠。這看起來是很愚蠢的錯誤，但孩子並不是如皮亞傑想的，沒有數字的守恆概念，因為我們在前面就已經看到，即使是初生的嬰兒就已經有抽象的數字概念，這個概念的存在是獨立於物體中間的距離，也獨立於呈現的感官模式，如看和聽。這個問題出現於執行控制，孩子必須學會去抑制一個比較顯著的特質（大小），放大比較抽象的（數字）。即使是大人，這種選擇性注意有時也會失敗。舉例來說，要抉擇兩組物件多寡時，假如數量少的那一組比較大排列又較分散，有時就會選錯；又如判斷7和9 哪個比較大時，也會比較困難。隨著年齡和教育程度的提升，其實不是對數字系統的精準，而是我們能夠有效運用選擇性注意，而不受不相干的線索如大小或密度所干擾。[29] 這裡我們又再次看到這種作業的進步是跟前額葉皮質神經元的發展有關。[30]

在生命的各個階段或知識的所有領域，不論是認知的或是情緒的，主要都是我們執行控制能力的發展使我們能避免犯錯。[31] 現在請

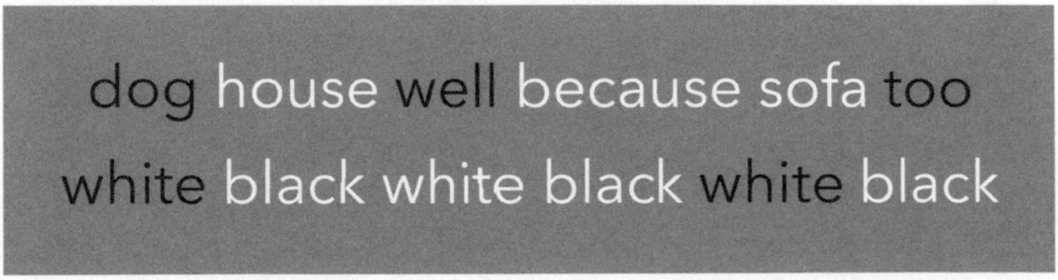

試試你的大腦，叫出下面這些字的**顏色**（白色或黑色）：

當讀到第二行時，你會發現這個作業變難了，你會慢下來，犯比較多的錯誤。假如這些字是彩色印刷，你會覺得更為困難（譯註：這叫 Stroop Effect：請學生盡快唸出用紅色墨水印的 yellow 這個字的顏色、用綠色墨水印的 blue 這個字的顏色……），因為它干擾了你的執行控制系統，當字和印刷顏色有衝突時，中央執行必須抑制字的閱讀而專注在墨水顏色這項作業上，你就會慢下來了。

現在請解下面這個題目：瑪莉有二十六顆彈珠，她比葛理葛來多了四顆，請問葛理葛來有幾顆彈珠？你會想把兩個數字加起來嗎？你會想說三十而不是二十二嗎？這個困難出在「多」這個字上，你知道你要用減法，但是這個「多」字干擾了你。這就是很多孩子在還不能控制自己時，去仔細思考數學問題的意義時會犯的錯，因為這個「多」字干擾了他去選擇合適的算則。

注意力和執行控制隨著前額葉皮質的成熟逐漸發展成熟，這差不多要花二十年的時光。這個迴路跟其他的迴路一樣，是有可塑性的。許多研究都顯示訓練和教育可以強化它的發展。[32] 因為這個系統跟很多不同的認知作業有關，許多教育活動包括遊戲，可以有效的發展執行控制。美國心理學家波士納是第一位發展出教育軟體來增進孩子專注力的人。例如有一個遊戲是強迫孩子去注意螢幕中央那條魚的方向：這條魚旁邊有其他的魚是朝著相反方向，孩子要學習不受旁邊魚的干擾。這是教導孩子專注和抑制的簡單作業，這只是許多練習中的其中一種，鼓勵孩子反思，不要他們作立即的反射反應動作，因為那會犯錯。

在電腦發明以前，義大利的女醫生和教育家瑪莉．蒙特梭利（Maria Montessori，一八七〇－一九五二）就注意到很多實用的活動可以幫助幼兒專注。例如，在今天的蒙特梭利學校，學生要循著地板上畫的橢圓形線條走，不能走出線。學會以後，他們要在嘴裡含著湯匙這樣走，接著在湯匙上放著一個乒乓球走。研究發現，蒙特梭利的方法對孩子的發育有很多好處。[33] 其他的研究也顯示電玩遊戲、打坐或學樂器對注意力都有幫助。對一個幼兒來說，控制他的身體、目光和呼吸，同時還要協調兩隻手是非常困難的作業。這是為什麼在小的時候學音樂對大腦注意力迴路有很大的幫助，研究發現兩邊腦半球前額葉皮質都有顯著的增厚。[34]

執行控制的訓練甚至可以增加智商（IQ）。對很多人來說，可能會覺得很驚訝，因為我們通常認為IQ是天生的，是決定孩子心智能力的基石。

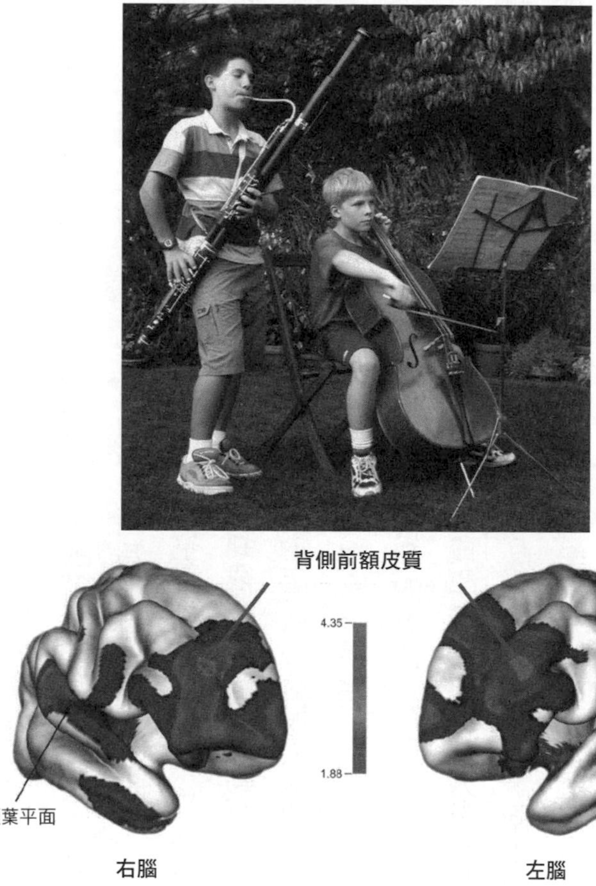

注意力會依教育和年紀而發展，能夠專注並控制自己注意力的執行。早期學習彈奏樂器是訓練專注力和自我控制力的一個很好的方法，音樂家的皮質厚度比配對的非音樂家來得厚，尤其是背側前額葉皮質，因為這裡在執行控制上扮演了重要的角色。

然而，IQ其實就是行為的能力，它可以因教育而改變，就像我們任何一個能力一樣。IQ跟大腦迴路有關，迴路的突觸可以透過訓練而改變。所謂流體智慧（fluid intelligence）即推理、解決新問題的能力，兩者都用到很多大腦的執行控制系統，尤其是背側前額葉皮質的地方。[35]的確，測量流體智慧所用的標準測驗類似認知心理學家用來評估執行控制的測驗，兩者都是強調注意力、專心和從一個活動切換到另外一個活動而沒有失去中心目標。事實上，訓練工作記憶和執行控制就會增加流體智慧的分數。[36]雖然智慧有先天基因的關係，它還是可以因環境因素，包括教育而大大的改變，而且這改變的效果很顯著。有一個實驗，一群四到六歲低IQ的孩子被高或低社經地位的家庭所收養，等到他們成長到青少年時，再找回來作智力測驗。結果發現那些被高社經地位家庭所收養的孩子，IQ增加了二十分，而被低社經地位家庭收養的孩子只有增加八分。[37]最近一個統合分析（metaanalysis）檢視教育在智商上的效應，發現在學校多讀一年，IQ可以增加一到五分。[38]

目前最先進的研究集中在探討如何使認知訓練得到最大效益以及它們的上限。這個訓練的效果可以維持多少年？我們怎能確定這個效益能超越所訓練的作業，而終身有效？這是一個挑戰，因為大腦本來就會因每一個作業發展出專門對付這個作業的方法，解決的方法在增加學習經驗的多樣性。因為只要刺激工作記憶的核心認知技能和在各種不同情境下，訓練他們的執行注意，就能幫助孩子得到認知的最大效益。

早期工作記憶的訓練對孩子專注力和閱讀與算術的成績有正相關。[39]這個「早期」可以從幼兒園就開始。我們很早就知道工作記憶是預測算術成績的最好指標之一。[40]假如我們結合記憶訓練和數字線（number line）概念的教法，效果會更好。所謂數字線就是先教孩子數字是以一條直線的方式組織的，而加和減就是移動這條線向右或向左。[41]教育對弱勢家庭的孩子最有利，假如在幼兒園開始，就教這些低社經地位家庭的孩子基本的學習和注意力方式，會是最佳的教育投資。

假如你注意，我也會注意

人的本性是個社會（或政治）的動物。

——**亞里斯多德**（西元前三百五十年）

所有的哺乳類——當然包括靈長類——都擁有注意力系統，但是人類的注意力系統還有一個獨特的性質，使我們可以加速學習——社會注意分享（social attention sharing）。**人類**的注意力與學習比任何其他的靈長類更依賴社會訊息（social signal）：也就是說，我會注意你所注意的東西，我從你教我的東西上學習。

嬰兒很早就會凝視面孔，特別注意人的眼睛。當有人跟他說話的時候，他的第一個反應不是去看情境，而是去看跟他說話的那個人的眼睛，只有在眼神接觸了以後，他才會轉頭去看大人凝視的物體，這個社會注意的分享能力非常了不起，這又叫作「分享的注意」（shared attention），它決定孩子學到的東西。

我們前面談過一個「wog」的實驗：假如嬰兒的眼睛能跟隨說話者的眼睛去看那個所謂的wog，那麼他們只要幾次就可以學會這個新字（譯註：英文中並沒有wog這個字，是實驗者造出來測試嬰兒懂不懂得從平日大人的交談中，得出基本的文法規則，例如，一個是wog，二個就是wogs，多數要加s）。但是假如在wog這個東西的旁邊放個擴音器，不停的播wog、wog、wog⋯，卻是徒勞無功，沒有學習會發生。孩子需要人跟他說話，眼神有交會，學習才有用（譯註：擴音器或唱片不能取代媽媽，機器可以代勞家事，可是不能代勞教養）。語言的學習也是一樣，一個九個月大的美國嬰兒只讓中國保姆帶了他幾個禮拜，這樣就夠了，他足以學到中文的音素。如果只是看錄影帶，雖然是高清錄影帶，且寶寶接觸到中文刺激的時間也是一樣，但他並不會學到中文的發音[42]（譯註：這個實驗是在波士頓做的：實驗者請中國留學生每週幾次來實驗室讀繪本童話給美國的寶寶聽，另一組是把同樣這個人，讀的同一本書，用錄影帶的方式放給另一組的寶寶聽，結果發現雖然輸入的刺激都一樣，但是第二組因為沒有跟真人互動，他們的眼神沒有交會，學習就沒有發生）。

匈牙利的心理學家Gergely Csibra和György Gergely認為，教別人和從別人那兒學習是人類演化的基本適應之一。[43]**人類**是社會的動物，人的大腦天生就有「自然教則」（natural pedagogy）的神經迴路，只要我們一注意到別人想要教導我們，它就會馬上啟動。人類整體的成功，至少有一部分是歸功於我們可以跟別人分享注意力的這個能力。我們所學的大部分知識來自他人而不是我們自身經驗，因此人類的文明才能遠遠超越任何一個人單獨所能創造的上限，這就是心理學家托瑪契洛（Michael Tomasello）所謂的「文明棘輪」（cultural ratchet）效應——好像一個棘輪上的棘齒，可以阻止倒退，社會分享阻止了文明倒退。當一個人做出一個有用的發明時，它會很快的傳遍整個部落。幸好有這個社會學習，文明幾乎不曾倒退，主要的發明也不曾被遺忘。

我們的注意力系統就是適應到這個文明的情境中，Gergely和Csibra的研究顯示，嬰兒的注意力很早就會鎖定成人的信號，大人在做任何動作之前，如果先看著孩子，就大大的啟動了他的學習模組，不但眼神交會可以吸引孩子的注意力，這個眼神交會的同時也告訴孩子：我要教你一個重要的東西。眼睛的接觸讓嬰兒知道「現在要上課了」（pedagogical stance），鼓勵他們把這個訊息當作重要的，以後會用到的去記住。

例如，一個十八個月大的寶寶看到一位年輕小姐對A微笑，對B皺眉頭，假如他們沒有眼神接觸，那麼這個寶寶只是知道這個小姐喜歡A，不喜歡B；假如他們接觸，那麼寶寶從這一幕中就得到更多的東西，他知道這個小姐要教他一個重要的東西，他就會引申A是好的，B是不好的。不只是對那個年輕的小姐如此，對每一個人都是如此，孩子會特別注意任何自動的溝通，當別人給予想跟他溝通的信號時，他會推論這個人要教他抽象的訊息，而不僅是這個人的個人喜好。

孩子很快就了解不只是眼神的接觸很重要，手指的指向也很重要（黑猩猩就沒有辦法了解這個手勢），甚至嬰兒也曉得這一點。例如，一個九個月大的嬰兒看到有人想吸引他的注意力，然後這個人指向一個東西，他們後來會記得這個東西的名字，因為他們了解這個東西對剛剛那個人是一個重要的訊息。但是假如他們只是看到同一個人伸出手去拿那個物體而眼睛沒有看他，那麼他只記得那個東西的位置而不記得東西的名字。[44]

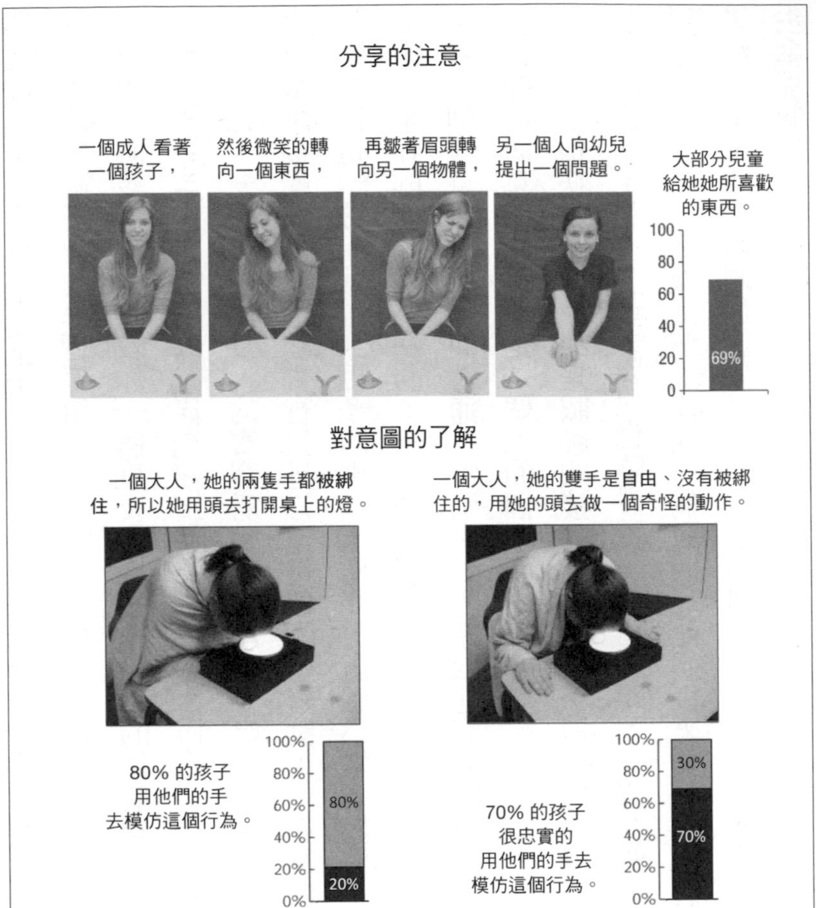
分享的注意
一個成人看著一個孩子，
然後微笑的轉向一個東西，
再皺著眉頭轉向另一個物體，
另一個人向幼兒提出一個問題。
大部分兒童給她她所喜歡的東西。
100
80
60
40
20
0
69%
對意圖的了解
一個大人，她的兩隻手都被綁住，所以她用頭去打開桌上的燈。
一個大人，她的雙手是自由、沒有被綁住的，用她的頭去做一個奇怪的動作。
80% 的孩子用他們的手去模仿這個行為。
100%
80%
60%
40%
20%
0%
80%
20%
70% 的孩子很忠實的用他們的手去模仿這個行為。
30%
70%

社會互動是人類學習算則的一個重要的成份，這個學習跟我們對別人意圖的了解有很大的關係，甚至十八個月大的寶寶都了解假如你眼睛看著他，那麼你是要傳遞一個重要的訊息給他。在你眼睛看著他後，他學的比較好，能夠比較有效的類化到別人身上 (上圖)，十四個月大的寶寶就已經會解釋別人的意圖了。在看到一個人用頭去把燈打開後，他們會模仿這個行為，但是假如這個人的手是被綁住，不能自由行動時，這時，寶寶了解，他們只要用手就能按鈕打開桌上的燈。

父母和老師一定要記得你的態度和你的眼神對孩子來說非常重要，透過眼睛和嘴巴來引起孩子的注意就確定了他分享了你的注意力，加強了你要教他的這個訊息存在記憶中的機會。

教學是去注意別人的知識

沒有別的物種能夠像人類一樣的去教別人，這理由很簡單：我們是唯一有「心智理論」（theory of mind）的動物，我們可以注意到別人心裡在想什麼，包括別人以為他人在想什麼的能力。這一點在教學上很重要，教育者必須隨時隨地思考學生不明白之處：老師要謹慎選擇他們用的字和舉的例子，這樣才能快速增加學生的知識。學生知道，老師清楚他們還不懂得這個，就會把老師的動作解釋為要傳遞知識給他們。大人明白，孩子知道大人也清楚他們還不懂這些，促使大人選擇孩子可以懂的例子，因為這樣孩子才能把這知識類化出去（譯註：這一段有點像繞口令，作者的意思是老師一定要知道學生知道什麼、還不知道什麼，否則講課時，學生一是覺得無聊〔因為已經懂了〕，要不然就是程度太深聽不懂）。

這種教學法是**人類**獨有，其他物種似乎沒有。二〇〇六年《科學》期刊刊出了一篇指標性研究[45]，描述南非貓鼬（mongoose）有教學的現象，但是我認為作者誤解了「教」（teaching）的定義。貓鼬吃的是最危險的動物——蠍子（scorpions），蠍子尾巴上的毒刺可以致命，這就像日本人吃河豚（fugu）。這種魚的肝、卵巢、眼睛和皮膚都有河豚毒素（tetrodotoxin），是自然界中最毒的神經毒素，而且沒有解藥，日本的廚師要經過三年訓練才可操刀。但是貓鼬怎麼知道如何去除蠍子的毒刺？《科學》這篇論文顯示成年的貓鼬會給幼小的貓鼬吃已經拔掉毒刺的蠍子，當小貓鼬慢慢長大時，成年貓鼬會給牠半成品——還是活的，但半死不活，已經沒有那麼危險的蠍子。逐漸的，小貓鼬成長為獨立的獵人，自己可以抓蠍子吃。所以作者說，牠們符合三個「教」的條件，大人在孩子面前表現某個特定行為，這個行為對大人來說是有意義的，孩子則因為有大人教，學的速度比沒有人教來得快。

在貓鼬演化的過程中，浮現出了一個機制以加速牠們的存活率，但這真的是「教」嗎？在我看來，貓鼬並沒有真正教牠們的下一代，因為缺少了一個要件：知識分享的注意。我沒有看到任何證據指出成年貓鼬注意到幼年貓鼬知道什麼；或是說，年幼的貓鼬知道成年貓鼬正在教牠。成年的貓鼬只是把越來越危險的獵物放到孩子面前，這個拔毒刺很可能是天生就會的，而且是專門用來對付蠍子的。這是一個複雜但用處很少的行為，它不像蜜蜂跳的八字舞或紅鶴（flamingo）的求偶舞。

總結來說，雖然我們很想把我們的概念投射到貓鼬和蠍子上去，但是仔細看起來，牠們的行為離我們的「教」還是差得遠。倒是這個例子讓我們看到人類這個可以教別人的能力是多麼獨特和珍貴。在學校和大學裡，每天進行的課程教學其實是師生之間很強的**心智聯結**（mental bonds）：一個好的老師會將學生的技能和錯誤建立起一個心智模式，盡可能去豐富學生的心智。這個理想老師的定義很自然的排除了那些照本宣科、不會依學生前備知識而因材施教的那些老師們（不管是人類或是電腦）。這種心不在焉、沒有引導方向的教學是沒有任何成效的。反過來說，教學要有效，只有當學生懂得老師是盡全力在傳授知識給他們，自己努力去接收，效果才會出來。任何一個健康的課堂授課關係一定是雙向的注意力——聆聽、尊敬和互信。目前沒有任何證據顯示這種「心智理論」——即學生和老師能照顧到彼此心智狀態的能力——存在於任何動物之中，除了人類以外。

即使貓鼬最粗淺的教學也談不上教育在人類社會所扮演的角色。儒勒．米契勒（Jules Michelet，一七九八—一八七四，法國史學之父）說：「每一個人都是一個人類的宇宙歷史」。透過教育，我們傳遞給別人我們祖先幾千年思想的精華。我們學會的每一個字、每一個概念，都是祖先的賜予。如果沒有語言，沒有文化的傳承，沒有公共的教育，我們沒有任何一個人可以單獨發明或發現目前存在於我們身心能力的工具。教學法和文化使我們每一個人都繼承到人類智慧的長鏈。

不過**人類**依賴社會溝通和教育是福也是禍。在銅板的另一面，宗教的迷信和假新聞在人類社會中傳播的這麼快也是教育之過。從小，我們的大腦就相信人家告訴我們的故事，在社會的情境下，大腦會放下戒心，我們不再是未來的科學家，而變成沒有自己主見的旅鼠（lemmings）。這有好處——當我們相信科學老師教我們的知識，就不會重蹈別人覆轍，至少不必去重做自伽利略（Galileo）以來的每一個實驗。但是它也可能帶來禍害：當我們集體去散播一個不可靠的知識，只因為它是先人傳下來的，就變成了迷信。就是因為如此，許多醫生幾百年來都在替病人放血、拔罐（cupping），而從來沒有去測試一下它究竟有沒有效（這兩種對大部分的疾病來說都是有害的）。

有一個著名的實驗顯示社會學習可以把一個聰明的孩子變成一個不會思想、只會抄襲的人。通常一個十四個月大的寶寶會去模仿別人的行為，即使這個行為對他們來說是沒有意義的——或許正是這個沒有意義，他們才特別喜歡模仿。[46] 在這個實驗中，嬰兒看到大人雙手被綁住，用她的頭去按一個鍵。這時嬰兒會推論，因為她的手被綁住，所以她只好用頭。因此，輪到嬰兒時，他們會用手去按鍵，而不會模仿大人用頭。然而，假如他們看到這個大人的手並沒有被綁住，可以自由行動，但還是用頭去按鍵，這時嬰兒會放棄推理，盲目的相信大人，也用頭去按鍵。這就好像有些社會和宗教的一些武斷儀式或動作，許多成人都會去做，他們不了解原因，也不會去問，會去做只因大家都在做。甚至我們的視覺判斷也受到社會情境的影響，例如判斷一個直線的長度：這原是一個很簡單的作業，但是假如旁邊的人跟你的答案不一樣，你就會改變你的判斷去符合他的答案，想跟他一樣[47]（譯註：這是一個很有名的實驗，幾個人圍著一張圓桌坐，要判斷三條線中，哪一條跟標的線一樣長，答案是二，但是如果有三個人都說三時，雖然三太短，不可能是正確的，你卻會因為別人選擇了三，而改變你原來的正確判斷，跟著不對的人走）。在這種情況下，你的社會動物本能超越了你的理智判斷。

簡單的說，我們**人類**大腦有著二個學習的模式：一個是主動模式，我們像一個好的科學家，主動去測試對外面世界的各種假設；另一個是接受模式，我們接受別人傳給我們的訊息，沒有親自去驗證。第二個模式是社會文化棘輪效應，它使人類社會在過去的五萬年內極度的擴張；但是如果沒有第一個模式的批判性思考，第二個模式很容易受到假新聞的傷害。我們必須主動去驗證知識，拒絕道聽塗說，自己找出傳言的意義。這種過濾器很重要，它保護我們不被傳說和崇拜的偶像所欺騙。我們必須在二個模式之間找到平衡之道，學生必須留意老師的教導，對老師的知識有信心，但是不要忘記，自主性和批判性思考才是學習的真正主人。

我們現在要來談談學習的第二根支柱：積極主動參與。

第8章

積極主動參與

這是六十年代赫德（Richard Held，一九二二—二〇一六）和海因（Alan Hein）一個很有名的實驗：兩隻小貓，一隻要拖著旋轉木馬（merry-go-round）轉，另一隻坐在旋轉木馬的椅子上，被第一隻拖著轉，牠們兩隻都接受到相同的視覺輸入，但是第一隻是主動探索這個環境，而第二隻是坐在椅子上，被動地被載著跑，自己沒有主動權。

在做這個實驗的一九六三年，大家對實驗動物的保護不像現在這麼嚴謹，但是這個實驗的發現非常重要，它使發展心理學家知道，主動去探索外面世界對兒童視覺的發展是關鍵性的重要。這兩隻貓一天三個小時，連續好幾個禮拜，一起生活在一個牆上貼著直條紋的圓柱型小空間中，雖然牠們的視覺輸入是一模一樣，但是牠們視覺的發展卻非常不一樣。[1]那隻主動探索的小貓有著正常的視覺，而被動的小貓失去視覺能力，在實驗結束後，無法去做最基本的視覺探索測驗。

在視覺懸崖實驗裡，動物被放在深和淺的懸崖中間界限上（譯註：牠們其實是站在玻璃板上，很安全的，只是實驗的佈置使一邊看下去是萬丈深淵，一邊是很淺的平地。它有點像車籠埔地震博物館進門時的玻璃地板）。正常的動物會毫不猶疑地跳到淺的平地邊，但是在被動環境長大的動物就只會隨機選擇深的或淺的，因為牠沒有發展出深度知覺來。其他的測驗也顯示被動環境長大的動物無法發展出恰當的視覺空間模式，無法像正常的貓一樣用牠的腳掌去感受環境的回饋（譯註：照說貓的觸覺應該是很靈敏的，為什麼牠的腳掌踩在玻璃上的觸覺回饋不能告訴牠這是安全的，不是懸空的？）。

被動的有機體無法學習

赫德和海恩的旋轉木馬實驗是我們學習的第二根柱子很好的一個比喻：只有積極參與，主動學習才會有成效。不同實驗也都得出相同的結論，一個被動的有機體學不到東西，或是根本沒有學到任何東西。有效學習的意思是拒絕被動，積極參與，努力探索，和主動設立假設，並將假設與外面世界驗證。

要學習，大腦必須先對外面世界形成一個假設的心智模式，然後把這個模式投射到環境中，並將這個假設所得出的預測與感官所接受到的感覺相比較，若相符，則代表這個假設是正確的。這種方法顯示的是一個主動、積極和專注的態度。動機非常重要，假如我們有很明確的目標，而且有決心去達到它，我們就會學得很好。

主動積極並不表示鼓勵孩子在教室裡動來動去，請千萬不要誤會我的意思。有一次我去參觀一所小學，校長很驕傲地告訴我，他把我的想法應用到教室當中。他在學生的課桌椅底下都裝上了像腳踏車一樣的踏板，使學生在上數學課時，可以維持「活動」（active）。他完全誤解了我的意思。主動參與並不是說身體要一直動。主動參與是發生在我們的大腦，並不是在我們的腳。大腦只有在專注、聚焦和積極參與構想心智模式時，學習才會最有效。要了解一個新的概念，主動學習的學生會不停地把這個概念用自己的話或自己的思考方式去解釋它。一個被動或更糟的、心不在焉的學生不可能從課堂學到任何東西，因為他們的大腦並沒有更新他們對外界的心智模式。這跟身體的動作沒有任何關係。兩個學生一樣安安靜靜的坐在教室裡，但是他們內在的大腦活動可以差到十萬八千里。一個是主動跟隨課程的進展，一個是被動，心不在焉，思緒不知跑到什麼地方去了。

實驗顯示我們不可能被動地靠累積感官數字而學到任何東西。這個只有在低層次的感官和動作系統才會發生。記得那些給嬰兒聽幾百個音節，例如 /bo/ 和 /t^l/，使他們計算音節中間的機率，最後聽出「bottle」這個字的實驗嗎？這種內隱的學習在嬰兒睡眠時也會發生。[2] 但只要是高層次的認知學習，例如字意的外顯記憶，而不是字音或字形的辨識，學習只有在學習者專注、思考、預期和測試假設時才會發生。如果沒有注意，花力氣去做深度的反思，學習就會消失褪去，沒有在大腦留下任何痕跡。

處理越深，學習效果越好

下面是一個認知心理學的經典實驗，它可以說明深層處理的效應。實驗者將六十個英文字呈現給三組學生看。第一組只要判斷這個字是大寫還是小寫；第二組要決定這些字是否跟 chair 同韻母；第三組要決定這些字是不是動物的名字。看完以後，他們要默寫出剛剛看到的六十個字。結果第三組學生的記憶最好，因為他們需要深層處理到這個字的意義（是不是動物），所以可以回憶出百分之七十五的字來；而只是做字母是不是大寫的表層感官處理組，只能回憶出百分之三十三；有沒有同韻母的中等程度處理組，則回憶出百分之五十二。[3]這三組受試者都有在他們大腦中留下這些字的痕跡，拚字和語音系統中都有意識下（subliminal）的痕跡，所以他們的回憶率不是零，但是只有深層處理的語意處理保留字的外顯記憶，這個現象在句子的層次也一樣：那些沒有老師幫助而用自己方式努力去了解句子意思的學生，其回憶較好。[4]這就是美國心理學家羅迪格（Henry Roediger）所謂的「把學習情境變得難一點，迫使學生花更多的認知精力去學，才會有好的成績出來。」[5]

腦造影技術開始找出深層處理效應的原因。[6]深層處理會留下比較強的記憶痕跡，是因為它活化了前額葉皮質和有意識處理字的大腦區域，而這些區域跟海馬迴有著很強的連接迴路，海馬迴是大腦儲存外顯事件記憶的地方。

一九六二年法國科幻電影《堤》（*La Jetée*），它是法國名導演馬克（Chris Marker，一九二一—二〇一二）的得意傑作，片中有一句格言：「創傷記憶跟一般記憶——開始時沒有什麼兩樣，但是直到後來我們從疤痕中才知道它的存在。」這句話聽起來很像真的，其實它是錯的，因為腦造影顯示在記憶登錄的時候，這個事件便已經烙在我們的記憶中了。它跟那些沒有留下痕跡的記憶是有差別的，前者會被深度處理，後者不會。[7]

證據顯示於一個人在看字串或圖片時，我們同時掃描他的大腦，可以從他大腦處理這些刺激的程度，預測等一下他是記得或是遺忘這個刺激，假如他的額葉海馬迴和海馬迴周邊皮質（parahippocampal）區域有活化起來的話，他會記得這個字。這些地區的積極參與直接反映了這些字或圖片的處理深度。它可以預測這些刺激在記憶中留下痕跡的強度。一個潛意識的圖片會進入大腦的感覺區，在前額葉皮質留下很淺的腦波活動，要靠注意力、專注的深度處理和有意識的把這個小小的腦波活動轉換成神經上的海嘯，一路侵入到前額葉皮質去，才能造成最大的記憶效果。[8]

主動學習和深度處理在學習上所扮演的角色，受到學校課程教學研究的支持，例如大學部的普通物理課教導角動量（angular momentum）和扭力（torque）等抽象概念。我們把學生分成二組，一組給他們十分鐘去體驗腳踏車的輪子，另外一組給他們十分鐘，解說以及觀察其他同學在玩腳踏車。結果發現第一組同學的表現好多了，因為他們實際與腳踏車互動。[9] 所以使學生積極參與，深層處理會加強資訊的記憶。

這個結論最近得到一個大學部學生STEM課程（譯註：STEM是Science、Technology、Engineer和Mathematic四門學科的第一個字母）研究的支持，這個研究採用了二百個以上的課程教學法研究，包括傳統的教學法，即老師授課五十分鐘，學生被動的聽講。[10]這種傳統教學方法和學生主動積極參與的教學法比起來效果差很多。從數學到心理學，從生物學到電腦科學，不管哪個領域，都是能主動學習的學生吸收較多，成績較好，學生的考試成績可以進步到半個標準差（standard deviation），這在統計學上是很大的進步，失敗率也因此降低百分之十。但是什麼樣的方式才可以吸引學生去積極主動呢？在這裡並沒有奇蹟妙法可以介紹，倒是有很多方式可以強迫學生去思考，如讓他們動手做，每一個人都要參與的分組討論，或是老師上課上一半，停下來問困難的問題，讓學生去思考，任何一個迫使學生放棄舒適的被動聽講的方式都可奏效。

以發現為基本教學法的失敗

你可能會想上面那些都是老生常談，許多老師早就在做了，為什麼還要提出來說？因為在課程教法的領域，傳統教法或直覺教法都沒有實驗證據支持，我們需要用科學方法來驗證哪一種教學法才可以真正增進學生的理解和記憶。對我來說，這正是一個很好的機會去釐清一個很重要的概念，即學生的積極主動學習法不能與古典的建構主義（constructivism）或發現學習方法（discovery learning method）相混淆，尤其是發現學習方法已經重複被證明是個沒有效的方法時，不應該再用它。[11] 它與主動學習有很大的不同，卻很少人了解這個差別，一個原因是它也叫做「主動教學課程」（pedagogies），所以引發混淆，其實兩者非常不一樣。

我們所說的發現學習是什麼意思呢？這句話可以追溯到盧梭，再透過著名的教育家杜威（John Dewe，一八五九—一九五二）、德可羅利（Ovide Decroly，一八七一—一九三二）、佛勒內（Célestin Freinet，一八九六—一九六六）、蒙特梭利和近代的皮亞傑及派普特（Seymour Papert，一九二八—二〇一六）都在談它。盧梭在他的《愛彌兒》中寫道：「我敢闡述一下教育最重要、最有用的規則嗎？它不是要節省時間，而是要花費時間。」對盧梭和他的後繼者來說，最好的學習方法是讓孩子自己去發現，並建構自己的知識，即使這會浪費很多時間在探索的過程上。盧梭認為這些時間絕對沒有丟掉，他認為這些探索的時間最後會變成自動的心智成長，不但能自己思考，還能解決真正的問題。盧梭不贊成被動地接受知識，沒有咀嚼消化就原封不動的吐出來（意指標準答案）。「教你的學生去觀察自然現象」，他說：「你很快就會引發他的好奇心，但是假如你要他的好奇心持續成長，不要太快去滿足這個好奇心，把問題放在他面前，讓他自己去解決。」

這個理論很吸引人，很不幸的是，幾十年來，許多研究都發現這種教學效果幾乎等於零，因為這個無效的結果一再重複出現，有一個研究者就把他在這方面的文獻回顧論文題目訂為「對純粹的發現學習，我們是否應該有一個三振出局的規則？」（Should There Be a Three-Strikes Rule against Pure Discovery Learning?）當放手讓孩子自己去發現時，他們其實很難去發現某個領域的主抽象規則，他們沒有學到任何東西，即使有也是很少，我們怎能想像孩子在幾個小時內，沒有任何外在指引，就能發現人類花了幾百年才能了解洞悉的東西呢？這在任何一個領域都是巨大的敗筆，例如：

- **閱讀**：只是給孩子看字是沒有用的，除非你明白的告訴他，字母跟他說的話之間有對應的關係。很少孩子能自己找出字母和口語之間的相關，你可以想像尚波里庸（Jean-Francois Champollion，譯註：第一個破解古埃及象形文字及羅塞塔石碑的學者，一七九〇—一八三二）需要多大的心智能力才能發現所有 /R/ 音開頭的字在最左邊都是「R」或「r」。假如沒有老師仔細引導，學生是不可能自己發現字母和語音之間的相關性。
- **數學**：據說高斯（Carl Gauss，一七七七—一八五五）在七歲時就發現自己可以很快得到一加到一百的總和（讀者請先想一想，我把答案寫在附錄中[12]）。高斯做得到的，很多其他的孩子可能做不到。研究非常清楚的指出了這一點：要學好數學，學生做習題之前，老師應先仔細講解類似的例子。即使這個學生夠聰明，可以自己找出解題的方法，他們最後的表現還是輸給那些有老師先教解法，然後再自己實作的學生。

● **電腦科學**：電腦科學家派普特曾經在他一九八〇年出版的書《心智風暴》（*Mindstorms*）中解釋為什麼他會發明Logo的程式語言（以海龜繪圖的程式語言聞名）——他想讓孩子自己去探索電腦。這套軟體可以一步一步的教孩子在螢幕上繪圖，而不需要別人教，但是這個實驗幾個月以後宣布失敗：因為孩子只能寫非常簡單的小程式，他們沒有辦法了解電腦背後抽象的概念。在一個解決問題的測驗上，他們並沒有比那些沒有經過訓練的孩子表現的更好。他們所學的一點點電腦知識並沒有散播到其他的區域去。研究顯示，老師明確的教學，再交互著使用解釋和動手做的教法，學習效果最好，它使學生對Logo程式語言和電腦科學有更深層的了解。

我曾經經驗到個人電腦（personal computer）的誕生——十五歲的時候，我父親買了一部 Tandy TRS-80 的電腦，內有 16 KB（千位元組）的記憶體和 48×128 像素的圖檔。就像我那個時代的每一個年輕人一樣，在沒有任何人教導，自己學會用 BASIC 程式語言去跑電腦，我和哥哥花了很多時間去讀我們手邊所能找到所有有關電腦程式的書和雜誌，最後我成為相當好的電腦程式設計師。但是當我進入電腦科學系碩士班學程時，我了解到自己的巨大不足：因為我不了解程式的深層邏輯結構，我花了很多時間在走冤枉路，我也不懂得如何去寫簡潔有效的程式。這可能是放任孩子自己去探索發現最糟糕的地方：它讓學生以為自己已經會了某個主題，而沒有給他們一個方法去了解這個領域更深層的概念（譯註：可參考大陸當年「土法鍊鋼」的後果）。

總結上面，雖然讓學生有動機、主動學習和積極參與很重要，但這不表示放牛吃草，隨他們自己去摸索，建構主義的失敗顯示明確的課堂引導是重要的。老師必須提供學生一個有架構的學習環境，盡快引導他們前進攻頂。最有效的教學法是引發學生主動參與並提供他們可以跟老師密切溝通的教材教法，心理學家梅爾（Richard Mayer）在審視這個領域時說：「最成功的教學法是引發學生的認知活動，而不是行為動作；是教學的指引，而不是純粹的探索。課程應該有聚焦，而不是沒有架構的探索。」[13] 一個成功的老師會從最基本開始，提供學生一個清楚和嚴謹的教學，他會不停的探測學生進度，讓他們建構出有意義的金字塔。

這的確是今日大部分蒙特梭利學校在做的：他們並沒有讓學生無所事事的浸淫在環境中，他們提出一序列合理且有階層性的活動，這些活動的目的是先由老師演練給學生看，然後才讓學生去做。學生在明確的教學法引導下是主動的積極參與，很愉快、很自動的在學習，課程內容有刺激性，能引起學生興趣，這些成功的方法已經一再在實驗上被證明有效了。

讓學生自己教自己的純粹發現學習，是一個一再被否定卻仍然很紅的教育迷思。它是教育領域的都會神話，跟兩個主要的錯誤觀念有關[14]：

- 數位原住民（digital native）的神話：新世代的孩子不像他們的父母，他們一出生就浸淫在電腦和電子產品中，所以他們是《晚期智人》*Homo Zappiens*（譯註：這是二〇〇七年荷蘭維姆．維恩 Wim Veen 教授所著的一本書），數位化世界的冠軍，對他們來說，bits 和 bytes 是完全透明，他們在數位媒體中如魚得水，完全自然。但是這完全不是真的：研究顯示這些孩子對科技的掌握，通常只有表面而已，他們在同時處理多重作業上跟我們一樣的糟（前面談到，我們無法同時做兩件事的原因，是我們在訊息處理上有個瓶頸，這個瓶頸來自大腦結構的基本特性，而我們每一個人的大腦結構都是相同的）。

● 學習型態的神話：這個說法是認為每一個學生都有他自己偏好的學習型態——有些人是視覺型，有些人是聽覺型，有些人是要動手做才會，因此老師要為每一個學生設計出他最喜歡的學習模式。這是錯的[15]：因為完全沒有任何實驗證據支持這種說法，充其量是說某些老師的教學法比其他老師好，當老師的教學法好時，全班都受益，並不只侷限於某個小團體才受益。例如我們所有人對圖片的記憶都比對文字好，假如訊息是透過兩種管道進來，如視覺和聽覺，那麼記憶會更好。這情況是不論視覺型、聽覺型都一樣。完全沒有任何實驗證據支持A型的孩子用A法教學會比較好，B型的孩子用B法教學比較好，所有人類都有著相同的學習法則。

那麼坊間那些宣稱量身打造的特殊教育書和軟體是否就沒有用了呢？也不見得。孩子在學習的速度、容易度和動機上差別非常大，但是在學習型態上沒有。例如一年級成績最好的前百分之十小朋友每年閱讀四百萬字以上，而後面百分之十的小朋友閱讀不到六千個字[16]，失讀症的孩子甚至可能一個字也還不認得。像失讀症、失計算症的孩子有好多種典型，因此需要找出他們缺失的地方，才能設計對他們有用的教材。對這種孩子來說，量身打造的教材的確很有用，例如許多孩子不了解分數的意義，這時老師就可以先拋開目前的進度，回到基本的數字和計算法。不過每一個老師都要記得，所有孩子學習的基本機制是相同的——專注力（不是一心二用）、主動參與（不是被動聽講）、錯誤的仔細校正（不是不確實的虛偽誇獎）以及明確的教學（不是建構主義或是發現學習）。

好奇心和如何去激發它

求知是人的天性。

——**亞里斯多德**（西元前三百三十五年）

我沒有任何特殊的才能，我只是非常的好奇而已。

——**愛因斯坦**（一九五〇）

主動參與的一個基本條件是好奇心，即求知慾，或是說求知若渴。若能激發孩子的好奇心，你就成功了一半，一旦他們的注意力開始移動去尋找可能的解釋，你只要引導他們就好。從幼稚園開始，最好奇的學生就是閱讀和數學最好的學生。[17] 所以維持孩子的好奇心是教育成功的主要因素。但是好奇心究竟是什麼？它有很多的定義，對達爾文學派的人來說是什麼？對算則來說，好奇心又是什麼？

盧梭在《愛彌兒》一書中說：「只有受過教育的人才有好奇心。」他在這裡又錯了。好奇心不是教育的效果，不是必須學習才有的，它是我們一出生就有，是我們大腦迴路的綜合，也是我們學習的主要成份。我們並非被動的等待新訊息傳遞進來——它不像目前人工神經網路那樣被動的接受環境送給它的訊息，就如亞里斯多德注意到的，人類是天生就有求知的熱情，我們不停尋找新奇的東西，我們主動去環境中探索尋找可以學的東西。

好奇心是有機體基本的驅力——一種推力驅使我們去行動，就像飢餓、乾渴和安全感的需求或繁殖的慾望一樣。好奇心在人類的生存上扮演著什麼樣的角色？絕大部分的動物（哺乳類，也包括很多種的鳥類和魚類）會去探索牠的環境，找出最合適當窩的地方來；假如沒有先把環境搞清楚，就隨便找個地方來作窩就太危險了。在充滿了獵食者的地方，好奇心其實可以決定一個動物的生死，這是為什麼大部分的動物都會固定去巡邏牠的領域，仔細檢查有沒有不尋常的聲音或東西出現，好奇心驅使動物離開舒適圈去尋求知識。在一個不確定的世界，訊息的價值很高，只能用達爾文的錢幣來付：那就是生存。

所以好奇心是驅使我們去探索的力量，從這一點來看，它跟食物和交配的驅力很像，只是它是被一個無形的價值所驅動——獲得知識。的確，神經學的研究顯示，在我們的大腦中發現先前不知的訊息本身就是一個報酬，它會活化多巴胺迴路。還記得嗎？這個迴路在看到食物、海洛英等毒品和性對象時會活化。對靈長類，可能所有的哺乳類來說，這條迴路不僅是對物質的報酬起反應，它也對新訊息起反應。有些多巴胺的神經元甚至對未來訊息的獲得起反應，好像它在期待新訊息帶來的滿足。[18]感謝這個機制，老鼠不只被食物或藥物制約，還可以被新奇的東西制約：老鼠快速發展出對有新物體的地方的偏好，以滿足牠們的好奇心，反而不喜歡停留在沒有任何新鮮事發生的老地方[19]，當我們搬到一個大城市去時，我們的行為跟老鼠沒什麼兩樣，我們會拚命上臉書或推特去尋找最新的八卦。

人類對知識的胃口會活化多巴胺迴路，即使是純粹知識上的好奇心也會。例如請學生躺在磁振造影機中，實驗者問他一些雞毛蒜皮的小事，例如「山姆大叔（Uncle Sam）第一次蓄鬍時，美國總統是誰？」[20]在給答案前，實驗者先問他有多想要知道這個答案？越想知道答案，大腦的伏隔核（nucleus accumbens）和腹側被蓋區（ventral tegmental area）這兩個重要的多巴胺迴路地區活化就越厲害，兩者有很高的相關性。其實在等待答案（預期）時，它就已經開始活化。預期是一個正向想法，本身就是一個報酬。

這個好奇心可以預測你學習的效果，記憶和好奇心是連在一起的——你對某樣東西越好奇，你越可能記住它。好奇心甚至可以移轉到附近的事件去：當你的好奇心增強時，你會記得很多本來不會注意到的細節，例如當時站在旁邊那個路人的面孔，或是傳遞給你想知道訊息的那個人的面孔。你對知識的渴望程度控制著你記憶的強度。

透過多巴胺迴路，我們求知的胃口得以滿足，或是說，僅僅預期那個滿足都是很大的報酬。學習在神經系統上擁有固有的地位和價值。我們所謂的好奇心其實就是這個價值的開發應用，人類比其他任何動物的學習能力都強，當人類演化時，我們對外在世界表徵的能力也增強，我們是唯一用思想語言來形成世界模式理論的動物。**人類**也是所有物種中，唯一沒有自己特有生活地區（babitat）的動物，因為我們透過學習以適應任何的環境。

人類的好奇心跟我們學習能力一樣，無遠弗屆，只是更大了十倍。在演化的過程中，我們發展出強烈的求知慾，純粹為知識而求知，包括最抽象的領域。人類像其他的哺乳類動物一樣，遊戲的時候其實也是在探索（譯註：幼小動物在遊戲時，其實就在練習以後捕捉獵物的動作），不只是實際的動作，還包括想像的實驗（thought experiment，譯註：這種叫 armchair experimentor，沙發椅上的實驗者，福爾摩斯就是最好的例子）。當別的動物去探索牠們生活的空間時，我們探索概念的世界。當我們看到漂亮的數學公式或是絕頂聰明的理論時，我們受到的感動遠比吃一顆巧克力來得大。

當我們突然發現原先內隱的假設是錯的，我們只好打掉重練；去重建一個心智模式時，我們的大腦會引發歡笑的反應，這是別的動物所沒有的。發現自己錯誤的地方，我們會笑（譯註：就是那個「啊！原來錯在這裡！」），因為我們的學習又更進了一步。根據哲學家丹耐特（Dan Dennett）的說法，笑聲是有社交傳染性的，會引起彼此對出乎意料之外訊息的注意。[21]的確，學習時的笑聲會增加好奇心，從而強化後來的記憶。[22]

想要知道：動機的來源

很多心理學家都想找出人類好奇心的內在機制，假如可以對它了解多一點，或許就可以掌控學習；說不定可以將之應用到機器的學習上，來模仿人類的表現，最後製造出一個好奇的機器人。

這個找出好奇心算則的研究最近看到了一些成果：從威廉・詹姆斯到皮亞傑，到海伯，這些偉大的心理學家都曾經臆測過好奇心底下的心智運作本質是什麼。他們認為好奇心就是兒童想要了解世界而去建立模式的直接展現。[23]當我們的大腦察覺到一個缺口，即我們已經知道的跟我們想要知道的中間有個間隙連接不上時，好奇心就產生了。這個間隙就是我們要學的缺口，任何時候我們都可以用手邊有的方法，去減少這個知識的缺口而得到有用的知識。根據這個理論，好奇心就像調控學習的神經機械學系統或控制論系統（cybernetic system），它很像瓦特調速器（Watt governor）開或關蒸汽機的油門來調控蒸汽壓力以維持一個固定的速度。好奇心就是大腦的調速器，它維持某個固定的學習壓力。好奇心引導我們去尋找我們認為可以學的東西，它跟無聊厭煩相反，因為厭煩是對我們已經知道的東西沒有興趣，它使我們離開學不到東西的地方。

這個理論解釋了為什麼好奇心不是直接跟驚訝或新奇的程度有關，而是一個鐘形曲線（bell curve）。[24]我們對不驚訝的事情沒有好奇心，一個已經看過千百次的東西是很無聊的，我們對太新奇、太驚訝或太複雜的事情也沒有興趣，它們的複雜度會威懾我們，使我們望而卻步，所以在太簡單而無聊與太複雜而卻步之間，好奇心的本性引導我們到可以去的新地方，但是這個吸引力會一直不停的改變，當我們學會了以後，原來吸引我們的東西就失去了吸引力，我們又把好奇心轉向新的挑戰去。這是為什麼寶寶一開始時會對很渺小、不足為奇的東西很感興趣，他們會玩自己的腳趾頭，用手遮住眼睛、玩躲貓貓（peekaboo）……。對他們來說，每一件事情都是新鮮的，都是學習的對象。一旦他們掌握了這些知識，他們就沒有興趣了，這跟為什麼沒有科學家去重複伽利略的實驗道理一模一樣：人對已經知道的東西沒有興趣。

這也可以解釋為什麼我們會放棄看起來很有吸引力但是太困難的工作。我們的大腦會評估學習的速度，假如大腦發現我們沒有什麼進展，好奇心就會關掉。我們都看到孩子從音樂會回來以後，對小提琴很感興趣，但是幾個禮拜以後就放棄了，因為他們發現拉好小提琴不是這麼容易的事。那些堅持下去的人或許是把目標訂的比較低（每天只要進步一點就好），或是真的設定目標要成為小提琴家，有父母在背後支持或督促他，不停地提醒他練習目的是要成為一名小提琴家。

法國有兩個知名的工程師卡普蘭（Frédéric Kaplan）和奧德耶（Pierre-Yves Oudeyer），做出了一個好奇的機器人。[25] 他們的算則法中有好幾個模組，第一個是傳統的人工學習系統，不停預測外在世界的情況；第二個是比較創新的模組，專門評估第一個模組的表現，測量最近學習的速度，再用它去預測機器人在哪一領域會學到最多；第三個成份是報酬迴路：對預測更有效學習的動作給予比較大的報酬。因此這個系統很自然地聚焦在那些它認為可以學到最多東西的領域。根據卡普蘭和奧德耶的說法，這就是

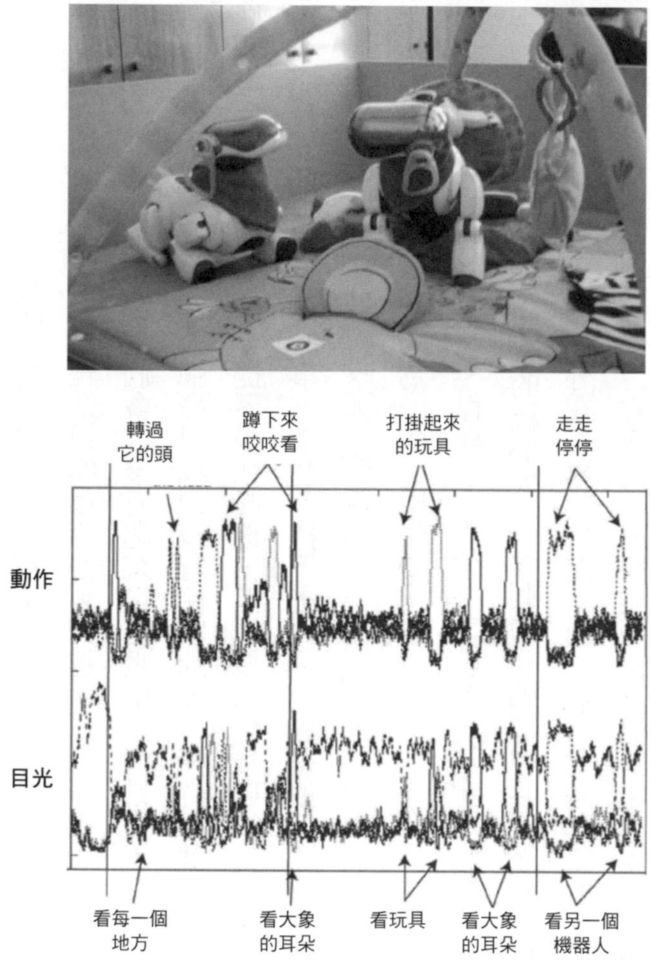

好奇心是我們學習法則中一個重要成份，機器人目前才剛剛開始有好奇心。上圖是一個小機器人在探索桌上的玩具，它只要學會一個最大學習可能性的動作就會得到報酬。圖片顯示機器人依序試了桌上每一個玩具及如何去玩它們，一旦它學會操作這個玩具了，它就對這個玩具失去興趣，把注意力轉到別的地方去了。

好奇心的定義。

當把這個好奇機器人放到一間兒童房間時，它所表現出來的行為果然跟寶寶一樣：有幾分鐘的時間，它對某樣東西特別感興趣，如花所有時間重複翻動一隻大象填充物的耳朵。當它逐漸熟悉大象耳朵所有特性後，機器人的好奇心開始減弱，最後終於走開，去尋求另一個刺激。一個小時以後，機器人認為它已經學會房間內所有可以學習的目標後，因為它感到無聊，而不再探索。

機器人跟幼兒行為的相似性令人震驚，即使幾個月大的寶寶也會轉向中等程度的複雜，不會太簡單也不會太困難，很快可以學會結構的刺激（這種嬰兒的好奇心被稱之為「金髮姑娘效應」[26]（Goldilocks effect，譯註：它是格林童話中，一個金髮姑娘和三隻小熊的故事）。要使寶寶的學習達到最高量，我們要不停地豐富他們的環境，放進「恰恰好」程度的刺激，提供一個設計良好的教學階層，逐漸引導他們到達頂峰；這是大人的責任，大人需要不停刺激他們的求知和求新奇的驅力，以增進學習。

這個對好奇心的看法得出一個很有趣的預測：它暗示一個孩子若要有好奇心，他必須先了解什麼是他還不知道的。換句話說，他們很早就必須有「後設認知」（metacognition）的能力才行。所謂後設認知就是認知的認知（cognition over cognition），是一組高層次的認知系統，主要監控我們的心智處理。根據好奇心的缺口理論，後設認知系統必須不停地監控學習，評估我們已知和未知。它不管我們這些知識的對和錯，也不管我們學習的快和慢，後設認知包含我們所有已知心智的內涵。

後設認知在好奇心中扮演著關鍵的角色。的確，有好奇心就是表示想要知道，那就暗示你知道還有哪些是你不會的。最近的實驗發現，寶寶在一歲或是更早以前，他們就了解有很多東西是他們還不知道的。[27] 所以他們碰到自己不能解決的問題時，他們會去找照顧者（caregiver，譯註：以前會用父母或保姆，但是現在社會結構變遷，照顧孩子的人可能不是長期固定的人，所以只好用 caregiver，籠統表示所有照顧他的人），理解自己的不懂之處，會使他們去尋求更多的訊息，這就是好奇的本質，不可抗拒的求知慾望。

學校扼殺好奇心的三個方法

所有的父母都很懷念他們寶寶充滿好奇心的日子，在二歲到五歲之間，寶寶對所有的東西都會感到好奇，他們最喜歡講的一個字就是「為什麼」？他們從來沒有停止測試外在世界，不停問大人問題以滿足自己的求知慾。但是令人驚訝的是，這個看起來永遠不可能飽和的好奇心竟然會逐漸凋零。通常在進入小學幾年後就不復見了。當然還是有孩子一直保持著好奇心，只是大部分的孩子都把它關閉了，他們的主動參與變成了呆板的被動學習。好奇心的科學研究可以解釋這是為什麼嗎？我們現在還沒有所有的答案，但是我想提出幾個假設。

第一，孩子會失去好奇心，很可能是**學校認知刺激無法配合他們的需求**。根據我們前面描述的算則法，好奇心隨著時光流逝而減低是完全正常的。當學習進步時，我們越掌握那個領域，其所能帶給我們的新知就越有限，對這個領域的興趣也會逐漸消逝。要維持孩子的好奇心，學校必須持續提供能符合他智慧的刺激；而一般學校做不到這一點。通常在教室裡，程度高的學生在開學幾個月後，好奇心開始褪去，對上課沒有什麼期待，因為他們的後設認知系統知道在學校已經不可能再學到更多的新知。

在這個曲線的另外一端，那些跟不上進度的孩子不想來上學的原因卻正好相反，但還是屬於後設認知的範疇。開學一陣子後，這些孩子發現他們無法保持好奇心，因為他們不可能在學習上成功。他們的過去經驗已在後設認知的神經迴路上烙下了一個簡單（但錯誤）的深印：我無法學習數學、閱讀、歷史或任何領域。這種沮喪或氣餒的現象並非罕見：許多女生認定她們就是搞不懂數學，數學是她們天生的弱項。[28] 許多貧民窟的孩子還會認為學校對他們有敵意，教給他們的東西對他們的未來無益。這種後設認知的判斷很糟糕，因為它使學生失去學習的動機，在好奇心花苞還沒長大前就折斷了它。

解決的方式是提昇孩子的自信心，一步一步做給他們看，讓他們知道自己是可以學得會的。老師給孩子的習題必須適合他們的程度，要讓他們嚐到學習帶來的報酬。好奇心理論認為當孩子受到挫折時，不論其程度好壞，最重要的是重新建立他們想學習的慾望。老師可以量身訂做符合他們程度的作業，讓他們重新發現學習新知的樂趣，然後，慢慢的，他們的後設認知系統會發現，他們其實可以學會，這可以把他們的好奇心推回原來的軌道上。

另外一個使學生失去興趣的原因是**好奇心被處罰**。太過死板的教學法會摧毀孩子的好奇心。傳統教學法不太鼓勵學生課堂參與，甚至思考。老師通常要求學生安靜地坐在椅子上聽講，直到下課鐘響。為什麼這種教學法會扼殺孩子的好奇心？因為在多巴胺系統中，因好奇而引發的報酬和滿足感，必須和外在的處罰相競爭。所以處罰學生問問題會打壓他的好奇心。你可以想像一個孩子一直想參與，卻一直被責罵、嘲笑或處罰：「愚蠢的問題，你最好安靜點，不然放學後你要留下來半個小時……」，孩子很快就學會去抑制他的好奇心，不再參與課堂的教學。而多巴胺系統所預期學習新知的快樂，會被負面訊號所替代。重複的處罰導致習得的無助（learned helplessness），這是壓力和焦慮所引發的心理和生理的癱瘓，導致後來放棄、不再學的行為模式。[29]

解決之道？其實大部分老師都知道解決的方法，只要老師獎勵好奇心，不去處罰就可以了。鼓勵學生問問題，不論這問題有多不完美，請學生上台報告自己喜歡的題目，當他們主動參與就獎勵他……。動機的神經學機制是非常清楚的：想做X動作的慾望，必須跟預期的報酬聯結在一起，不論這個報酬是物質的（食物、舒適、社會支持）或是認知的（習得新知）。太多孩子發現學校不會給他們任何所預期的報酬（分數和成績，我下面馬上會談到），因而失去所有的好奇心。

第三個會使孩子失去好奇心的因素是**社會知識的轉換**。我們前面講到人類有兩個共存的學習模式，一個是主動模式，孩子像個小科學家，不停的做實驗和問問題；另一個是接受模式，他們只是記錄別人教給他們的東西。學校通常只鼓勵第二種模式，甚至打壓第一種模式。學生會假設老師知道的一定比自己多（譯註：這是為什麼學生會說「我的老師說的」，而不質疑老師的話是否正確）。

老師的態度真的會扼殺孩子天生的好奇心嗎？[30]我必須很悲哀的承認，會的。最近的研究顯示這答案是肯定的。美國發展心理學家舒茲（Laura Schulz）在她麻省理工學院童年認知實驗室中，給了一群幼兒園的小朋友看一組塑膠管子，裡面藏有各種想不到的玩具，如鏡子、小喇叭、一碰會亮的玩具和一個音樂盒。這些塑膠管藏在房間的各個地方，雖然大人一句話都沒說，小朋友的好奇心立刻被啟動，他們到處翻看、尋找，直到他們找出大部分被藏起來的玩具為止。舒茲再找來第二組幼兒園的小朋友，同樣是把玩具給他們，但是這次大人嘴裡說：「我教你怎麼玩我的玩具，你看我一扭發條就會有音樂出來。」果然音樂盒響了。我們以為這樣做會刺激孩子的好奇心，但是沒有。孩子聽完這種介紹後，反而不去探索。學生會假設老師的話是在幫助他們（他們是對的），所以老師既然已經說出所有好玩的功能，他們就不必再去尋找可以怎麼玩，孩子的好奇心就被抑制了。

更多的實驗顯示當老師介紹的太詳細時，學生會失去興趣。假如老師只表演新玩具的一種功能，孩子也不會再去探索其他的功能，因為他們認為老師已經解釋了所有的功能（老師是萬能的，無所不知的，不是嗎？）自己沒有必要再去試還有沒有其他更多的功能。但是假如老師一開始就表示他並不知道所有的玩法，這個新玩具他也沒有玩過，這時學生會一直去尋找還有沒有新的玩法。

所以，哪一種方法比較對？我認為永遠維持主動參與，不停的問他們問題，刺激他們的想像力，使他們願意更深一層去探索是最好的方法；讓孩子自己去發現是行不通的。理想的教學場景是給學生有架構的課程並引導他們，鼓勵他們去發揮創造力，讓他們知道還有幾千種東西等待著被發現。我記得小時候有一個老師在暑假前告訴我：「你知道，我剛剛碰到一題我不會解的數學題目……」，結果我整個暑假都在解這題數學，因為我希望我能比老師做得更好……。

要鼓勵孩子主動參與還需要另一個條件：容忍孩子的錯誤，並快速改正他們的錯誤。下面就是我們第三根學習的支柱。

第9章

錯誤的回饋

每個人都應該學會快樂的犯錯……，
思考就是從一個錯誤到下一個錯誤。

——**阿蘭**《論教育》（Alain,《*Propos sur l'éducation*》，一九三二）

一個從來沒有犯過錯的人，是一個從來沒有做任何事的人。

——**西奧多・羅斯福**（Attributed to Theodore Roosevelt，一九〇〇）

一九四〇年時，亞歷山大・格羅藤迪克（一九二八—二〇一四）才十二歲，他不知道他以後會變成二十世紀最有影響力的數學家，啟發整個世代的年輕人（他的革命性理念是法國在一九五八年成立高等科學研究所〔Institut des Hautes Études Scientifique〕最主要的原因，這個機構培養出十幾位費爾德獎的得主）。他在那時就已經在做數學了，只是沒有那麼成功，下面是他回憶錄的摘要片斷：

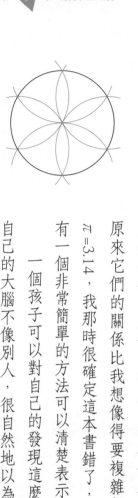

> 我在十一歲或十二歲的時候，被關在里耶克羅（Rieucros）的集中營，我發現了圓規繪圖的遊戲。我特別喜歡用圓規畫半圓形，把一個圓區分成六等份成為薔薇花圈（rosette）。玩這個遊戲使我了解圓周是半徑的六倍。後來，我在一本教科書上看到，原來它們的關係比我想像得要複雜很多，L=2πR而π=3.14，我那時很確定這本書錯了，作者一定不知道有一個非常簡單的方法可以清楚表示 π=3。

一個孩子可以對自己的發現這麼有信心，他相信自己的大腦不像別人，很自然地以為學校教的、書本

寫的就是對的。這是一件很不容易的事，也是一個很珍貴的事，可惜這種自信通常一直被打壓。

很多人會把我上面講的事看成一個幼稚的傲慢，因為最後我還是要向知識低頭，會認為這整個事情很無稽荒謬，但是我並沒有感到沮喪或被嘲笑，我認為我只是作了一個真正的發現，只不過這個發現是錯的。[1]

這真是一個非常特別的自白。這是多麼的屈辱啊！一個世界最偉大的數學家承認他犯了一個大錯，他居然相信 π 等於3。但是格羅藤迪克有一件事是對的：錯誤在學習中扮演著關鍵角色，犯錯是最自然的學習法，犯錯和學習基本上是同義的，因為每一個錯誤都提供了一個學習的機會。

當我還是孩子時，法國很流行一部卡通電影叫《*The Shadoks*》，這影片一直強調一個觀念：「只有一直去試，你才可能成功。換句話說，你失敗越多次，你越可能成功。」因為他們要發射的火箭升空機率只有百萬分之一，所以Shadoks急忙去經歷九十九萬九千九百九十九次失敗，以得到最後的成功（譯註：這觀念是錯的）。

假如我們一開始沒有失敗，我們就不可能進步，只要我們接受回饋，告訴我們如何改進，錯誤就不會再犯。這就是為什麼錯誤的回饋是學習的第三根支柱，也是最有影響力的教育參數：我們接受到回饋的品質和正確性，決定我們可以學得多快。[2]

驚訝：學習背後的驅力

我們在第一章中談到，獵人調整來福槍的瞄準器或人工神經網路，調整它內在比重的學習算則。也就是說：你先試一下，即使不成功也沒關係，你的錯誤會告訴你如何去改進，那麼你的第二次就會比第一次更接近目標。這個錯誤的回饋使獵人可以成功射中獵物，也使人工神經網路藉著調整幾百萬個專門定義外在世界的內在模式參數，達到模擬人類大腦的目的。

那麼大腦是否也是這樣運作的呢？早在一九七〇年代，所有累積的數據都是支持這個假說。兩位美國心理學家瑞斯柯拉（Robert Rescorla）和華格納（Allan Wagner）在一九七二年提出了下面的假設：大腦只有在感知到預測和它實際認知之間有缺口時才會學習。假如沒有錯誤，大腦就沒有學習。他們說：「有機體只有在事件違反預期時才會學習。」[3]換句話說，驚訝是學習的一個基本驅力。

瑞斯柯拉－華格納理論很清楚地解釋了一個叫做「古典制約」（classical conditioning）的學習典範（paradigm）。相信每一個人都聽過巴夫洛夫（Pavlov）的狗。在巴夫洛夫的制約實驗中，狗聽到鈴聲後會流口水，這個鈴聲本來是中性的刺激，狗不會對它起反應，但是經過一再的把鈴聲跟食物配對後，這個鈴聲一出現，狗就會流口水。因為牠已經學會鈴聲響後，馬上就有食物出現，牠的口水就會流出來。那麼瑞斯柯拉－華格納的理論如何來解釋這個現象呢？他們是假設大腦用感官的輸入（鈴聲所引起的感覺）來預測後面刺激（食物）出現的機率。例如：

- 大腦計算感官輸入的加權（weighted）總值，作出預測。
- 然後計算這個預期跟它接收到實際刺激之間的差別：這就是「預測誤差」（*prediction error*），它是這個理論的核心概念，它測量每一次刺激帶來的驚訝程度。
- 大腦用這個驚訝訊號去校正內在表徵：內在模式依刺激強度和預測誤差的比例作調整，使下一次的預測更接近真實性。

這個理論其實包含了我的學習三根支柱：學習只有在大腦選擇恰當合適的輸入（注意力）時，才會發生。大腦用它們（即輸入）來產生預測（主動參與），評估這些預測的正確性（錯誤回饋）。

瑞斯柯拉和華格納的公式是在一九七二年發表的，現在看起來，他們的確有先見之明，它跟後來用在人工神經網路的「delta rule」非常相似，兩者都是簡化了的「錯誤後向傳播規則」（error back-propagation rule），這個規則現在用在幾乎所有的學習監督系統（即對反應給予清楚明顯的回饋）。此外，在以報酬為基本（reward-based）的機器學習（即只告知系統有多錯，沒有解釋為什麼），有一個相似的公式還在用：系統預測報酬——即預測和實際報酬之間的差異，被用來更新內在表徵。

我們可以說今天晶片學習機器（silicon-based learning machine）其實是來自神經科學的啟發，就如同前面看到的，人類的大腦走的比這個遠多了，它可以盡可能的從每一個學習事件中抽取出訊息來，它用的思想語言和統計模式比現在類神經網路所用的精緻許多。瑞斯柯拉和華格納的基本理念是對的，大腦用它接受到的輸入來作預測，再根據驚訝、不可能性和錯誤的程度來調整預測。學習就是降低不可預料性（unpredictable）。

瑞斯柯拉和華格納的理論有相當大的影響力，因為它大大的改進了過去以聯結為主的學習理論（associative learning）。過去大家認為大腦的學習是聯結鈴聲和食物，而不是從鈴聲去預測食物。根據聯結理論，大腦是被動記錄所有的刺激和反應，但即使是巴夫洛夫的制約行為，它也無法解釋清楚。[4]因為狗的大腦不是僅作聯結的被動器官而已。學習是主動的，根據違反我們預期所產生的驚訝程度而不同。

駁斥聯結主義最有力的實驗是前向阻斷（forward blocking）實驗。[5]這個實驗是給動物兩種感官線索，如鈴聲和光，這兩種一出現都預測著食物的出現。重點是出現的次序，若每次燈光一亮，食物就出現，動物很快就學會預測食物；第二階段是使鈴聲和光一起出現，同樣的食物也馬上跟著出現；最後使鈴聲單獨出現，來測試鈴聲的效果，結果，很驚訝的是，鈴聲完全沒有預測力，動物聽到鈴聲並不會流口水，不管光和鈴聲兩者聯結在一起多少次，鈴聲本身不能預測食物。聯結主義完全沒有辦法解釋這個現象，但是瑞斯柯拉和華格納的理論可以。這個關鍵點在第一個聯結（光和食物）的學習阻擋了第二個（鈴聲和食物）的學習。因為光本身就足以預測食物的出現，動物的大腦不需要對第二部分光和鈴聲來作任何預測的錯誤，沒有錯誤就沒有學習。所以狗就沒有學會鈴聲和食物的聯結。也就是說，先學到的規則會阻斷後面的學習。

這個實驗很清楚的指出學習不是靠聯結，因為鈴聲和食物聯結了一百次，並沒有產生學習。它同時指出為何沒有驚訝，就沒有學習。預測的錯誤對學習很重要——至少對狗來說是如此。現在有越來越多的實驗顯示，所有動物的大腦中都有預測錯誤系統，來幫助牠們學習。

有一點要注意的是，我們這裡所談的錯誤訊號是指在大腦中流動的內在訊號，我們不需要去真的犯錯才能學習——我們所需要的是預期結果和實際結果的差異。假設我要你做一個二選一的選擇——請問畢卡索的第二個名字是Diego還是Rodrigo？假如我很幸運在第一次就猜對了——Diego（畢卡索的全名是Pablo Diego José Francisco de Paula Juan Nepomuceno María de los Remedios Cipriano de la Santísima Trinidad Ruiz y Picasso!）我有學到什麼東西嗎？當然有，雖然我第一次就答對了，但是我的自信心很低，我是猜的，因為二選一是五十—五十的機率，碰運氣也有一半機率會答對，但是因為我不確定，我接受到的回饋還是提供我新的訊息，它告訴我，我隨便亂猜的答案是百分之百正確。根據瑞斯柯拉—華格納的理論，這個新訊息得出了一個錯誤訊號：它測量我預測（百分之五十機會答對）和我現在知道（百分之百確定正確答案）中間的缺口，在我的大腦裡，這個錯誤訊號散播出去並更新我的知識，它就增加了我下次被問到這個問題時回答「Diego」的機率。所以過去認為學習就是要犯很多錯是不對的觀念，不是像Shadoks那樣趕快失敗九十九萬九千九百九十九次，火箭才可以順利發射上去，這裡的重點是所接受到的回饋一定要很清楚，要能夠減少學習者的不確定性，學習才會有成效。

沒有驚訝就沒有學習——這個基本規則在所有的有機體上都適用——包括小孩子。前面說過嬰兒對違反物理、算術、機率或心理學（見第三章頁一〇八圖及彩圖五）的東西看得比較久，其實孩子不僅是對驚訝的事件看得久，他們也還在學習。

美國心理學家佛格生（Lisa Feigenson）做了一序列的實驗來顯示，當孩子看到一個不可能（impossible）或機率很小（improbable）的情況時，學習就發生了。[6]例如寶寶看到一輛汽車穿牆而過，他們會瞪著這個不可能的情況良久，這使他們後來對跟汽車有關的所有東西，如聲音，都會記的比較牢。假如你給孩子玩這輛玩具車，比起其他類似但沒有違反物理原則的玩具，他會玩得比較久。表面上好像在玩，但實際上他們是主動想要了解剛剛是怎麼回事。他自是「搖籃中的科學家」（譯註：這是二〇〇四年出版的一本暢銷書名），他們做實驗想要重複剛剛看到的情景，例如他們會拿汽車去敲牆壁，以確定汽車是固體的；假如他們看到某樣東西違反了地心引力，本來應該掉下來卻沒有，懸浮在半空中時，他們會一而再，再而三的把這個東西從桌上推下去，看它有沒有落地（譯註：這個實驗有很多版本，基本上是讓一個小汽車從桌面滑過桌子邊緣，依地心引力的原則，它應該掉到地上，但是小汽車上面綁有一條很細的鐵絲使它沒有掉下去，而是懸浮在半空中，這明顯違反了孩子過去地心引力的概念，他們會瞪大眼睛看很久，當實驗結束後，他們會試著把小汽車或其他東西推過桌面，看它有沒有掉下去）。

孩子所觀察到這些出乎意料的事件，會決定後來如何去調整他們的假設（譯註：這是為什麼所有的小孩子都喜歡看魔術表演，都看得目瞪口呆，因為魔術表演違反了他們的預期，這個驚訝大大的吸引了他們，使他們百看不厭，印證了前面有驚訝才有學習）。這也正是錯誤後向傳遞或反向傳播（backpropagation）理論所預測的：每一個出乎意料之外的事件都導致內在模式的調整。

這些現象可以在一個十一個月大的寶寶身上全部看到，我認為其實更早以前就存在了（譯註：嬰兒實驗有個困難，就是你不知道十一個月大嬰兒所做的行為是否十個月大時就會了，所以必須用十個月大的嬰兒去重複一次，以確定這個行為出現的年紀，若是他又會了呢？只好再往前推，就沒完沒了了，所以作者才會常說，可能更早以前就有了），靠修正錯誤來學習，在動物世界中是相當普遍的現象，我們有理由相信從生命一開始，錯誤訊號就主導著學習。

大腦充滿了錯誤訊息

大腦所有區域都可以送出並且交換錯誤訊號，因為它在學習上太重要了（見彩圖十七）。[7] 讓我們從最基本的來解釋起：想像你聽到相同的五個音——AAAAA。每一個音都會激發大腦聽覺皮質的反應——但是當這個音一直重複時，它們所引起的反應會逐漸減弱，這就是「適應」（adaptation），因為你的大腦在學習預測下一個事件。突然之間，這個音變成AAAA#。你的主要聽覺皮質區馬上顯現一個很強的驚訝反應：不只是適應馬上褪去，更多的神經元加入，劇烈的活化以對這個出乎意料的音作反應。這裡要注意的是，並不是重複出現就會形成適應，重點在你能不能預測這些音符的出現。例如，假使你聽到的是ABABA，你的大腦就習慣這個AB交替出現，那麼你聽覺皮質的活動也會減低；但是假如你聽到的是ABABB時，因為最後一個B不在預期中，它就會引發驚訝反應。[8]

你的聽覺皮質好像在做簡單的計算：它用前一個來預測下一個的出現。當一個音或一組音重複出現，聽覺皮質會下未來也會重複的結論。這個策略很有用，因為它使我們不必對一直重複的無聊刺激太注意（譯註：這是為什麼父母的嘮叨沒有用，講太多遍反而聽不見）。任何一個重複的聲音在輸入時就被壓扁了，因為它的神經活動被正確的預期所抵消。當輸入的感覺訊號完全符合大腦預期，它們之間的差異是零時，就沒有任何錯誤訊號傳播到高層次的大腦區域，大腦的預期會把輸入的感官訊號壓下去，兩者相抵消；但是任何違反大腦預期的刺激會被放大。所以，聽覺皮質的迴路好像一個過濾器：只有在訊息是驚訝、出乎意料之外時，才會被轉呈到高層次的皮質去處理。

大腦區域無法解釋的輸入會被轉送到高一點的層次，看看能不能被處理。我們知道大腦皮質是一個階層性的預測系統，每一層次都會想去解釋輸入的訊息，再把錯誤的訊號跟其他層次交換，以期得到比較好的結果。

例如，聽到CCG時，聽覺皮質送出一個低層次的錯誤訊號，因為G跟前兩個C不同。高一點的層次可能聽出原來它是「一閃一閃亮晶晶」（Twinkle, Twinkle, Little Star）這首歌的旋律，所以G所引發的驚訝很快消失，這個G雖然是新的，但是它沒有激發下前額葉皮質（inferior prefrontal cortex）任何驚訝，因為下前額葉皮質登錄了整首歌的旋律。不過CCC的重複也可能出現相反的效果，因為它很單調，所以在早期的聽覺皮質區域沒能激發任何錯誤訊號，但是在高一點的層次就產生驚訝了，因為高層次知道這首歌的旋律，它預期下個音是G，結果卻來了個C。獼猴跟我們人類很像，牠們聽覺處理也是有兩個層次：個別的音在聽覺皮質處理，旋律在前額葉皮質處理。[9]

大腦的每一個區域都有像這樣的錯誤訊號。整個皮質的神經元會適應重複和可預測的事件，當驚訝事件發生時，他們會增加發射。一個出乎意料的影像會激發視覺皮質區的大量活動。[10]句子中出現不正常的字，則會激活語言區，如下面這個句子：

「I prefer to eat with a fork and a camel.」（我吃飯用叉子和駱駝）

大腦會出現一個N400波（刺激出現後四百毫秒時產生的負波），這是一個錯誤訊號，因為字或影像跟前面的句意或情境不符。[11] N400波通常會出現在對字意敏感的左顳葉。在下前額葉皮質的布羅卡區則是對錯誤的文法敏感。當大腦預期某個類別的字，結果卻收到另一個字時[12]，如下列句子：

「Don't hesitate to take your whenever medication you feel sick.」（你覺得不舒服不要猶豫吃你任何時候的藥。）

這次，在"whenever"出現後六百毫秒，大腦跟文法有關的地方會送出一個正波P600，波峰在六百毫秒的地方，這表示你的大腦偵察到一個文法的錯誤，在想辦法修補它。

這個預期和錯誤訊號迴路在報酬迴路中看得最清楚。[13]多巴胺迴路不但對實際的報酬起反應，還不停的期待。製造和分泌多巴胺的神經元是在腹側被蓋區（ventral tegmental area），它們不但對性交、食物和飲水起反應，它們還對預期的報酬和實際得到報酬之間的差異，即預測錯誤起反應，所以如果一個動物無預警地突然得到一項報酬，比如一滴糖水，這個愉快的驚訝會使神經元發射。但是假如糖水之前先有一個訊號告訴動物報酬來了，那麼同樣的糖水就不會引發任何反應。現在是訊號本身引起多巴胺神經元的活動了：學習把反應移到比較靠近預測報酬的訊號。

因為有這個預測學習的機制，武斷的訊號才能成為報酬載體，並激發多巴胺的反應。錢對人類或是毒品針頭對上癮者來說就是這種第二級（secondary）報酬效應，這兩者都會使大腦預期報酬的到來。我們在第一章中談到，這種預測訊號對學習非常有用，因為可以使系統批判自己，不必等待外在確定就能知道一個行為是成功抑或失敗。這是為什麼批評建構（actor–critic）即一個神經網路學習去批評另一個神經網路的行為，現在會普遍用在人工智慧上以解決最複雜的問題，如學習下圍棋。得出一個預測、偵察出一個錯誤和自我校正是有效學習的基礎。

錯誤回饋不等於處罰

我一直感到很不解，為什麼老師們，尤其是教科學的老師，不能理解學生可能聽不懂。很少老師會去深入了解為什麼學生會犯錯、無知和粗心。

——**加斯東・巴修拉**（Gaston Bachelard,《*The Formation of the Scientific Mind*》，一九三八）

我們如何利用神經元不停在交換的錯誤訊號？孩子或大人若想有效學習，他們的環境（不論是父母、學校、大學……或是電玩遊戲）一定要能提供他們快速正確的回饋。當學生接到詳細的錯誤回饋，告訴他們在哪裡犯了錯，應該要怎麼做才是對的時候，他們的學習可以很快並且不費力的進步。提供學生快速且精確的錯誤回饋，老師就能給他們很多訊息去改正他們的錯誤。在人工智慧裡，這種學習叫做「監督的」（supervised）學習，這種學習最有效，因為它使機器可以快速找到失敗原因，然後修補它。

有一點很重要，就是這種錯誤回饋絕對不是處罰。我們不處罰人工神經網路，我們只是告訴它哪裡錯了。我們提供最大訊息量的訊號，告訴它錯誤的性質和標記。

從這個方面來講，電腦科學和教材教法其實是一模一樣的，澳洲教育專家哈帝（John Hattie）所做的後設分析（又名整合分析〔meta-analyses〕）很清楚地指出，學生所接收到的回饋品質是決定他們學業成功的因素之一。[14] 設立清楚的學習目標，讓學生慢慢的去達成目標，不要誇大他們不可避免的錯誤是成功的關鍵。

其實好老師早就知道這一點了，他們每一天都見證那句羅馬格言：「是人就會犯錯」（*errare humanum est*〔to err is human〕）。有愛心的眼睛會仁慈看待學生的錯誤，因為他們了解沒有人會不犯錯就學得會。老師知道他們要找出學生覺得困難的地方，幫助學生找到最好的解決方法。有經驗的老師手邊會有一個錯誤分類庫，因為所有的學生都曾落入相同的陷阱。這些老師會用正確的字眼去安慰、肯定和重建學生的信心，與此同時去修補他們錯誤的心智表徵。他們是來教學生對的知識，不是來批判他們的。

當然，理性的你可能會說：「難道他們不是完全相同的東西嗎？告訴學生他們應該怎麼做，不就是等於告訴他們什麼地方做錯了嗎？」嗯，不太一樣。從純粹邏輯的觀點來看，假如一個問題只有二個可能的答案——A或B，而學生選了錯誤的A，那麼告訴他B才是正確答案其實就等於告訴他：「你錯了」。因此，在50：50的二選一中，「你是對的」跟「你是錯的」兩者間的學習量是完全相等。但是不要忘記，孩子還沒到完美邏輯家的地步，對他們來說，「假如我選了A，老師說我錯了，那麼正確的答案應該是B」，這個推理並不是那麼明顯，有時需要多走一步去推理才會知道。但是他們對掌握「我做錯了」的訊息倒是沒有問題。

事實上，在一個實驗中，成人從報酬和處罰中，得到的訊息量是完全相等，但青少年卻不是：他們從成功中學到的遠大於失敗的。[15] 所以請給他們最中性的回饋訊息，請不要混淆錯誤的回饋和處罰。

分數，一個差勁的錯誤回饋替代品

我必須批評一下充滿缺點的教育機構，給學生打分數在傳統上是如此的根深蒂固，想到學校就會聯想到分數。根據學習理論，分數只是報酬（或處罰！）的訊號。然而分數最大的缺點就是它完全缺乏精準性，一般來說，考卷的分數是一堆不同錯誤的總和，所以它的訊息度是不夠的，考卷上的分數並不能告訴學生他**為什麼**錯，或**如何**改正錯誤；在最極端的情況，給學生F（不及格）的成績，並沒有提供任何訊息，除了一個清楚的社會歧視標籤——你不行。

分數本身若沒有伴隨著詳細及有建構性的評估，是一個非常差勁的錯誤回饋，不僅不夠精準，通常遲了好幾個禮拜才拿到的成績單，大部分學生早忘記是什麼內在推理導致他們犯錯了。

分數同時也是非常不公平，尤其是對那些跟不上進度的學生，因為考試難度是每週逐漸提升。讓我用電玩遊戲來舉個例。當你拿到一款新遊戲，你根本不知道怎樣打才能有效進步，更不想一直被提醒自己打得有多糟；這就是為什麼電玩遊戲的設計都是一開始非常容易，幾乎每次都會贏。隨著難度逐漸升高，失敗機率和挫折感也會升高——但是電玩的程式設計師知道如何去減輕或緩和玩者的挫折感，他們把困難和容易的關卡混在一起，讓你隨時可以重新嘗試還未攻克的關卡，而且不限次數。你看到分數逐漸增加……，終於你攻下最後一關，獲得勝利。現在請把這個例子跟「壞」學生的成績單來相比較：他們一開始成績就差，但是老師沒有讓他們重新考試直到通過為止，而是每週給他們新的習題，這些習題幾乎都超越他們目前的能力，所以他們的「分數」逐漸趨向零，在電玩遊戲市場上，這種設計絕對是大災難。

學校太常以成績作為處罰的標準。我們無法忽略壞成績對大腦情緒系統的巨大傷害：它使學生沮喪，被貼標籤，覺得無助。讓我們來聽聽專業笨拙人潘納克（Daniel

Pennac）的心聲，今天他已身居法國文壇領導地位；但他在求學階段的成績年年都是墊底。潘納克的著作《憂鬱的學校》（*School Blues*）於二〇〇七年獲得法國文學獎（Renaudot Prize）：

> 我的成績單每個月都告訴我，如果我是個笨蛋，那全是我的錯。自卑情結、罪惡感糾纏著我……使我覺得自己比笨蛋還不如。老師不斷的告訴我，我是一個一點用也沒有的學生，我什麼都不是……我看不見我的未來，我不曉得我長大要做什麼。不是說我不想做什麼，而是我覺得我做什麼都不行。[16]

潘納克最終克服了這個有害的念頭（他曾企圖自殺），但是很少孩子能像他一樣，從這種學校製造的壓力中反彈回來。這種情況在數學中最常見也最常被研究，因為數學是所有學校科目中最容易引起焦慮的一科。很多學生在數學課中忍受因數學所引發的沮喪和憂鬱，因為他們知道，不管他們怎麼努力，他們還是會失敗，數學的焦慮是一個被認知、被測量、被量化的徵候群。受到數學焦慮之苦的孩子，他們痛苦和恐懼的神經迴路會被活化，包括杏仁核，它在大腦深處，跟負面情緒有關。[17]這些學生並沒有比其他學生笨，但是他們過去所經驗到的情緒海嘯摧毀了他們計算、短期記憶和學習的能力。

許多人類和動物的研究都顯示壓力和焦慮會嚴重打擊學習的能力。[18]例如老鼠的海馬迴可塑性會被恐懼制約所固化：假如這隻老鼠不停的被隨機出現、不可預期的電擊所打擊，牠的突觸會凍結，不能改變，變成一個僵硬的神經網路，跟敏感期快結束時的情況一樣。相反的，若是老鼠生活在沒有恐懼、豐富刺激的環境中，牠的突觸可塑性甚至可以重新打開，解放神經元，返老還童。

所以把壞成績當作處罰會嚴重抑制孩子的進步，因為壓力和沮喪會阻止他們學習，長期如此還會改變他們的人格和自我形象。美國心理學家迪威克（Carol Dweck）曾經研究過這種心智狀態的負面效應，這種學生會把他們的失敗（或成功）歸因到固定、不可改變的人格中，迪威克將之取名為「固定的心態」（fixed mindset），「我的數學很差」、「外國語言對我來說太難了」等等。跟這種定型心態相反的叫做「成長的心態」（growth mindset），這種孩子可以持續進步。

迪威克的研究指出，如果其他因素都保持不變的話，心態（mindset）在學習上扮演重要角色。[19]假如孩子認為每個人都可以更好，那麼這個看法本身就是他進步的來源；相反的，如果孩子認為技能是不可能改變的，一個人要不然是天才，要不然是蠢才，他就不可能進步。的確有這種心態的孩子是沒有動機去學習的，這種心態只會把錯誤解釋為低能的標記。但是我們前面看到，犯錯是最自然不過的事情，犯錯只是表示我試過了而已。老羅斯福總統曾經說過，「一個從來沒有犯過錯的人，是一個從來沒有做任何事的人。」假如格羅藤迪克在十一歲時替自己下結論的話，他一定覺得自己的數學很差，因為他以為 $\pi=3$。

研究顯示即使成功的學生也受過固定心態的荼毒，他們也需要努力才能維持學習動機，倘若我們讓他們相信自己是天才，他們不需要努力，這對他們一點好處也沒有，反而會害了他們。

所以要培養孩子成長的心態，並不是告訴他們是最棒的、最好的，而是指出他們每天的進步，鼓勵他們參與課堂討論，獎勵他們的努力……，用這種方式來建立他們的自尊心。解釋給他們聽學習的基礎在於：⑴下苦功；⑵試著回答問題的看法，即使錯了也沒關係，因為犯錯是學習的唯一方式。

在結束這一段之前，讓我引用丹尼爾・潘納克的話：「老師不是用來嚇學生的，而是應該幫助他們克服學習的恐懼，一旦這個恐懼被克服後，學生對知識的慾望是無窮無盡的。」

測試你自己

假如分數不是評估孩子一個有效的方式，那麼什麼才是把犯錯的科學知識融入教室的最好方法？這些規則其實很簡單，第一，必須鼓勵學生參與課堂討論，對問題提出看法，主動提出假設，不管有多粗淺；第二，馬上給他們客觀、非懲罰性的回饋，使他們可以改正自己的錯誤。

有一個方法可以達到上述的要求，而且是每一個老師都知道的……，就是測驗（testing）！大家比較不知道的是，有好幾十篇發表的科學論文已經證實測驗的功效，定期測試學生的知識，這個叫做「提取練習」（retrieval practice）是教學策略中最有效的方法。[20] 定期考試可以強化學習的長期記憶（譯註：天下烏鴉一般黑，原來法國的學生也是不考就不念），因為要考試所以只好下苦工去記憶。測驗直接反映到主動參與和錯誤回饋這兩大學習支柱，考試強迫你去面對真實世界，去強化你已經知道的，去知道你還不知道的。

測試是學習歷程 vs. 基石這個看法並不是每個人都能接受。大部分的老師和學生都把考試看成給分數的方法，去評估學生在課堂或作作業時學到了多少。這種評分法其實是測驗最無趣的一部分。測驗看的不是最後你拿到多少分，而是你花了多少工夫去提取這些訊息以及你有沒有馬上得到回饋。從這個方面來看，難怪研究顯示測驗跟課堂學習是一樣的重要了。

這個結論來自美國心理學家羅迪格（Henry Roediger）——序列的實驗。在一個實驗中，羅迪格和同事請學生在固定時間內記住英文單字。第一組可以把八段時間統統拿來背英文單字；第二組用六段時間來背單字，中間間隔二次考試。第三組是念四段，考四段，中間交叉間隔。因為這三組學生都有相同時間去背誦（都是八段），考試其實還減少了背誦時間，但是四十八小時以後，學生回到實驗室來接受回憶測試時，反而是第三組的表現最好——測試越多次，記憶的效果越好，因為一念完立刻接受考試，可以強迫他們主動積極的背誦；而且馬上考試，馬上有回饋，知道自己哪個字還沒有背熟。這種自我覺識或是後設記憶（meta-memory）很有用，因為下次學習時可使學生更加聚焦到困難的字上面。[21]所以，測驗越多次，你記的越牢，前一次沒有回憶出來的字，在這一次回憶中得到雙倍的注意力，前面說過，有被注意的記的就比較牢了。

這裡是另一個例子：假設你要學愛斯基摩人的伊努（Inuit）語，*qamutiik* 是雪橇（sled）的意思，你可以在卡片上並排寫上伊努語跟英文單字（譯註：這是我們中學時，老師教我們的背生字法）。你也可以先讀 *qamutiik* 五秒鐘，然後再去看它的翻譯 sled。此前的五秒鐘，你並不知道 *qamutiik* 的意思，但是這個方法的效果卻比較好。[22] 為什麼呢？因為它強迫你先去想，先去記住這個字的意義（但是你根本還不知道它的意義是什麼），直到你接受到回饋——哦，原來是 sled。因為主動參與接著錯誤回饋，所以學習效果就越好（譯註：最近加州大學洛杉磯校區的心理學家 Robert Bjork 也是因為這種學習法獲得終身成就獎，他主張在上芬蘭語課之前，先問學生芬蘭語的××怎麼說？學生不能回答，因為還未教到，但是教完隨堂考時，××的回憶率最高，因為老師的問題引起學生思考，知道這個字我還不會，在學習時，就特別注意它，回憶的效果就越好了）。

很有趣的是，老師和學生都不知道測驗的效力。如果你問他們，他們都覺得測驗是浪費時間，時間應該拿來記誦生字，這是為什麼學生和老師都認為第一組應該成績最好，因為花越多時間學習，成績應該越好，所以學生都是把時間花在讀課本、上課筆記、用不同顏色筆畫重點……，這些策略都不及一個小小的隨堂考來得有效。

那麼，為什麼我們會覺得臨時抱佛腳很有效呢？因為我們無法區辨記憶各個部門的功能。剛剛讀完書時，訊息的記憶是在我們的工作記憶中，這個地方是有意識的記憶，所以我們覺得我們讀會了。因為它在我們的短期記憶中，但是這個短期記憶跟我們幾天以後考試時需要提取的長期記憶是不同的，在幾秒或幾分鐘之後，工作記憶就開始衰退，幾天以後，它就消失了，如果要把訊息存入長期記憶中，你需要研讀它，測試你自己，而不是把所有時間花在讀書上。

這個測試自己的讀書策略很容易做，準備一些小卡片，正面寫問題，反面寫答案，每天抽卡片出來看看你記不記得，再翻到後面去看正不正確（錯誤回饋），假如你答錯了，把卡片擺回卡片堆中，等一下再試。假如答對了，把這張卡片擺一邊，暫時不需要再背它，但是記憶仰賴熟悉度，你三不五時要拿出來複習，記憶才會長久，現在有很多apps 可以協助你建構這些卡片，也有電腦軟體如 Duolingo 來學習外國語。

黃金守則：學習的間隔效應

為什麼輪流讀書和考試會有這麼好的效果？因為它是教育科學（educational

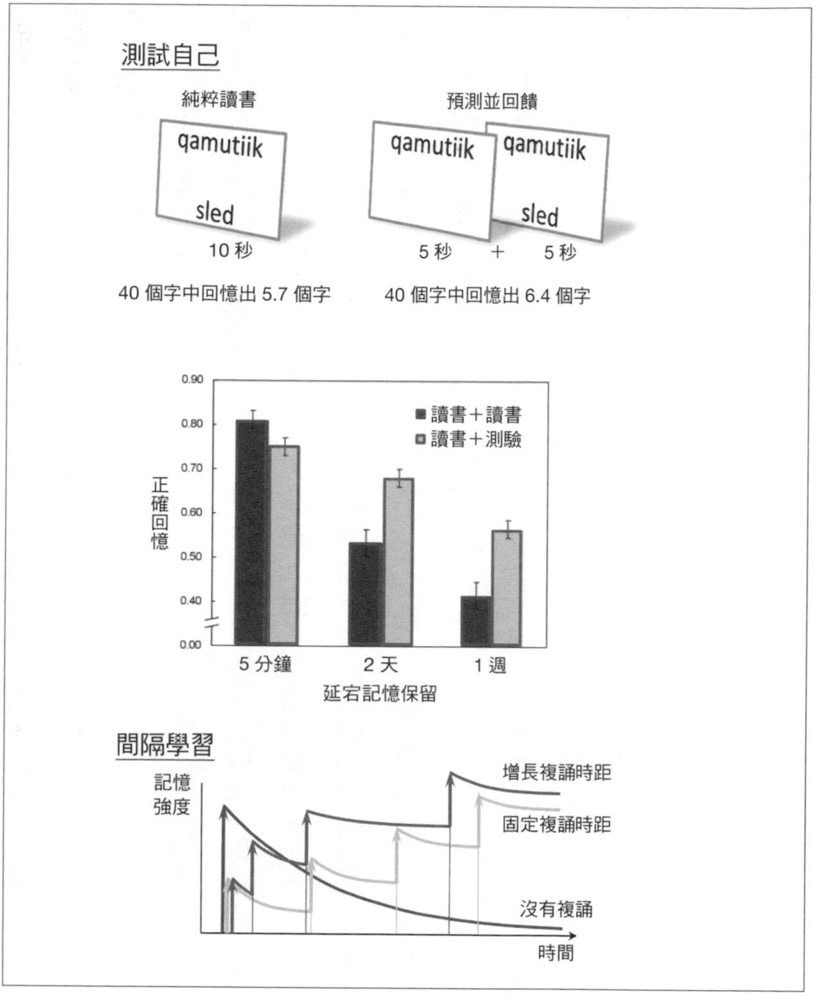

自我測試是最好的學習策略之一，因為它迫使我們覺知自己的錯誤。在學習外國語文時，最好先學習生字，然後再測試自己學到了多少，這個錯誤回饋比只是不斷的複誦生字，學習效果好（上圖）。實驗也顯示，輪流讀和測試的效果比把所有時間花在複誦生字上的效果好（中圖）。長期來說，把複誦的時距拉開的記憶效果，比密集複誦好，尤其是複誦時距逐漸增長的話（下圖）。

science）發現最有效的策略之一：把訓練的過程間隔開來。這個黃金守則是說展開訓練過程比集中一次上完的效果好，要保持長期記憶最好的方式是安排一序列的研讀課程，中間穿插著考試，而且把兩堂課中間的時間拉長。

心理學幾十年來的研究顯示，倘若你必須在某一特定時間之內學會某些東西，把它分散開來讀比集中讀更有效。[23] 實驗顯示，假如你固定每隔一段時間再拿出來溫習一下，這個記憶效果比一次集中學習提升三倍。規則很簡單，所有音樂家都知道：以一個禮拜的時間來說，每天花十五分鐘練習比一天花二個小時練習的效果好更多（譯註：即總共練習時間相等，但一個是每天十五分鐘，另一個是一天兩小時，前者的效果好很多，在心理學上叫空間效應 Spacing Effect）。

為什麼間隔開來的效果比較好？腦造影研究[24]顯示，集中於一次學習會減低學習所引發的大腦活動，因為重複的訊息會逐漸減低新奇感。重複也會造成錯覺，因為它一直存在於工作記憶中，好像隨時可以被提取出來，我們就覺得已經背得滾瓜爛熟，不必再念了。但是把學習歷程分成很多天來學時，一方面它增加大腦的新奇感，活化程度高（譯註：前面說過，活化程度越高，記憶能力越好），同時也會產生一種「理想的困難」（desirable difficulty），強迫相關的神經迴路更努力的工作（譯註：這是加州大學洛杉磯校區心理學家Bjork夫婦所創造的名詞，意思是說故意把學習弄的比較難，使你花更多的時間下去，你就學得更好，Making things hard on yourself, but in a good way: Creating desirable difficulty go enhance learning，有點中國「不入虎山，焉得虎子」的意味，我個人不是很喜歡這種說法，所以把它介紹出來，讀者自己判斷）。

那麼，在二次重複之間要間隔多久才是最有效呢？二十四小時，在睡過一覺之後。我們後面馬上會看到，睡眠在穩固我們所學的記憶上所扮演的重要角色。不過美國心理學家普虛樂（Hal Pashler）和他的同事認為，最佳間隔要看你想保留這個記憶多久。假如這個記憶只需要保留幾天或幾週，那麼一週時間每天複習一次。倘若需要保留這個知識幾個月或幾年，那麼這個間隔的時間就要呈比例拉長了。一個簡單的規則，就是總保留時間取百分之二十作為間隔長度，例如需要記憶十個月，那麼每兩個月拿出來複誦一遍。這個效果很持久：如果幾個月以後需要這個資料，那麼幾個禮拜後再拿出來重複溫習一遍，可以增加回憶量的三倍；假如你需要永久保留這個記憶，最好的方式是慢慢增加間隔的時間，從每天複誦一遍，到一個禮拜，一個月，然後一年……，這個策略保證任何時間的最佳記憶提取。[25]

上面的數字告訴你為什麼這樣做最有效：每一次的溫習都強化了學習，它刷新了心智表徵的強度，幫助抵抗遺忘指數（這是我們記憶的特徵，隨著時間流逝遺忘呈指數上升），間隔學習用到的是緩慢的遺忘曲線，把訊息投射到最遠的將來。

過去我們對記憶的觀念都錯了：它看的不是過去，而是未來，它把資料投射到未來，使我們將來要用時唾手可得。透過長時間的間隔重複溫習同一份資料，我們幫助大腦說服自己這份資料很重要將來會用到。

普虛樂的研究提出了好幾個可行的方法。第一，把學習分散到好幾堂課中對學生會有所幫助。第二，上課內容只是幾天或幾個禮拜以後才溫習一次是不夠的。假如你要長長久久記得這個東西，你至少需要幾個月的溫習。對此，我們應該重新考慮教科書的編排。大部分的教科書是按章節編排，每個章節聚焦在一個主題上（這個很好），章節後面是針對這一章內容的習題（這個不太好），這種安排有二個缺點：沒有足夠的間隔時間去學習本章主題，而學生不必去想要動用什麼知識或什麼策略來解決章節後面的習題。實驗顯示，把各章的習題混合起來，才能真正測到學生有無應用他所學到的知識（學生很聰明，這一章的問題解答一定在這一章的內容中）。[26]

那麼期末考的設計有沒有好一點呢？學習專家認為也不好，因為它鼓勵學生臨時抱佛腳，而不是每天間隔的溫習所有功課。臨時抱佛腳不見得沒有效：假如這個學生在前面的幾個月已經下了功夫去讀書，現在只是想考前再溫習一遍，刷新記憶的話是有效的，但是年復一年定期的溫習會更有效。月考並不保證有長期記憶，因為它考的是前面幾週教的東西，從頭到尾整個重複的溫習效果才是最好。

你可能會問，為什麼叫學生整學年都在重複溫習同樣的東西？為什麼叫他們重複已經做了好幾次的練習？假如他們上次已經考了一百分，難道再練習會學得更多嗎？當然會。對講錯誤好處的本章來說，你可能覺得有點不可思議，但回饋的好處絕對不止於學生犯錯的項目。相反的，回饋會增進記憶即使他的答案是正確的。[27]為什麼？因為只要知識還沒有百分之百穩固，大腦持續在學習，只要有不確定存在，錯誤就會在大腦中散播，一開始時低信心的答案，到後來百分之百確定的答案中間的差異，就是一個很有用的回饋訊號：它攔下我們可能會犯的虛擬錯誤，從這一點，我們又學到了。

這是為什麼過分學習永遠有益：我們要一直學到百分之百的確定，溫習和考試會不斷增進我們的表現，尤其是長期表現。

此外，重複對大腦還有別的好處，它使我們的心智運作自動化直到它們變成潛意識的動作。這就是我們下面要談的最後一根學習支柱：**固化**（consolidation）。

第10章 固化

假設一位一年級的小朋友很成功的學會了學習的三根支柱，學會了閱讀。他主動參與閱讀，對學習充滿好奇心和熱情，他學會注意每個字的每個字母，幾個月後，當他的錯誤越來越少時，他開始正確的解讀字母和聲音之間的關係，把不規則字儲存在腦海中。然而，他還不是個流利的讀者，他讀的很慢，很費力，他少了什麼呢？他還缺少了第四根學習之柱——固化，他的閱讀在這個階段動用了他全部的注意力資源，他得把這個部分變成自動化和潛意識的處理才行。

從分析他的閱讀時間，我們看到，字越長他越需要時間去解碼（請看彩圖十八），它是一個直線的線性關係：每增加一個字母，反應時間增加五分之一秒。這是序列處理的特質，在他這個年齡很正常，閱讀需要一個字母一個字母的去解碼，他很慢，很需要注意力。[1] 但是這個不流暢的階段很快會過去，經過兩年的閱讀訓練，他的閱讀能力會突飛猛進，變得流暢；在二到三年的緊密練習之後，字的長度效應會消失。親愛的讀者，就在你讀這一段的時候，你的大腦解讀三個字母長的字和八個字母長的字，所花的時間是一樣的。一般來說，需要三年的訓練才能把字的辨識，從序列處理變成平行處理。最後，我們的視覺字形區可以同時處理一個字所有的字母，而不再一個字母一個字母的辨識了。

這就是固化的最佳例子，在大腦的任何一個地方都存在：從很慢、很辛苦、有意識的歷程到很快、無意識、自動化的經驗。我們的大腦從來沒有停止學習，即使我們已經掌握了這個技術，我們還是繼續過度的學習。自動化機制把我們平常用的操作轉化成更有效的慣例。把它們變成大腦的迴路，在我們意識的覺知之外，它們獨立自動的展開處理歷程，互不干擾彼此運作的進行。

釋放出大腦的資源

當我們掃描一個初學者的大腦時，我們看到除了閱讀迴路的活化之外（這個包括字母辨識的視覺和處理音素、音節和字的顳葉區），他的頂葉和前額葉皮質也大大的活化了起來。[2]這個耗費大量大腦能源的活動，表示動用到注意力和有意識的執行控制。這個現象在學習逐漸固化後，會慢慢消失（見彩圖十八），對一個流利的讀者來說，這些地方不再活化是因為它們不再對閱讀作出貢獻，除非你干擾閱讀，把字排成l e t t e rs，或是turning，強迫已經熟練的大腦回到初學時的緩慢模式。[3]

自動化閱讀表示設立一個受限制、有專長的迴路來有效的處理我們每天遇到的字母串。在我們學習的過程中，我們發展出非常有效率的迴路來辨識最常看到的字和它們的組合。[4]我們的大腦在做統計，哪些字母是最常出現的，它們通常出現在哪個位置，它們通常和哪些字母一起出現，甚至主要視覺皮質區都能適應某些最常出現字母的形狀和位置。[5]經過幾年大量學習後，這條迴路變成了例行公式，幾乎不用任何意識的介入便能運作。[6]到這個階段，頂葉和前額葉皮質的活化已經看不見了，我們現在可以毫不費力的閱讀。

閱讀上的情形也可以適用到其他領域的學習。不論我們是學習打字、彈樂器或開車，我們一開始是受到前額葉皮質的控制，我們做得很慢，很費力，一步一步做；但是熟能生巧，時間久了，我們就可以毫不費力的一邊做一邊說話，或一邊想其他的事情了。重複的練習就把這個控制權從前額葉皮質轉到了運動皮質區，尤其是皮質下的基底核（basal ganglia），這是一組專門負責自動化和慣性行為的神經元（包括祈禱和罵髒話！）。算術也是一樣，一開始，每一道計算題都像爬聖母峰一樣，需要動用到全身的資源來爬，尤其是前額葉皮質。在這個階段計算是序列性的，要做6＋3，孩子必須一步一步的來，「6、7、8⋯9！」但是當這個過程慢慢固化後，他們可以直接從記憶中提取答案，這時前額葉皮質的活動就褪去，讓頂葉和腹顳葉中專門處理數字的迴路來處理。[7]

為什麼自動化這麼重要？因為它釋放皮質的資源出來，使我們可以去做其他的事。前面談過頂葉和前額葉皮質，執行皮質就像一個認知瓶頸的執行控制網路，它沒有辦法同時做好幾個作業。當我們大腦的中央執行聚焦在一個作業上時，其他有意識的決策都被延宕或取消了，所以只要一個心智活動還沒有學習到自動化的地步，它就會要用到珍貴的大腦資源，阻止我們去注意其他的事情。所以自動化很重要，因為它使大腦的資源被其他目的所享用。

讓我舉一個很實際的例子，假設你要解一道數學題，但是你的閱讀還在初級班的程度：一個人在兩點鐘時離開波士頓去二百英哩外的紐約，他在八點到達紐約，請問他開車平均的速度是多少？（A dryver leevz Bawstin att too oh clok and heds four Noo Yiorque too hunjred myels ahwey. Hee ar eye–vz at ate oh clok. Wat waz hiz avrij speed?）我想你了解我的意思，我們不可能同時做二件事，閱讀的困難會奪取解數學題所需的資源，使大腦無力去處理數學題目，如果學習要進步，我們的心智工具，如閱讀和計算必須變成我們的第二本性——不需費力，很輕鬆的以潛意識來運作。這一點很重要，假如沒有打好自動化心智運作的基礎，我們爬不上教育金字塔的尖端。

睡眠的關鍵角色

我們在前面看到，展開學習時間，有規律間隔的學習效果比把全部課程集中在一天上課好，這個原因非常簡單，每一天晚上，大腦都把白天學的東西鞏固起來，這是過去三十年來，神經科學最重要的發現：睡覺時大腦並不是沒有活動，或是把白天清醒時所製造的垃圾清出去；相反地，當我們睡覺時，大腦仍然非常活躍，它把白天發生的重要事件拿出來整理，並將之轉運到記憶中去儲存起來。

這個發現可以回溯到一九二四年，兩位美國心理學家簡金斯（John Jenkins，一九〇一—一九四八）和達仁巴哈（Karl Dallenbach，一八八七—一九七一）重新檢視了記憶研究[8]的先驅——德國心理學家艾賓豪斯（Hermann Ebbinghaus，一八五〇—一九〇九）的實驗。艾賓豪斯在十九世紀末期發現了一個基本的心理學法則：時間過去的越久，你越不記得你所學的東西，其遺忘曲線是個非常漂亮的等比級數下降曲線。但是簡金斯和達仁巴哈發現這條遺忘曲線有一點不對勁，即在學會一個新的東西八到十四小時之內沒有任何遺忘產生。他們突然想到這八小時應該是對應到學習完當天所做的測驗，這十四小時應該是睡了一覺以後，第二天的測驗。所以他們設計一個新實驗以區分出二個變項：從學習完到測驗的時間以及受試者有沒有睡覺。受試者在早晨學習隨機組合的音節或是半夜睡覺之前學習。結果非常清楚，在早晨學習的一組的確如艾賓豪斯遺忘曲線所預測的，隨著時間過去而流失；但是午夜學的那一組卻很穩定的保留在大腦中（條件是學生至少有兩個小時的睡眠）。換句話說，睡眠阻止了遺忘。

這個結果可以有好幾個解釋，白天記憶褪去可能是大腦累積了許多新陳代謝所留下的有毒物質，而睡覺時把它清除出去；或許是白天有太多事情發生，干擾了記憶，而睡眠時，沒有事情來干擾。這些假設在一九九四年時被排除了，以色列的研究者顯示睡眠可以增加學習，在沒有任何額外訓練的情況下，認知和運動的表現都因睡眠而有所增進。[9] 這個實驗很簡單，白天時，訓練學生偵察視網膜上特定區域的一條粗線，受試者的進步緩慢，幾個小時以後就停住，形成高原期，這表示訓練已經到達頂點，不能再進步了。但是睡了一覺以後，第二天他們的表現好很多，而且可以一直維持好幾天。睡眠引發額外的學習，但是假如每一次受試者進入作夢的快速動眼期（Rapid Eye Movement，REM）就被搖醒，不讓他們做夢的話，第二天早上他們的學習就沒有進步。

目前已有很多的實驗都確定了這個發現。[10] 睡眠品質會決定記憶增進的多寡，受試者需要慢波的深度睡眠（deep sleep）來幫助記憶。深度睡眠的時間長短和品質好壞可以預測第二天早上進步的程度。這個關係也可以反過來走，我們對睡眠的需要決定於白天所發生的刺激和學習量。快速動眼期睡眠時，影響動物皮質可塑性的基因 zif-268，會在海馬迴和皮質區增加其展現（expression），尤其是白天個體又處在一個非常豐富的環境時。也就是說，白天的刺激越多，夜間 zif-268 展現越大，大腦可塑性越強。[11]

不同階段睡眠對學習所扮演的角色現在還沒有完全了解，但是已知深度睡眠可以促進知識的固化和類化（這裡知識指的是心理學家所謂的語意記憶〔semantic〕或事件記憶〔declarative memory〕）。在REM睡眠時，大腦的活動情況跟清醒時非常相似，它增強了視覺和運動的學習（即程序記憶，procedural memory）。

大腦在睡眠時，把白天的事物重新活化一次

雖然睡眠實驗所顯現的睡眠功效很令人信服，但是它使大腦在睡覺時可以學習，甚至學的比清醒時還要好的機制卻還不清楚。一九九四年，神經生理學家威爾生（Matthew Wilson）和麥克勞頓（Bruce McNaughton）發現，在受試者睡覺完全沒有外在刺激的情況下，他們的海馬迴活化了起來[12]，而且這個活化不是隨便或隨機的，它跟白天的活動相呼應。

我們在第四章中看到，海馬迴中有位置細胞（place cells），即假如動物在空間的某一點時，這些神經元會活化起來。海馬迴中有很多這種專門登錄地點的細胞，每一個細胞都有自己喜歡的地點，假如你用探針登錄這些細胞活化的範圍，會發現這正是這隻動物白天所走過的地方。當一隻老鼠走過走廊，在進口處的神經元會活化起來，有些神經

元是老鼠走到走廊中間的時候活化，更有的神經元是老鼠走到走廊底時活化。所以老鼠白天走過的路，可以從牠大腦地方細胞連續發射的順序看出來，牠在真實世界的移動會變成神經空間的時間順序。

威爾生和麥克勞頓發現，當老鼠睡覺時，海馬迴的位置細胞會依牠白天走的路線活化，好像把白天的事重演一遍，唯一的差別就是速度，在睡眠時，神經發射率比平常快了二十倍。在睡眠時，老鼠快速跑過牠的環境！

海馬迴神經元的活化跟動物所在位置完全呼應，使神經科學家可以反過來做——從老鼠神經元發射的型態去找出牠在夢些什麼。[13] 所以在老鼠清醒時，登錄牠的行動，然後訓練電腦去解讀老鼠大腦在牠經過的地方所產生的腦波，再把這個資料用回睡眠時收集到的數據，就可以看到當老鼠睡覺時，牠的大腦是真的在重新走一遍白天跑過的路。

所以老鼠的大腦是快速播放一次白天的經歷。每天晚上都把白天的事溫習一遍，而這個溫習並不限於海馬迴，還包括皮質，在突觸的可塑性和學習的固化上，皮質扮演的是決策者的角色。感謝這個夜間的重新活化，即使是生活中最簡單的一件事，只在我們事件的記憶中登錄過一次，它也可以在晚上重播幾百次（見彩圖十九）。這個記憶的轉送很可能是睡眠的主要功能。[14] 海馬迴用快速的第一次學習法則保留白天發生的事情，等到晚上再重新啟動這些神經訊號，送到大腦的各個部位去，這樣就可以盡可能的從每一個事件中抽取出最多的資訊來。的確，一隻學了新作業老鼠的皮質，在晚上時神經元活化的次數越多，第二天這個神經元參與作業的次數就越多。[15]海馬迴的重新啟動導致皮質的自動化。

那麼，人類是否也是這樣呢？是的，大腦影像顯示白天所用的神經迴路在晚上睡覺時會重新被活化。[16]實驗者掃描白天玩了幾個小時的俄羅斯方塊電玩者在睡眠時的大腦情形，結果發現他們在大作俄羅斯方塊的夢，他們眼球跳動的方式從低往上，跟他們白天打電動時眼球的跳動一模一樣。最近一個研究是請受試者在核磁共振儀中睡覺，當腦波顯示他們進入作夢階段時，他們就會被搖醒。在被喚醒前，大腦某些區域活化可以預測作夢的內容，例如受試者報告在被喚醒前他正好夢到一個人，實驗者可在大腦圖中看到跟臉部辨識有關的皮質區受到活化。其他的實驗顯示，睡眠時重新啟動的程度不僅可以預測夢的內容，還能知道第二天醒來後，記憶固化的程度。有些神經外科醫生甚至開始在人腦中做單一神經細胞記錄（single neuron），他們看到神經元活化的形態跟這個人白天所經驗事件的順序相符，跟前面老鼠實驗所看到的一樣。

睡眠和學習的關係很密切，很多實驗都顯示深度睡眠的各種形態跟第二天的各種表現有關。例如，當我們學會用搖桿（joystick）後，在慢波深度睡眠時，大腦頂葉跟搖桿學習有關的感覺運動區域活化次數會增加，增加的強度越大，這個人的表現越好[17]；同樣的，在動作學習之後，大腦造影顯示運動皮質區海馬迴和小腦的活動增加，同時，額葉、頂葉和顳葉某些地方的活動減少了。[18]不同的實驗都得出殊途同歸的結果，即睡過一覺之後，白天所學的知識有一部分被強化了，會轉送到比較自動化和特定的迴路去處理。

雖然自動化和睡眠有緊密的關係，每一個科學家都知道，相關不等於因果關係，那麼這個關係有因果的成份在內嗎？要想驗證這個關係，我們可以用增加大腦共振的效應來增加睡眠深度。在睡覺時，大腦的活動是在一個低頻的共振幅中，大約一分鐘四十到五十次。假如在適當頻率時給予大腦額外的小刺激，就可以增加共振律的強度——有一點像盪鞦韆時，如果推的時機點是對的，就可以盪得更高。德國的睡眠科學家波恩（Jan Born）給予受試者的頭皮一個微弱電流，並播放跟大腦睡眠的腦波同步的音樂，製造出更多的深度睡眠的慢波，結果第二天，這個共振得出了更強的學習固化。[19]

一家法國公司開始作這門生意：他們銷售一款可播放緩慢韻律音樂的頭帶（headbands），用以刺激夜間大腦來幫助睡眠及增加深度睡眠。也有研究者用強迫夜間大腦重新啟動（reactivate）某些記憶的方法來增進學習，比如說，學習某個課程時，在教室中噴灑許多玫瑰香水，晚上當學生進入深度睡眠時，噴灑同樣味道的玫瑰香水，結果發現第二天的學習效果比睡覺時聞別種香味者來得好。[20] 玫瑰的香味是一個潛意識的提取線索，使大腦偏向重新啟動跟玫瑰有關的白天活動，就增加了這個訊息在記憶中固化的機會。

這個效果也可以用聲音的方式來達成。假設你要記住五十項物品的位置，每一樣物品都配上一個聲音，如貓的「喵」、牛的「哞」，要記住這五十樣東西很不簡單。但是晚上睡覺時，實驗者給受試者聽一半的聲音線索，使他們在睡覺時，潛意識活化那些跟聲音有關的東西，果然第二天，受試者對昨夜聽到聲音線索的物品位置記得比較好。[21]

那麼，將來有可能操弄睡眠來增進學習嗎？其實有許多學生早已經在做了。他們在上床睡覺前溫習重要的功課，期待睡眠時大腦會把它們叫出來重新整理。但是千萬不要把這個有用的策略，跟坊間不肖商人推銷的那種睡覺時可學會一種外國語或全部新技術的錄音帶相混淆。[22] 那種錄音帶完全沒有效用，因為睡眠時的大腦並不會吸收任何新訊息，它只能重新播放已經經驗過的東西。要學習一種複雜的新知識如外國語，唯一的方式是白天先練習，晚上睡覺時，才有可能重新活化並固化白天所學。

在睡眠時的發現

睡眠只能強化記憶嗎？許多科學家認為睡眠還有助於發現解決問題的方法，最有名的例子就是德國的化學家科庫勒（August Kekule von Stradonitz，一八二九—一八九六）在睡覺時，夢到一條蛇在咬牠的尾巴，結果苯（benzene）的化學結構就解出了。下面是他自己的描述：

> 原子又一次出現在我的眼前……，在我心智眼睛前跳躍，因為重複的出現，使我看的比較真切，現在可以區分出較大的多樣構造形態（原子在分子中的構象），長錄有的時候很緊的靠在一起，扭來扭去像蛇一樣的扭動，但是，等一下，那是什麼？有一條蛇咬住了牠的尾巴，在我面前旋轉。

科庫勒下結論說：「紳士們，讓我們向夢學習吧，說不定這樣我們會學到真相」。睡眠真的可以增加我們的創造力，引導我們到達真相嗎？雖然研究科學史的人並不全然相信科庫勒銜尾蛇的真實性，但是科學家和藝術家倒是很相信夜眠是個很好的創意孵化器，設計師史達克（Philippe Starck）在最近的訪談中就曾開玩笑說：「每天晚上我放下書準備去睡覺時，我就跟我太太說：『我去上班了。』」[23]我自己就常有這種經驗，在睡一覺後醒來找到解決問題的方法。當然這種「逸事」（anecdotes）不能拿來做為證據，必須有實驗證明才行，這也是波恩和他的團隊做的事。[24]白天實驗者教受試者一個要做一連串複雜計算的算則，但是它其實是有捷徑，可以馬上縮短計算的時間。晚上就寢前，只有極少數學生看到這個捷徑，但是在經過一夜好眠後，雙倍的人看到了捷徑。而另一組一樣學習卻不准睡覺的學生，沒有一個享受到這個「啊哈！我知道了」（eureka）的驚喜。此外，這個效果是不論測試的時間都一樣，也就是說，決定發現答案的因素不是時間的長短，而是有沒有睡上一覺。

所以睡眠的好處並不只限於強化記憶，白天的發現並不僅是儲存在大腦中而已，它其實是被登錄成一個比較抽象、比較普遍的形態。無疑地，夜間神經元的重播在這歷程上扮演著重要的角色，每一天晚上，我們白天所激發的飄浮點子被快速重新活化幾百次，增加了皮質最後發現有意義規則的機會。此外，神經元二十倍快速的活化也壓縮了資訊，高速重播表示白天清醒時長時間活化的那些神經元現在被緊密的靠在一起了，這個聚集、壓縮、重整、同步發射的歷程就把「未經處理的訊息轉化成有用、值得去探索的知識」。這就是人工智慧巨擘傑米斯・哈薩比思（Demis Hassabis）對智慧的定義。

那麼，未來人工智慧機器會像人類一樣需要睡覺嗎？這個問題看起來好像很瘋狂，但是我認為，就某些意義上來說，它們會。它們的算則可能會把我們叫做睡眠的固化階段融入進去，現在電腦科學家已經在設計好幾個模仿人類睡眠／清醒的學習算則了。[25] 這些算則提供了我在本書中所談到的新的學習模式，即學習是建構外在世界的內在模式。我們的大腦有很多的內在模式，可以重新組合各種比真實更真的心智影像，能夠很真實的對話和有意義的推論。在清醒的時候，我們調整這些模式來適應環境，我們用從外界接受到的感官數據來選擇哪一個模式最符合周邊的世界。在這個階段，學習主要是由下往上的運作：意想不到的感覺訊號會導致預測錯誤的訊號出現，因為它與我們內在模式所得出的預測不符，這個錯誤訊號就往上送到高層次的皮質去調整它的統計加權，使這個由上而下的模式逐漸驅向正確。

在睡覺時我們的大腦便反向操作，從上到下。在睡覺時，我們用模式去綜合以得出新的、沒有預期的影像，有一部分的大腦訓練自己去處理無中生有所創造出來的影像。這個強化的訓練使我們可以精緻化由下往上的連接。因為模式參數和感覺的結果兩者都是已知，現在就比較容易找出它們中間的連接。這是為什麼我們越來越能從某些感覺輸入中，抽取出它抽象的訊息：經過一夜好眠後，最輕微的線索就足以辨識出最佳的真實心智模式，不管它有多抽象。

所以根據這個看法，夢不過就是傳送影像的強化：白天的經驗其實很有限，大腦靠著重建外面真實世界的內在模式來取得必要的知識。睡眠似乎解決了所有學習算則都有的一個難題：可以用來訓練的數據不夠。目前的人工神經網路需要大量的數據才能學習，但是生命太短了，不可能累積那麼多的資料，我們的大腦必須就它在白天能收集到的有限資料來完成增進學習的使命，睡眠可以幫忙的地方在於它可以加速播放白天的經驗給大腦無數的事件刺激，那是在真實世界中，一生都來不及去經驗的訊息。

在睡眠中，我們偶爾會發現，它並沒有什麼魔術在內：我們心智刺激的機器開動了，它有的時候會碰到一些出乎意料之外的結果，有點像西洋棋的棋手，一旦學會了，就可以花上幾年的時光去探索不同走法的結果。的確，人類要感謝這些心智影像，因為它們帶來最偉大的科學發現，當愛因斯坦夢到他騎在光子上時，當牛頓想像月亮像蘋果一樣掉入地球時，當伽利略從比薩斜塔上丟兩顆圓球，一輕一重下去，證明自由落體速度跟物體的輕重沒有關係時，若沒有心智模式的想像，這些發現都不可能發生。伽利略說，假設我把兩顆圓球用一根很細很細的鐵絲綁在一起，這兩顆圓球現在形成一個比較重的球體，依大家的看法，它應該落的比較快，但是那個比較輕的球落的比較慢，應該會拖累重的那一顆球，使它慢下來，這個永無止境的矛盾只有一個解決方法，就是所有物體落下的速度都一樣，不論它的輕重。

就是這種推理使得不論白天或晚上都在進行著心智刺激。我們可以想像出這麼複雜的心智情景的這個事實，就點出了大腦中有著如此卓越超群的算則了。當然我們只在白天學習，但是夜間神經元的重播放大了我們的潛能，這很可能是我們人類的一個祕密，因數據顯示人類是所有靈長類中，睡的最深、最有效率的動物。[26]

睡眠、童年和學校

大家都知道嬰兒大部分的時間都在睡覺，睡眠隨著年齡增長而縮短。這是很合理的：童年的早期是我們學習算則工作最辛苦的時候。事實上，實驗顯示，以同樣睡眠時間長度來說，兒童的睡眠比成人的效率高了二、三倍。一個十歲的孩子在強度學習之後，會比成人更快速的進入深度睡眠。他們的慢波更強。有一個實驗顯示，當他們研讀一個序列性的東西後上床去睡，第二天早上醒來時，接受測驗，結果他們的成績比成人好，看到更多潛在的規則。[27]

即使是剛出生幾個月的嬰兒，他們的大腦就已經在做夜間訊息的固化了。例如，一歲以下的嬰兒在學習新字上，已經很依賴夜間的固化。研究發現即使他們只睡短短一個半小時的午覺，對睡著前幾個小時所學的字也會記得比較好。[28]而且不只是記得好，重點是類化也很強。當寶寶第一次聽到「馬」這個字時，他們只會把馬和二、三個跟馬有關的事件聯結在一起，但是經過睡眠以後，他們的大腦就可以把馬跟他們以前從來沒有看過的新品種聯結在一起，就像搖籃裡的科庫勒一樣，這些小小科學家在睡眠時探索，醒來後對「馬」這個字有了更好的理論。

那麼學齡兒童又怎麼樣呢？研究的結果也很清楚：在幼兒園裡，即使是短短的午覺，也能強化他們早上學的東西[29]；如果想要有最好的學習效果，應該在學完後幾個小時內去睡覺，不過這只有對規律睡午覺的兒童來說才是如此。強迫孩子午睡並沒有好處，因為大腦是依白天的刺激來調整它對睡眠的需求，我們鼓勵那些需要的孩子去睡個午覺。

很不幸的是，現在有電視、手機、網路，孩子的睡眠跟成人一樣都受到影響，長期睡眠不足會引發學習障礙嗎？為什麼近年來，學習障礙的孩子越來越多？目前這個說法還是個假設，只是已有一些暗示[30]，例如一些注意力缺失的過動兒是因為長期的睡眠不足（譯註：有興趣的讀者請閱讀遠流出版的《浮萍男孩》〔*Boy Adrift*〕，這是美國賓州大學臨床醫師薩克斯所寫的一本書，他有相當多病人在父母沒收手機，早早趕孩子上床睡覺後，ADHD的症狀就消失了）。有些睡眠呼吸中止症（apneas）的人，因為呼吸關係使他們無法進入深度睡眠，但是在清除呼吸道的障礙後，不只他們長期的睡眠失常消失了，他們注意力不足的問題也消失了。最近的實驗顯示，給大腦電刺激來增加深度睡眠可以減輕過動症兒童的學習缺失。

不過這些最新的實驗報告需要被複製，我並不是否認注意力缺失症的存在（利他能〔Ritalin〕這個藥對過動兒很有效，有些注意力的訓練對部分兒童也有效）。只是從教育的觀點來看，讓孩子睡久一點、品質好一點的確可以幫助所有的孩子學習，尤其是那些有學習障礙的孩子（譯註：非常鼓勵家長去看《浮萍男孩》，因為書中哈佛大學那個利他能的實驗可以改變很多人對過動兒的看法）。

這個想法在青少年身上驗證過。在青春期時，時間生物學（chronobiology）發現睡眠的週期改變了：青少年不覺得需要早早上床睡覺，但是他們早上卻爬不起來，這不是他們不想早上床，而是受到荷爾蒙影響的關係，他們的褪黑激素開始晚分泌，使他們早睡睡不著。很不幸的是，學校並不知道青少年生理上的變化，仍然要求他們早早到校上課。很多實驗都發現，只要學校晚半個小時到一個小時上課，讓學生多睡一點，他們的注意力會有所提升，不逃學，成績也會好起來。[31] 多睡一點對學習的好處還不只這些，美國小兒科學會（American Academy of Pediatrics）強烈建議延後時間上課，宣稱這對青少年肥胖症（obesity）、憂鬱症和意外事故（開車打瞌睡）都有幫助。其實，改變一個約定俗定、武斷的上課時間有這麼困難嗎？只要延後一點上課時間，孩子的身體和心智健康容易受到改善，而且幾乎不需要增加花費。其實，這是教育制度應該適應大腦生理規範的好例子（譯註：美國現在已有十八州延後他們學校上課的時間了，我們也曾建議教育部如此做，卻受到家長的反對，理由是「大人要八點上班，如果孩子九點才要上課，誰送孩子去上學？」孩子的健康和學習的效率應該是大人第一要關心的事，如果該做，那麼找出解決的方法其實不難，建議讀者去看《*Why We Sleep*》，書中有對睡眠跟學習關係，尤其青少年褪黑激素使他們上床時間延後二個小時有很深的描述）。

結論
教育與神經科學的重修舊好

對人類科學來說，最大最困難的地方在孩子的後天和教育。
——蒙田（Montaigne），《隨筆集》（*Essays*）（一五八〇）

教授法（Pedagogy）就像醫學一樣，
它是個藝術，是個必須根據準確科學知識的藝術。
——皮亞傑（La pédagogie moderne，一九四九）

我們的旅程快要結束了，我希望我有說服你，因為認知心理學、神經科學、人工智慧和教學科學的進步，我們現在知道我們的大腦是怎麼學習的了。這些知識不是自我證據，我們先前對學習的看法大部分需要丟掉。

- 嬰兒**不是**一塊白板：在生命的第一年，他們就已經擁有物體、數字、機率、空間和人的概念和知識了。

兒童的大腦並不是一塊海綿，很聽話的吸收它環境的架構。記得那個盲眼癱瘓的巴西說故事男孩菲力普嗎？或是桑德森，那位盲眼的數學家，他是牛頓講座的教授。這些個案都讓我們看到感官輸入可以被中斷或是根本沒有，但是並不妨礙孩子掌握抽象的概念：

- 大腦並**不是**一個可被改變的網路，等著輸入去形塑它。所有大型迴路在一出生就已經到位，不管大腦可塑性是多麼的不可缺少，它所能改的只有神經連接最終端的幾毫米而已。

- 學習**不是**暴露在數據或教學下就能被動產生，相反的，認知心理學和大腦造影都顯示孩子是個小小科學家，不停地在產生新的假設。大腦是一個永遠警覺的器官，用測試它投射到外界的模式在學習。
- 錯誤**不是**壞學生的記號，犯錯是學習的一部分，因為我們的大腦只有在發現它所認為的外界和真實的外界有差距時，才能調整它的模式。
- 睡覺時大腦並**不是**在休息，睡覺是我們學習算則的一部分。我們的大腦重複放映它的迴路，以十到一百倍的速度強化我們白天的經驗。
- 最新的學習機器離超越人腦還遠得很。我們的大腦，至少到現在為止，是最快、最有效率、最節省能源的訊息處理設備，它是一個真正的機率機器，從每一天每一刻的經驗中，成功抽取出最大訊息量。晚上的時候，再把它轉化成抽象的、普遍性的知識。我們到現在還不知如何讓電腦做到這一步。

在跟電腦晶片和神經元的戰爭中，人腦一直是佔上風。從原則上來說，人腦沒有任何一個機制是電腦不能模仿的。的確，我在本書中，所談到的任何一個想法都已經在電腦科學家的手中試過了，電腦科學的進步很明顯是受到神經科學的激勵。[1] 然而，機器還有很長的一條路要走，要改進，它們需要本書中所談到的成份：使概念可以有彈性組合的內在思考語言；可以用機率分配法來推理的算則；一個好奇的功能；處理注意力和記憶的有效系統；還有或許一個睡眠／清醒的算則可以增大訓練的數據組，增加發現的機會。這種類型的算則開始出現了，但是跟新生嬰兒的能力比起來，它們還有光年之遠。大腦還是佔上風，我預測它還會佔上風很久。

發展出孩子潛能的十三個信息

研究人類大腦越深入，我越覺得它很了不起。但是我也知道大腦的表現很脆弱，因為它相當依賴其發展的環境。多數孩子沒有達到上天給他們的天賦能力，因為他們的家庭或學校沒有提供他們理想的學習環境。

國際的評比很令人吃驚，因為在過去的十五、二十年來，許多西方國家，包括我的國家──法國，學校排名都往下掉，而許多亞洲國家和城市，如新加坡、上海和香港，都往上竄升。[2]數學過去是法國的強項，二〇〇三年到二〇一五年間分數往下掉的這麼厲害，在評估十五歲學生數學和科學成就的 TIMSS 調查中，排行歐洲的最後一名。

面對這麼糟的結果，我們常常太快的去指責老師。事實上，沒有人知道它下降的原因：難道家長、學校和社會都沒有責任嗎？我們應該責備或怪罪孩子的睡眠不足、注意力不集中、或電玩遊戲嗎？不管理由是什麼，我認為最近學習科學的進步可以幫忙翻轉這個黑暗的趨勢。跟過去相比，我們現在對使學習和記憶最大化的條件有了更多的了解。

我們所有的人，包括家長和老師在內，都必須學習如何確實把這些情況落實在每天生活的家裡或教室中。其實我在本書前面所提到的那些科學研究的結果很容易落實，現在我把它們再重新總結一次：

● **不要低估孩子的能力：**嬰兒一出生就有很豐富的物體概念和數學的感覺，他們能夠很快的掌握語言，也了解他們身邊人們是誰和這些人的意圖。我們很驚訝這麼小的孩子大腦中就已經有這麼多的技能和知識模組，這些基礎的知識和技能後來會在他們物理學、數學和語言及哲學的課堂上再次出現。我們要多利用他們早期的這些直覺：他們學的每一個字、每一個符號，不管多麼抽象，都必須跟他們的先驗知識連接，這個連接會讓他們了解字的意義。

- **要利用大腦的敏感期：**在他們出生後的頭幾年，每一天大腦都生出和修剪掉千百萬個神經突觸，這種精簡的過程會使孩子的大腦特別容易接收新的訊息，尤其語言的學習。我們要盡早讓孩子暴露在第二語言學習的環境中，但是也要記得大腦有可塑性，它可以一直延伸到青春期。在這整個期間，外國語言的學習都可以改變大腦。
- **豐富孩子的環境：**孩子的大腦是最強的超級電腦，我們要盡早提供它正確的數據：例如詞彙、有建構性的遊戲、故事書、拼圖……，等等。絕對不要擔心跟孩子講話講的太深奧他們會聽不懂，請務實的回答他每一個問題，即使很難，要用到艱深的詞彙都沒有關係。請跟他們解釋外面世界的真相，不要騙他們。當我們提供孩子豐富的環境，尤其是語言的環境時，我們就大大的幫助了他大腦成長，延長了他大腦的可塑性期限。
- **撤銷、廢止每個孩子是不同的錯誤觀念：**這個認為每個孩子有不同的學習方式是錯誤的，是沒有實驗證據的神話。大腦造影研究顯示知道大腦迴路和學習的規則多了很多。每個人大腦學習閱讀和數學的迴路是一樣的，只差幾毫米而已——即使是盲童也一樣。我們在學習時都面對同樣的困難，同樣的教學法可以超越它們。個別差異指的是孩子現有的知識、動機和他學習的速度。為了選出適合他的問題，我們必須仔細決定每一個孩子目前的程度，但最重要的還是應確定所有的孩子都學會了語言、文學和數學基礎，這是每一個人都需要做的。

- **留意孩子的注意力**。注意力是進入學習的大門，假如一個訊息沒有先被注意力和覺識放大，它就不可能被記住。老師一定要能抓住學生的注意力，把它導向重要的地方。這表示要拿掉會分散孩子注意力的東西：太過花俏的課本插圖、過度裝飾的教室都會吸引孩子，導致他們不專心。
- **使孩子主動、好奇、參與和自動化**。被動的學生學不到東西。使他們主動，啟發他們的智慧，使他們的心充滿好奇，不停的得出新的假設。但是不要預期他們會自己發現每一樣東西：透過有架構的課程去引導他們。
- **每個上學日都是快樂天**。報酬迴路是大腦可塑性的重要調節器，獎勵孩子每一次的努力會使課堂每個小時都充滿了樂趣。沒有孩子對物質獎勵是不敏感的——他們社會化的大腦對非物質的微笑和鼓勵一樣有效。被人感激、被人看到、獲得認可、知道自己有進步就是一項報酬；相反的，焦慮和壓力會阻止學習——尤其是數學的學習。

- **鼓勵努力下功夫**。快樂的學校經驗不等於不要努力，相反的，大部分有興趣的學習，如閱讀、數學和彈奏樂器都需要多年的練習。那種以為把課程弄得很容易孩子就會快樂的想法是錯的，因為假如孩子沒有成功，他們反而會覺得自己很笨。解釋給他們聽，所有的學生必須努力學習，只要努力一定會有進步，學生要有「成長心態」，而不是「固定心態」（譯註：前一陣子台灣在流行「學習是快樂的」，結果誤導了很多學生，其實學習是辛苦的，學會以後才是快樂的，沒有耕耘，哪有收穫？天道酬勤，地道酬善，學道酬苦）。
- **幫助學生加深他們的思考**。大腦處理訊息越深，我們會記的越好。不要因為表面的學習而滿足，永遠追求深層的了解。請記住羅迪格的話：「使學習情境難一點，這會迫使學生花更多的認知努力去學習，使他們的記憶增強。」
- **設定清晰的學習目標**。當學習目標很清楚的擺在他們面前時，他們學得最好，因為他們可以看到自己是朝著目標前進。請清楚地告訴學生你對他們的期待，督促他們聚焦在目標上。
- **接受並改正他們的錯誤**。大腦若要更新心智模式，它必須和各個大腦區域交換錯誤訊息，所以錯誤是學習的必要條件。請不要處罰錯誤，而是要盡快矯正，給他們詳細無壓力的回饋。根據教育捐贈基金會（Education Endowment Foundation），老師給學生回饋的品質是學生學業成就最有效的工具。

- **規律的練習。**「三天打漁，二天曬網」是沒有效的，孩子需要把他們的所學固化到自動化、潛意識地反射反應的輸出程度。這會釋放出前額葉皮質和頂葉迴路的資源，使他們可以去注意別的訊息。最有效的學習方式是：間隔式學習。把要學習的課程分段教予學生，幫助訊息永久儲存在記憶中。
- **讓學生睡覺。**睡眠是學習算則中一個重要的成份。每一次睡覺，即使只是午睡，大腦都受益。請確定孩子有足夠的睡眠而且睡的深沉。要使大腦夜間潛意識的工作發揮最大的效益，在睡覺前讀書或重新看一次尚未解決的問題，可幫助記憶。因應青少年睡眠週期改變，不要太早叫他們起床！

只有徹底了解自己，才能將天賦給我們的大腦算則充份發揮出其威力，所有的孩子都會因為了解學習的四根支柱：注意力、主動參與、錯誤回饋和固化而受益。我有四個標語可以有效的說明它們的功用：「完全投入」（Fully concentrate）、「參與討論」（participate in class）、「從錯誤中學習」（learn from your mistakes）和「每天練習，利用睡眠」（practice every day, take advantage of every night），這些是非常簡單的訊息，我們應該都能身體力行。

跟明天的學校結盟

我們如何在學校系統中融入認知和大腦科學的新發現呢？我們需要與學校結盟。就像醫學要靠生物學和藥學的研究，教育也需依賴以證據為主的研究，包括實驗室和教室兩者的結合，只有結合老師、家長和科學家，才能翻轉學生的好奇心和學習樂趣這個教育目的，幫助他們發揮認知的潛能。

老師肩負教育孩子的重責，這些孩子將是未來世界的掌舵者，但是我們通常沒有給老師足夠的資源去達成這個任務。老師需要被尊重，他們值得政府投資，今天的老師面對越來越嚴峻的挑戰，包括資源的消失、班級人數的擴大、暴力的增長、及不相干的課程干擾。令人驚訝的是，大多數的老師只有很少或根本沒有學習科學（science of learning）的專科訓練，我們必須趕快改善這個情形，因為我們已經有很多的大腦學習算則和教授法的科學知識，學習可以變得更有效。我希望這本書可以為全球性的教師訓練計畫提供一點貢獻，從認知科學的觀點給他們最好的工具去教育我們的孩子。

我也希望老師們不要覺得他們的教學自由（pedagogical freedom）被大幅成長的大腦學習科學所限制。相反的，這本書的目的是老師們可以更好的行使他們的教學自由，鮑比．迪倫（Bob Dylan，譯註：美國反越戰時期最著名的歌手，二〇一六年諾貝爾文學獎的得主，因為他在「美國傳統歌曲中，創造了新的歌曲表達」，一開始，他拒絕接受諾貝爾獎，半年後還是去領了）說：「我認為一個英雄是一個了解自由和責任不可分的人。」一個真正的教授法創造人只能來自他對教學策略的全盤了解，而且能夠很仔細的從中選擇最恰當的教法，因為他有足夠知識可以判斷這個教法影響學生的層面。我在本書中，不厭其煩一再說明的原則其實是符合各種教授法的理念，而且可以在教室中實際執行。我很期待老師們的創意，因為創意是引起學生學習熱忱的關鍵。

我認為未來學校應該給家長更重要的位置，因為家長是孩子發展的主要人物，家庭是最早的學習場所，父母是最初的老師。透過家庭作業和學習，孩子在課堂中的所學得以在家中延展和驗證。孩子一個禮拜七天都在家，遠超過在校的時間，父母更可以利用清醒和睡眠的交替，幫助孩子學習並把知識固化。學校需要花更多的時間與家長溝通甚至培訓（譯註：美國現在有些私立學校招生時，先面試父母親，只有接受學校教育理念的父母，他們的孩子才能入學），因為理念相同的父母是老師珍貴的教育夥伴，一起偵察到孩子的學習困難在哪裡。

最後，科學家必須和老師及學校結合，才能確保教育科學這個領域的穩定成長。跟過去三十年的認知和大腦科學的大幅進步比較起來，教育研究相對是一個被忽略的領域。研究機構應該鼓勵科學家研究所有的學習科學領域，從神經科學到大腦造影、到發展病變的神經心理學、認知心理學和教育社會學。我們現在很需要全面貫徹從實驗室到教室的實驗，雖然不容易做，但是認知科學可以幫忙設計和評估創新的教育工具。

就像醫學是基於生物學，教育也必須基於系統化嚴謹的研究，將老師、家長和研究者結合在一起，不停的去尋找比較有效、有實驗證據為基礎的學習策略。

注釋

前言

1. See the movies *The Miracle Worker* (1962) and *Marie's Story* (2014), as well as read the following books: Arnould, 1900; Keller, 1903.
2. Learning in the nematode *C. elegans*: Bessa, Maciel, and Rodrigues, 2013; Kano et al., 2008; Rankin, 2004.
3. Website of the Education Endowment Foundation (EEF): educationendowment foundation.org.uk.
4. The brain constantly keeps track of uncertainty: Meyniel and Dehaene, 2017; Heilbron and Meyniel, 2019.

第 1 章：學習的七個定義

1. You can try this experiment for yourself at the C3RV34U exhibition I organized at the Cité des sciences, Paris's main science museum.
2. LeNet artificial neural network: LeCun, Bottou, Bengio, and Haffner, 1998.
3. Visualizing the hierarchy of hidden units in the GoogLeNet artificial neural network: Olah, Mordvintsev, and Schubert, 2017.
4. Progressive separation of the ten digits by a deep neural network: Guerguiev, Lillicrap, and Richards, 2017.
5. Reinforcement learning: Mnih et al., 2015; Sutton and Barto, 1998.
6. Artificial neural network that learns to play Atari video games: Mnih et al., 2015.
7. Artificial neural network that learns to play Go: Banino et al., 2018; Silver et al., 2016.
8. Adversarial learning: Goodfellow et al., 2014.
9. Convolutional neural networks: LeCun, Bengio, and Hinton, 2015; LeCun et al., 1998.
10. Darwin's natural selection algorithm: Dennett, 1996.

第2章：為什麼我們的大腦比目前的機器學得更好

1. Artificial neural networks primarily implement the unconscious operations of the brain: Dehaene, Lau, and Kouider, 2017.
2. Artificial neural networks tend to learn superficial regularities: Jo and Bengio, 2017.
3. Generation of images that confuse humans as well as artificial neural networks: Elsayed et al., 2018.
4. Artificial neural network that learns to recognize CAPTCHAs: George et al., 2017.
5. Critique of the learning speed in artificial neural networks: Lake, Ullman, Tenenbaum, and Gershman, 2017.
6. Lack of systematicity in artificial neural networks: Fodor and Pylyshyn, 1988; Fodor and McLaughlin, 1990.
7. Language of thought hypothesis: Amalric, Wang, et al., 2017; Fodor, 1975.
8. Learning to count as program inference: Piantadosi, Tenenbaum, and Goodman, 2012; see also Piantadosi, Tenenbaum, and Goodman, 2016.
9. Recursive representations as a singularity of the human species: Dehaene, Meyniel, Wacongne, Wang, and Pallier, 2015; Everaert, Huybregts, Chomsky, Berwick, and Bolhuis, 2015; Hauser, Chomsky, and Fitch, 2002; Hauser and Watumull, 2017.
10. Human singularity in coding an elementary sequence of sounds: Wang, Uhrig, Jarraya, and Dehaene, 2015.
11. Acquisition of geometrical rules–slow in monkeys, ultrafast in children: Jiang et al., 2018.
12. The conscious human brain resembles a serial Turing machine: Sackur and Dehaene, 2009; Zylberberg, Dehaene, Roelfsema, and Sigman, 2011.
13. Fast learning of word meaning: Tenenbaum, Kemp, Griffiths, and Goodman, 2011; Xu and Tenenbaum, 2007.
14. Word learning based on shared attention: Baldwin et al., 1996.
15. Knowledge of determiners and other function words at twelve months: Cyr and Shi, 2013; Shi and Lepage, 2008.
16. Mutual exclusivity principle in word learning: Carey and Bartlett, 1978; Clark, 1988; Markman and Wachtel, 1988; Markman, Wasow, and Hansen, 2003.
17. Reduced reliance on mutual exclusivity in bilinguals: Byers-Heinlein and Werker, 2009.

18. Rico, a dog who learned hundreds of words: Kaminski, Call, and Fischer, 2004.
19. Modelling of an “artificial scientist”: Kemp and Tenenbaum, 2008.
20. Discovering the causality principle: Goodman, Ullman, and Tenenbaum, 2011; Tenenbaum et al., 2011.
21. The brain as a generative model: Lake, Salakhutdinov, and Tenenbaum, 2015; Lake et al., 2017.
22. Probability theory is the logic of science: Jaynes, 2003.
23. Bayesian model of information processing in the cortex: Friston, 2005. For empirical data on hierarchical passing of probabilistic error messages in the cortex, see, for instance, Chao, Takaura, Wang, Fujii, and Dehaene, 2018; Wacongne et al., 2011.

第3章：嬰兒看不見的知識

1. Object concept in infants: Baillargeon and DeVos, 1991; Kellman and Spelke, 1983.
2. Fast acquisition of how objects fall, and what suffices to keep them supported: Baillargeon, Needham, and DeVos, 1992; Hespos and B illargeon, 2008.
3. Number concept in infants: Izard, Dehaene-Lambertz, and Dehaene, 2008; Izard, Sann, Spelke, and Streri, 2009; Starkey and Cooper, 1980; Starkey, Spelke, and Gelman, 1990. A detailed review of these findings can be found in the second edition of my book *The Number Sense* (Dehaene, 2011).
4. Multimodal knowledge of numbers in neonates: Izard et al., 2009.
5. Small-number addition and subtraction in infants: Koechlin, Dehaene, and Mehler, 1997; Wynn, 1992.
6. Large-number addition and subtraction in infants: McCrink and Wynn, 2004.
7. The accuracy of number sense gets refined with age and education: Halberda and Feigenson, 2008; Piazza et al., 2010; Piazza, Pica, Izard, Spelke, and Dehaene, 2013.
8. Number sense in chicks: Rugani, Fontanari, Simoni, Regolin, and Vallortigara, 2009; Rugani, Vallortigara, Priftis, and Regolin, 2015.
9. Number neurons in untrained animals: Ditz and Nieder, 2015; Viswanathan and Nieder, 2013.

10. Brain-imaging and single-cell evidence for number neurons in humans: Piazza, Izard, Pinel, Le Bihan, and Dehaene, 2004; Kutter, Bostroem, Elger, Mormann, and Nieder, 2018.
11. Core knowledge in infants: Spelke, 2003.
12. Bayesian reasoning in infants: Xu and Garcia, 2008.
13. The child as a "scientist in the crib": Gopnik, Meltzoff, and Kuhl, 1999; Gopnik et al., 2004.
14. Infants' understanding of probabilities, containers, and randomness: Denison and Xu, 2010; Gweon, Tenenbaum, and Schulz, 2010; Kushnir, Xu, and Wellman, 2010.
15. Babies distinguish whether a machine or a human draws from a container: Ma and Xu, 2013.
16. Logical reasoning in twelve-month-old babies: Cesana-Arlotti et al., 2018.
17. Infants' understanding of intentions: Gergely, Bekkering, and Király, 2002; Gergely and Csibra, 2003; see also Warneken and Tomasello, 2006.
18. Ten-month-old infants infer other people's preferences: Liu, Ullman, Tenenbaum, and Spelke, 2017.
19. Babies evaluate other people's actions: Buon et al., 2014.
20. Babies distinguish intentional and accidental actions: Behne, Carpenter, Call, and Tomasello, 2005.
21. Face processing by fetuses in utero: Reid et al., 2017.
22. Face recognition in infancy and development of cortical responses to faces: Adibpour, Dubois, and Dehaene-Lambertz, 2018; Deen et al., 2017; Livingstone et al., 2017.
23. Face recognition in the first year of life: Morton and Johnson, 1991.
24. Babies prefer to listen to their maternal language: Mehler et al., 1988.
25. "The baby in my womb leaped for joy": Luke 1:44.
26. See my book *Consciousness and the Brain* (2014).
27. Lateralization of language and voice processing in premature babies: Mahmoudzadeh et al., 2013.
28. Word segmentation in infants: Hay, Pelucchi, Graf Estes, and Saffran, 2011; Saffran, Aslin, and Newport, 1996.
29. Young children detect grammatical violations: Bernal, Dehaene-Lambertz, Millotte, and Christophe, 2010.

30. Limits of language-learning e periments in animals: see, for instance, Penn, Holyoak, and Povinelli, 2008; Terrace, Petitto, Sanders, and Bever, 1979; Yang, 2013.
31. Fast emergence of language in deaf communities: Senghas, Kita, and Özyürek, 2004.

第 4 章：大腦的誕生

1. Brain imaging of language in infants: Dehaene-Lambertz et al., 2006; Dehaene- Lambertz, Dehaene, and Hertz-Pannier, 2002.
2. Empiricist view of the infant's brain: see, for instance, Elman et al., 1996; Quartz and Sejnowski, 1997.
3. Evolution of cortical areas (figure 7 in the color insert): Krubitzer, 2007.
4. Hierarchy of cortical responses to language in humans: Lerner, Honey, Silbert, and Hasson, 2011; Pallier, evauchelle, and Dehaene, 2011.
5. Organization of major long-range cortical fiber tracts at birth: Dehaene-Lambertz and Spelke, 2015; Dubois et al., 2015.
6. Hypothesis of a disorganized brain that receives the imprint of the environment: Quartz and Sejnowski, 1997.
7. The peripheral nervous system is already remarkably organized by two months of gestation: Belle et al., 2017.
8. Subdivision of the cortex into Brodmann areas: Amunts et al., 2010; Amunts and Zilles, 2015; Brodmann, 1909.
9. Early gene expression in delimited cortical areas: Kwan et al., 2012; Sun et al., 2005.
10. Early origins of brain asymmetries: Dubois et al., 2009; Leroy et al., 2015.
11. Brain asymmetries in left- and right-handers: Sun et al., 2012.
12. Self-organizing model of cortical folds: Lefevre and Mangin, 2010.
13. Grid cells in rats: Banino et al., 2018; Brun et al., 2008; Fyhn, Molden, Witter, Moser, and Moser, 2004; Hafting, Fyhn, Molden, Moser, and Moser, 2005.
14. Self-organizing models of grid cells: Kropff and Treves, 2008; Shipston-Sharman, Solanka, and Nolan, 2016; Widloski and Fiete, 2014; Yoon et al., 2013.

15. Fast emergence of grid cells, place cells, and head direction cells during development: Langston et al., 2010; Wills, Cacucci, Burgess, and O'Keefe, 2010.
16. Grid cells in humans: Doeller, Barry, and Burgess, 2010; Nau, Navarro Schröder, Bellmund, and Doeller, 2018.
17. Spatial navigation in a blind child: Landau, Gleitman, and Spelke, 1981.
18. Fast emergence of cortical areas for faces versus places: Deen et al., 2017; Livingstone et al., 2017.
19. Tuning to numbers in parietal cortex: Nieder and Dehaene, 2009.
20. Self-organizing model of number neurons: Hannagan, Nieder, Viswanathan, and Dehaene, 2017.
21. Self-organization based on an internal "game engine in the head": Lake et al., 2017.
22. Genes and cell migration in dyslexia: Galaburda, LoTurco, Ramus, Fitch, and Rosen, 2006.
23. Connectivity anomalies in dyslexia: Darki, Peyrard-Janvid, Matsson, Kere, and Klingberg, 2012; Hoeft et al., 2011; Niogi and McCandliss, 2006.
24. Phonological predictors of dyslexia in six-month-old children: Leppanen et al., 2002; Lyytinen et al., 2004.
25. Attentional dyslexia: Friedmann, Kerbel, and Shvimer, 2010.
26. Visual dyslexia with mirror errors: McCloskey and Rapp, 2000.
27. Bell curve for dyslexia: Shaywitz, Escobar, Shaywitz, Fletcher, and Makuch, 1992.
28. Cognitive and neurological impairments in dyscalculia: Butterworth, 2010; Iuculano, 2016.
29. Parietal gray-matter loss in premature children with dyscalculia: Isaacs, Edmonds, Lucas, and Gadian, 2001.

第5章：後天的部分

1. Synaptic hypothesis of brain plasticity: Holtmaat and Caroni, 2016; Takeuchi, Duszkiewicz, and Morris, 2014.
2. Music activates reward circuits: Salimpoor et al., 2013.
3. Long-term potentiation of synapses: Bliss and Lømo, 1973; Lømo, 2018.
4. Aplysia, hippocampus, and synaptic plasticity: Pittenger and Kandel, 2003.
5. Hippocampus and memory for places: Whitlock, Heynen, Shuler, and Bear, 2006.

6. Memory for fearful sounds in mice: Kim and Cho, 2017.
7. Causal role of synaptic changes: Takeuchi et al., 2014.
8. Nature of the engram, the neuronal basis of a memory: Josselyn, Köhler, and Frankland, 2015; Poo et al., 2016.
9. Working memory and sustained firing: Courtney, Ungerleider, Keil, and Haxby, 1997; Ester, Sprague, and Serences, 2015; Goldman-Rakic, 1995; Kerkoerle, Self, and Roelfsema, 2017; Vogel and Machizawa, 2004.
10. Working memory and fast synaptic changes: Mongillo, Barak, and Tsodyks, 2008.
11. Role of the hippocampus in the fast acquisition of novel information: Genzel et al., 2017; Lisman et al., 2017; Schapiro, Turk-Browne, Norman, and Botvinick, 2016; Shohamy and Turk-Browne, 2013.
12. Displacement of a memory engram from hippocampus to cortex: Kitamura et al., 2017.
13. Creation of a false memory in mice: Ramirez et al., 2013.
14. Turning a bad memory into a good one: Ramirez et al., 2015.
15. Erasing a traumatic memory: Kim and Cho, 2017.
16. Creating a novel memory during sleep: de Lavilléon et al., 2015.
17. Tool and symbol learning in macaque monkeys: Iriki, 2005; Obayashi et al., 2001; Srihasam, Mandeville, Morocz, Sullivan, and Livingstone, 2012.
18. Distant synaptic changes: Fitzsimonds, Song, and Poo, 1997.
19. Anatomical changes due to music training: Gaser and Schlaug, 2003; Oechslin, Gschwind, and James, 2018; Schlaug, Jancke, Huang, Staiger, and Steinmetz, 1995.
20. Anatomical changes due to literacy: Carreiras et al., 2009; Thiebaut de Schotten, Cohen, Amemiya, Braga, and Dehaene, 2014.
21. Anatomical changes after learning to juggle: Draganski et al., 2004; Gerber et al., 2014.
22. Brain changes in London taxi drivers: Maguire et al., 2000, 2003.
23. Non-synaptic mechanism of memory in the cerebellum: Johansson, Jirenhed, Rasmussen, Zucca, and Hesslow, 2014; Rasmussen, Jirenhed, and Hesslow, 2008.

24. Effects of physical exercise and nutrition on the brain: Prado and Dewey, 2014; Voss, Vivar, Kramer, and van Praag, 2013.
25. Cognitive deficits in children with vitamin B1 (thiamine) deficiency: Fattal, Friedmann, and Fattal-Valevski, 2011.
26. Brain plasticity in a child born without a right hemisphere: Muckli, Naumer, and Singer, 2009.
27. Turning auditory cortex into visual cortex: Sur, Garraghty, and Roe, 1988; Sur and Rubenstein, 2005.
28. Hypothesis of a disorganized brain that receives the imprint of the environment: Quartz and Sejnowski, 1997.
29. Self-organization of visual maps by retinal waves: Goodman and Shatz, 1993; Shatz, 1996.
30. Progressive adjustment of cortical spontaneous activity: Berkes, Orbán, Lengyel, and Fiser, 2011; Orbán, Berkes, Fiser, and Lengyel, 2016.
31. Review of the concept of sensitive periods: Werker and Hensch, 2014.
32. Growth of human cortical neurons: Conel, 1939; Courchesne et al., 2007.
33. Synaptic overproduction and elimination in the course of development: Rakic, Bourgeois, Eckenhoff, Zecevic, and Goldman-Rakic, 1986.
34. Distinct phases of synaptic elimination in humans: Huttenlocher and Dabholkar, 1997.
35. Progressive myelination of cortical bundles: Dubois et al., 2007, 2015; Flechsig, 1876.
36. Acceleration of visual responses in babies: Adibpour et al., 2018; Dehaene-Lambertz and Spelke, 2015.
37. Slowness of conscious processing in babies: Kouider et al., 2013.
38. Sensitive period for binocular vision: Epelbaum, Milleret, Buisseret, and Duffer, 1993; Fawcett, Wang, and Birch, 2005; Hensch, 2005.
39. Loss of the capacity to discriminate non-native phonemes: Dehaene-Lambertz and Spelke, 2015; Maye, Werker, and Gerken, 2002; Pena, Werker, and Dehaene- Lambertz, 2012; Werker and Tees, 1984.
40. Partial recovery of the discrimination of /R/ and /L/ in Japanese speakers: McCandliss, Fiez, Protopapas, Conway, and McClelland, 2002.
41. Auditory cortex anatomy predicts the capacity to learn foreign contrasts: Golestani, Molko, Dehaene, Le Bihan, and

Pallier, 2007.

42. Sensitive period for second-language learning: Flege, Munro, and MacKay, 1995; Hartshorne, Tenenbaum, and Pinker, 2018; Johnson and Newport, 1989; Weber- Fox and Neville, 1996.
43. Sharp decline in the speed of second-language grammar learning around seventeen years of age (analysis of data from several million people): Hartshorne et al., 2018.
44. Sensitive period for language learning in deaf people with a cochlear implant: Friedmann and Rusou, 2015.
45. Biological mechanisms for the opening and closing of sensitive periods: Caroni, Donato, and Muller, 2012; Friedmann and Rusou, 2015; Werker and Hensch, 2014.
46. Restoring brain plasticity: Krause et al., 2017.
47. Reorganization of language areas in adopted children: Pallier et al., 2003. Similar results have been observed in the domain of face recognition: when adopted in a Western country before the age of nine, Korean children lose the advantage that is usually observed for recognizing members of one's own race (Sangrigoli, Pallier, Argenti, Ventureyra, and de Schonen, 2005).
48. Dormant trace of the first language in adopted children: Pierce, Klein, Chen, Delcenserie, and Genesee, 2014.
49. Dormant connections in owls: Knudsen and Knudsen, 1990; Knudsen, Zheng, and DeBello, 2000.
50. Age-of-acquisition effect in word processing: Ellis and Lambon Ralph, 2000; Gerhand and Barry, 1999; Morrison and Ellis, 1995.
51. Bucharest Early Intervention Project: Almas et al., 2012; Berens and Nelson, 2015; Nelson et al., 2007; Sheridan, Fox, Zeanah, McLaughlin, and Nelson, 2012; Windsor, Moraru, Nelson, Fox, and Zeanah, 2013.
52. Ethics of the Bucharest project: Millum and Emanuel, 2007.

第 6 章：重複使用你的大腦

1. Nabokov, 1962.
2. Difficulties of illiterates in picture recognition: Kolinsky et al., 2011; Kolinsky, Morais, Content, and Cary, 1987;

Szwed, Ventura, Querido, Cohen, and Dehaene, 2012.

3. Difficulties of illiterates in processing mirro Pegado, Nakamura, et al., 2014.
4. images: Kolinsky et al., 2011, 1987; Difficulties of illiterates in attending t part of a face: Ventura et al., 2013.
5. Difficulties of illiterates in recognizing and remembering spoken words: Castro- Caldas, Petersson, Reis, Stone-Elander, and Ingvar, 1998; Morais, 2017; Morais, Bertelson, Cary, and Alegria, 1986; Morais and Kolinsky, 2005.
6. Impact of arithmetic education: Dehaene, Izard, Pica, and Spelke, 2006; Dehaene, Izard, Spelke, and Pica, 2008; Piazza et al., 2013; Pica, Lemer, Izard, and Dehaene, 2004.
7. Counting and arithmetic in Amazon Indians: Pirahã: Frank, Everett, Fedorenko, and Gibson, 2008; Munduruku: Pica et al., 2004; Tsimane: Piantadosi, Jara-Ettinger, and Gibson, 2014.
8. Acquisition of the number line concept: Dehaene, 2003; Dehaene et al., 2008; Siegler and Opfer, 2003.
9. Neuronal recycling hypothesis: Dehaene, 2005, 2014; Dehaene and Cohen, 2007.
10. Evolution by duplication of brain circuits: Chakraborty and Jarvis, 2015; Fukuchi- Shimogori and Grove, 2001.
11. Learning confined to a neuronal subspace: Galgali and Mante, 2018; Golub et al., 2018; Sadtler et al., 2014.
12. One-dimensional coding in parietal cortex: Chafee, 2013; Fitzgerald et al., 2013.
13. Role of parietal cortex in the comparison of social status: Chiao, 2010.
14. Two-dimensional coding in entorhinal cortex: Yoon et al., 2013.
15. Coding of an arbitrary two-dimensional space by grid cells: Constantinescu, O'Reilly, and Behrens, 2016.
16. Coding of syntactic trees in Broca's area: Musso et al., 2003; Nelson et al., 2017; Pallier et al., 2011.
17. The number sense: Dehaene, 2011.
18. Number neurons in untrained animals: Ditz and Nieder, 2015; Viswanathan and Nieder, 2013.
19. Effect of training on number neurons: Viswanathan and Nieder, 2015.
20. Acquisition of Arabic numerals in monkeys: Diester and Nieder, 2007.
21. Relation between addition, subtraction, and movements of spatial a tention: Knops, Thirion, Hubbard, Michel, and Dehaene, 2009; Knops, Viarouge, and Dehaene, 2009.

22. Functional MRI of professional mathematicians: Amalric and De aene, 2016, 2017.
23. Brain imaging of number processing in babies: Izard et al., 2008.
24. Functional MRI of early math in preschoolers: Cantlon, Brannon, Carter, and Pel- phrey, 2006. Cantlon and Li, 2013, show that cortical areas for language and number are already active when a four-year-old watches the corresponding sections of *Sesame Street* movies, and that their activity predicts the child's language and math skills.
25. Blind mathematicians: Amalric, Denghien, and Dehaene, 2017.
26. Recycling of occipital cortex for math in the blind: Amalric, Denghien, et al., 2017; Kanjlia, Lane, Feigenson, and Bedny, 2016.
27. Language processing in the occipital cortex of the blind: Amedi, Raz, Pianka, Malach, and Zohary, 2003; Bedny, Pascual-Leone, Dodell-Feder, Fedorenko, and Saxe, 2011; Lane, Kanjlia, Omaki, and Bedny, 2015; Sabbah et al., 2016.
28. Debate on cortical plasticity in the blind: Bedny, 2017; Hannagan, Amedi, Cohen, Dehaene-Lambertz, and Dehaene, 2015.
29. Retinotopic maps in the blind: Bock et al., 2015.
30. Recycling of visual cortex in the blind: Abboud, Maidenbaum, Dehaene, and Amedi, 2015; Amedi et al., 2003; Bedny et al., 2011; Mahon, Anzellotti, Schwarzbach, Zampini, and Caramazza, 2009; Reich, Szwed, Cohen, and Amedi, 2011; Striem-Amit and Amedi, 2014; Strnad, Peelen, Bedny, and Caramazza, 2013.
31. Connectivity predicts function in visual cortex: Bouhali et al., 2014; Hannagan et al., 2015; Saygin et al., 2012, 2013, 2016.
32. Distance effect in number comparison: Dehaene, 2007; Dehaene, Dupoux, and Mehler, 1990; Moyer and Landauer, 1967.
33. Distance effect when deciding that two numbers are different: Dehaene and Akhavein, 1995; Diester and Nieder, 2010.
34. Distance effect when verifying addition and subtraction problems: Groen and Parkman, 1972; Pinheiro-Chagas,

Dotan, Piazza, and Dehaene, 2017.

35. Mental representation of prices: Dehaene and Marques, 2002; Marques and Dehaene, 2004.
36. Mental representation of parity: Dehaene, Bossini, and Giraux, 1993; negative numbers: Blair, Rosenberg-Lee, Tsang, Schwartz, and Menon, 2012; Fischer, 2003; Gullick and Wolford, 2013; fractions: Jacob and Nieder, 2009; Siegler, Thompson, and Schneider, 2011.
37. Language of thought in mathematics: Amalric, Wang, et al., 2017; Piantadosi et al., 2012, 2016.
38. See my previous book *Reading in the Brain*: Dehaene, 2009.
39. Brain mechanisms of the invariant recognition of written words: Dehaene et al., 2001, 2004.
40. Connections between the visual word form area and language areas: Bouhali et al., 2014; Saygin et al., 2016.
41. Imaging of the illiterate brain: Dehaene et al., 2010; Dehaene, Cohen, Morais, and Kolinsky, 2015; Pegado, Comerlato, et al., 2014.
42. Specialization of early visual cortex for reading: Chang et al., 2015; Dehaene et al., 2010; Szwed, Qiao, Jobert, Dehaene, and Cohen, 2014.
43. Literacy competes with face processing the left hemisphere: Dehaene et al., 2010; Pegado, Comerlato, et al., 2014.
44. Development of reading and face recognition: Dehaene-Lambertz, Monzalvo, and Dehaene, 2018; Dundas, Plaut, and Behrmann, 2013; Li et al., 2013; Monzalvo, Fluss, Billard, Dehaene, and Dehaene-Lambertz, 2012.
45. Insufficient activity evoked by words and faces in dyslexic children: Monzalvo et al., 2012.
46. Universal marker of reading difficulties: Rueckl et al., 2015.
47. Competition between words and faces—knockout or blocking?: Dehaene-Lambertz et al., 2018.
48. Learning to read in adulthood: Braga et al., 2017; Cohen, Dehaene, McCormick, Durant, and Zanker, 2016.
49. Displacement of the visual word form area in musicians: Mongelli et al., 2017.
50. Reduced response to faces in mathematicians: Amalric and Dehaene, 2016.
51. Numerous long-term effects of early education: see the Abecedarian program (Campbell et al., 2012, 2014; Martin, Ramey, and Ramey, 1990), the Perry preschool program (Heckman, Moon, Pinto, Savelyev, and Yavitz, 2010;

Schweinhart, 1993), and the Jamaican Study (Gertler et al., 2014; Grantham-McGregor, Powell, Walker, and Himes, 1991; Walker, Chang, Powell, and Grantham-McGregor, 2005).

52. Child-directed speech and vocabulary growth: Shneidman, Arroyo, Levine, and Goldin-Meadow, 2013; Shneidman and Goldin-Meadow, 2012.
53. Increased response to speech following parent-child story reading: Hutton et al., 2015, 2017; see also Romeo et al., 2018.
54. Advantages of early bilingualism: Bialystok, Craik, Green, and Gollan, 2009; Costa and Sebastián-Gallés, 2014; Li, Legault, and Litcofsky, 2014.
55. Benefits of an enriched environment: Donato, Rompani, and Caroni, 2013; Knudsen et al., 2000; van Praag, Kempermann, and Gage, 2000; Voss et al., 2013; Zhu et al., 2014.

第7章・・注意力

1. Attention in mice: Wang and Krauzlis, 2018.
2. Attention in artificial neural networks: Bahdanau, Cho, and Bengio, 2014; Cho, Courville, and Bengio, 2015.
3. Attention in an artificial neural network learning to caption pictures (figure on page 149): Xu et al., 2015.
4. Inattention strongly reduces learning: Ahissar and Hochstein, 1993.
5. Reduced learning in the absence of attention and consciousness: Seitz, Lefebvre, Watanabe, and Jolicoeur, 2005; Watanabe, Nanez, and Sasaki, 2001.
6. Prefrontal ignition and access to consciousness: Dehaene and Changeux, 2011; van Vugt et al., 2018.
7. Acetylcholine, dopamine, brain plasticity, and alteration of cortical maps: Bao, Chan, and Merzenich, 2001; Froemke, Merzenich, and Schreiner, 2007; Kilgard and Merzenich, 1998.
8. Balance between inhibition and excitation, and reopening of brain plasticity: Werker and Hensch, 2014.
9. Activation of reward and alerting circuits by video games: Koepp et al., 1998.
10. Positive effects of video game training: Bavelier et al., 2011; Cardoso-Leite and Bavelier, 2014;

Green and Bavelier, 2003.

11. Cognitive training using video games: see our math software at www.thenumberrace.com and www.th numbercatcher.com; for reading acquisition, visit grapholearn.fr.
12. Spatial attention orienting: Posner, 1994.
13. Amplification by attention: Çukur, Nishimoto, Huth, and Gallant, 2013; Desimone and Duncan, 1995; Kastner and Ungerleider, 2000.
14. Inattentional blindness: Mack and Rock, 1998; Simons and Chabris, 1999.
15. Attentional blink: Marois and Ivanoff, 2005; Sergent, Baillet, and Dehaene, 2005.
16. Unattended items induce little or no learning: Leong, Radulescu, Daniel, DeWoskin, and Niv, 2017.
17. Adult experiment on attention to letters versus whole words: Yoncheva, Blau, Maurer, and McCandliss, 2010.
18. Educational studies of phonics versus whole-word reading: Castles, Rastle, and Nation, 2018; Ehri, Nunes, Stahl, and Willows, 2001; National Institute of Child Health and Human Development, 2000; see also Dehaene, 2009.
19. Organization of executive control in prefrontal cortex: D'Esposito and Grossman, 1996; Koechlin, Ody, and Kouneiher, 2003; Rouault and Koechlin, 2018.
20. Prefrontal expansion in the human species: Elston, 2003; Sakai et al., 2011; Schoen- emann, Sheehan, and Glotzer, 2005; Smaers, Gómez-Robles, Parks, and Sher- wood, 2017.
21. Prefrontal hierarchy and metacognitive control: Fleming, Weil, Nagy, Dolan, and Rees, 2010; Koechlin et al., 2003; Rouault and Koechlin, 2018.
22. Global neuronal workspace: Dehaene and Changeux, 2011; Dehaene, Changeux, Naccache, Sackur, and Sergent, 2006; Dehaene, Kerszberg, and Changeux, 1998; Dehaene and Naccache, 2001.
23. Central bottleneck: Chun and Marois, 2002; Marti, King, and Dehaene, 2015; Marti, Sigman, and Dehaene, 2012; Sigman and Dehaene, 2008.
24. Unawareness of the dual-task delay: Corallo, Sackur, Dehaene, and Sigman, 2008; Marti et al., 2012.
25. Debate on the ability to split attention and execute two tasks in parallel: Tombu and Jolicoeur, 2004.

26. An exceedingly decorated classroom distracts pupils: Fisher, Godwin, and Seltman, 2014.
27. Use of electronic devices in class reduces exam performance: Glass and Kang, 2018.
28. A-not-B error and development of prefrontal cortex: Diamond and Doar, 1989; Diamond and Goldman-Rakic, 1989.
29. Development of executive control and number perception: Borst, Poirel, Pineau, Cassotti, and Houdé, 2013; Piazza, De Feo, Panzeri, and Dehaene, 2018; Poirel et al., 2012.
30. Effect of number training on prefrontal cortex: Viswanathan and Nieder, 2015.
31. Role of executive control in cognitive and emotional development: Houdé et al., 2000; Isingrini, Perrotin, and Souchay, 2008; Posner and Rothbart, 1998; Sheese, Rothbart, Pos er, White, and Fraundorf, 2008; Siegler, 1989.
32. Effects of training on executive control and working memory: Diamond and Lee, 2011; Habibi, Damasio, Ilari, Elliott Sachs, and Damasio, 2018; Jaeggi, Buschkuehl, Jonides, and Shah, 2011; Klingberg, 2010; Moreno et al., 2011; Olesen, Westerberg, and Klingberg, 2004; Rueda, Rothbart, McCandliss, Saccomanno, and Posner, 2005.
33. Randomized studies of Montessori pedagogy: Lillard and Else-Quest, 2006; Marshall, 2017.
34. Effects of musical training on the brain: Bermudez, Lerch, Evans, and Zatorre, 2009; James et al., 2014; Moreno et al., 2011.
35. Relation between executive control, prefrontal cortex, and intelligence: Duncan, 2003, 2010, 2013.
36. Training effects on fluid intelligence: Au et al., 2015.
37. Impact of adoption on IQ: Duyme, Dumaret, and Tomkiewicz, 1999.
38. Impact of education on IQ: Ritchie and Tucker-Drob, 2018.
39. Effects of cognitive training on concentration, reading, and arithmetic: Bergman- Nutley and Klingberg, 2014; Blair and Raver, 2014; Klingberg, 2010; Spencer-Smith and Klingberg, 2015.
40. Correlation between working memory and subsequent math scores: Dumontheil and Klingberg, 2011; Gathercole, Pickering, Knight, and Stegmann, 2004; Geary, 2011.
41. Joint training of working memory and the number line: Nemmi et al., 2016.
42. Learning Chinese with a nanny, but not with a video: Kuhl, Tsao, and Liu, 2003.

43. Shared attention and the pedagogical stance: Csibra and Gergely, 2009; Egyed, Király, and Gergely, 2013.
44. Object pointing and memory of object's identity: Yoon, Johnson, and Csibra, 2008.
45. Pseudo-teaching in meerkats: Thornton and McAuliffe, 2006.
46. Intelligent versus slavish copying of actions by fourteen-month-olds: Gergely et al., 2002.
47. Social conformism in perception: see, for instance, Bond and Smith, 1996.

第8章：積極主動參與

1. Classic experiment comparing active and passive kittens: Held and Hein, 1963.
2. Statistical learning of syllables and words: Hay et al., 2011; Saffran et al., 1996; see also ongoing research in G. Dehaene-Lambertz's lab on learning in sleeping neonates.
3. Effect of word processing depth on explicit memory: Craik and Tulving, 1975; Jacoby and Dallas, 1981.
4. Memory for sentences: Auble and Franks, 1978; Auble, Franks, and Soraci, 1979.
5. "Making learning conditions more difficult...": Zaromb, Karpicke, and Roediger, 2010.
6. Brain imaging of the effect of word processing depth on memory: Kapur et al., 1994.
7. The activation of prefrontal-hippocampal loops during incidental learning predicts subsequent memory: Brewer, Zhao, Desmond, Glover, and Gabrieli, 1998; Paller, McCarthy, and Wood, 1988; Sederberg et al., 2006; Sederberg, Kahana, Howard, Donner, and Madsen, 2003; Wagner et al., 1998.
8. Memory for conscious and unconscious words: Dehaene et al., 2001.
9. Active learning of physics concepts: Kontra, Goldin-Meadow, and Beilock, 2012; Kontra, Lyons, Fischer, and Beilock, 2015.
10. Comparison of traditional lecturing versus active learning: Freeman et al., 2014.
11. Failure of discovery learning and related pedagogical strategies: Hattie, 2017; Kirschner, Sweller, and Clark, 2006; Kirschner and van Merriënboer, 2013; Mayer, 2004.
12. To add all numbers from 1 to 100, pair 1 with 100, 2 with 99, 3 with 98, and so forth. Each of these pairs adds up to

101, and there are fifty of them, hence the total is 5050.
13. Instructional guidance rather than pure discovery: Mayer, 2004.
14. Urban legends in education: Kirschner and van Merriënboer, 2013.
15. The myth of learning styles: Pashler, McDaniel, Rohrer, and Bjork, 2008.
16. Variations in amount of reading in first grade: Anderson, Wilson, and Fielding, 1988.
17. Early childhood curiosity and academic achievement: Shah, Weeks, Richards, and Kaciroti, 2018.
18. Dopaminergic neurons sensitive to new information: Bromberg-Martin and Hiko- saka, 2009.
19. Novelty seeking in rats: Bevins, 2001.
20. Brain imaging of curiosity: Gruber, Gelman, and Ranganath, 2014; see also Kang et al., 2009.
21. Laughter as an epistemic emotion unique to humans: Hurley, Dennett, and Adams, 2011.
22. Laughter and learning: Esseily, Rat-Fischer, Somogyi, O'Regan, and Fagard, 2016.
23. Review of psychological theories of curiosity: Loewenstein, 1994.
24. Inverted-U curve of curiosity: Kang et al., 2009; Kidd, Piantadosi, and Aslin, 2012, 2014; Loewenstein, 1994.
25. Curiosity in a robot: Gottlieb, Oudeyer, Lopes, and Baranes, 2013; Kaplan and Oudeyer, 2007.
26. Goldilocks effect in eight-month-olds: Kidd et al., 2012, 2014.
27. Metacognition in young children: Dehaene et al., 2017; Goupil, Romand-Monnier, and Kouider, 2016; Lyons and Ghetti, 2011.
28. Gender and race stereotypes in mathematics: Spencer, Steele, and Quinn, 1999; Steele and Aronson, 1995.
29. Stress, anxiety, learned helplessness, and the inability to learn: Caroni et al., 2012; Donato et al., 2013; Kim and Diamond, 2002; Noble, Norman, and Farah, 2005.
30. Explicit teaching may kill curiosity: Bonawitz et al., 2011.

第9章：錯誤的回饋

1. Grothendieck, 1986.

2. John Hattie's meta-analysis grants feedback an effect size of 0.73 standard deviations, which makes it one of the most powerful modulators of learning (Hattie, 2008).
3. Rescorla-Wagner learning rule: Rescorla and Wagner, 1972.
4. For a detailed criticism of associative learning, see Balsam and Gallistel, 2009; Gallistel, 1990.
5. Blocking of animal conditioning: Beckers, Miller, De Houwer, and Urushihara, 2006; Fanselow, 1998; Waelti, Dickinson, and Schultz, 2001.
6. Surprise enhances infants' learning and exploration: Stahl and Feigenson, 2015.
7. Error signals in the brain: Friston, 2005; Naatanen, Paavilainen, Rinne, and Alho, 2007; Schultz, Dayan, and Montague, 1997.
8. Surprise reflects the violation of a prediction: Strauss et al., 2015; Todorovic and de Lange, 2012.
9. Hierarchy of local and global error signals: Bekinschtein et al., 2009; Strauss et al., 2015; Uhrig, Dehaene, and Jarraya, 2014; Wang et al., 2015.
10. Surprise due to an unexpected picture: Meyer and Olson, 2011.
11. Surprise due to a semantic violation: Curran, Tucker, Kutas, and Posner, 1993; Kutas and Federmeier, 2011; Kutas and Hillyard, 1980.
12. Surprise due to a grammatical violation: Friederici, 2002; Hahne and Friederici, 1999; but see also Steinhauer and Drury, 2012, for a critical discussion.
13. Prediction error in the dopamine network: Pessiglione, Seymour, Flandin, Dolan, and Frith, 2006; Schultz et al., 1997; Waelti et al., 2001.
14. Importance of high-quality feedback at school: Hattie, 2008.
15. Learning by trial and error in adults versus adolescents: Palminteri, Kilford, Coricelli, and Blakemore, 2016.
16. Pennac, D. (2017, February 11). Daniel Pennac: "J'ai été d'abord et avant tout professeur." *Le Monde*. Retrieved from lemonde.fr.
17. Math anxiety syndrome: Ashcraft, 2002; Lyons and Beilock, 2012; Maloney and Beilock, 2012; Young, Wu, and

Menon, 2012.

18. Effect of fear conditioning on synaptic plasticity: Caroni et al., 2012; Donato et al., 2013.
19. Fixed versus growth mindset: Claro, Paunesku, and Dweck, 2016; Dweck, 2006; Rattan, Savani, Chugh, and Dweck, 2015. Note, however, that the size of these effects, and therefore their practical relevance at school, has been recently questioned: Sisk, Burgoyne, Sun, Butler, and Macnamara, 2018.
20. Massive effect of retrieval practice on learning: Carrier and Pashler, 1992; Karpicke and Roediger, 2008; Roediger and Karpicke, 2006; Szpunar, Khan, and Schacter, 2013; Zaromb and Roediger, 2010. For an excellent review of the relative efficacy of various learning techniques, see Dunlosky, Rawson, Marsh, Nathan, and Willingham, 2013.
21. Making retrospective memory judgments facilitates learning: Robey, Dougherty, and Buttaccio, 2017.
22. Retrieval practice facilitates the acquisition of foreign vocabulary: Carrier and Pashler, 1992; Lindsey, Shroyer, Pashler, and Mozer, 2014.
23. Spacing the learning improves memory retention: Cepeda et al., 2009; Cepeda, Pashler, Vul, Wixted, and Rohrer, 2006; Rohrer and Taylor, 2006; Schmidt and Bjork, 1992.
24. Brain imaging of the spacing effect: Bradley et al., 2015; Callan and Schweighofer, 2010.
25. Effect of progressively increasing the time between lessons: Kang, Lindsey, Mozer, and Pashler, 2014.
26. The shuffling of mathematics problems improves learning: Rohrer and Taylor, 2006, 2007.
27. Feedback improves memory even on correct trials: Butler, Karpicke, and Roediger, 2008.

第10章：固化

1. Moving from serial to parallel reading in the course of learning to read: Zoccolotti et al., 2005.
2. Longitudinal brain imaging of the acquisition of reading: Dehaene-Lambertz et al., 2018.
3. Contribution of parietal cortex to expert reading, only for degraded words: Cohen, Dehaene, Vinckier, Jobert, and Montavont, 2008; Vinckier et al., 2006.
4. Visual recognition of frequent combinations of letters: Binder, Medler, Westbury, Liebenthal, and Buchanan, 2006;

Dehaene, Cohen, Sigman, and Vinckier, 2005; Grainger and Whitney, 2004; Vinckier et al., 2007.

5. Tuning of early visual cortex to letter perception: Chang et al., 2015; Dehaene et al., 2010; Sigman et al., 2005; Szwed et al., 2011, 2014.
6. Unconscious reading: Dehaene et al., 2001, 2004.
7. Automatization of arithmetic: Ansari and Dhital, 2006; Rivera, Reiss, Eckert, and Menon, 2005. The hippocampus also seems to strongly contribute to the memory for arithmetic facts: Qin et al., 2014.
8. Sleep interrupts the forgetting curve: Jenkins and Dallenbach, 1924.
9. REM sleep improves learning: Karni, Tanne, Rubenstein, Askenasy, and Sagi, 1994.
10. Sleep and the consolidation of recent learning: Huber, Ghilardi, Massimini, and Tononi, 2004; Stickgold, 2005; Walker, Brakefield, Hobson, and Stickgold, 2003; Walker and Stickgold, 2004.
11. Overexpression of the zif-268 gene during sleep: Ribeiro, Goyal, Mello, and Pavlides, 1999.
12. Neuronal replay during the night: Ji and Wilson, 2007; Louie and Wilson, 2001; Skaggs and McNaughton, 1996; Wilson and McNaughton, 1994.
13. Decoding brain activity during sleep: Chen and Wilson, 2017; Horikawa, Tamaki, Miyawaki, and Kamitani, 2013.
14. Theories of the memory function of sleep: Diekelmann and Born, 2010.
15. Replay during sleep facilitates memory consolidation: Ramanathan, Gulati, and Ganguly, 2015; see also Norimoto et al., 2018, for the direct effect of sleep on synaptic plasticity.
16. Cortical and hippocampal reactivation during sleep in humans: Horikawa et al., 2013; Jiang et al., 2017; Peigneux et al., 2004.
17. Increased slow wave sleep and post-sleep performance improvement: Huber et al., 2004.
18. Brain imaging of the effects of sleep on motor learning: Walker, Stickgold, Alsop, Gaab, and Schlaug, 2005.
19. Boosting slow oscillations during sleep improves memory: Marshall, Helgadóttir, Mölle, and Born, 2006; Ngo, Martinetz, Born, and Mölle, 2013.
20. Odors can bias memory consolidation during sleep: Rasch, Büchel, Gais, and Born, 2007.

21. Sounds can bias replay during sleep and improve subsequent memory: Antony, Gobel, O'Hare, Reber, and Paller, 2012; Bendor and Wilson, 2012; Rudoy, Voss, Westerberg, and Paller, 2009.
22. No learning of novel facts during sleep: Bruce et al., 1970; Emm ns and Simon, 1956. Nevertheless, a very recent study suggests that during sleep, we may be able to learn the association between a tone and a smell (Arzi et al., 2012).
23. Gazsi, M. (2018, June 8). Philippe Starck: "I couldn't care less about my life." *The Guardian*, theguardian.com.
24. Mathematical insight during sleep: Wagner, Gais, Haider, Verleger, and Born, 2004.
25. Sleep-wake learning algorithms: Hinton, Dayan, Frey, and Neal, 1995; Hinton, Osindero, and Teh, 2006.
26. Hypothesis that the memory function of sleep may be more efficient in humans: Samson and Nunn, 2015.
27. Greater efficiency of sleep in children than in adults: Wilhelm et al., 2013.
28. Babies generalize word meanings after sleeping: Friedrich, Wilhelm, Born, and Friederici, 2015; Seehagen, Konrad, Herbert, and Schneider, 2015.
29. Positive effect of naps in preschoolers: Kurdziel, Duclos, and Spencer, 2013.
30. Sleep deficits and a tention disorders: Avior et al., 2004; Cortese et al., 2013; Hiscock et al., 2015; Prehn-Kristensen et al., 2014.
31. Beneficial effects of delaying school start times for adolescents: American Acad- emy of Pedia rics, 2014; Dunster et al., 2018.

結論：教育與神經科學的重修舊好

1. Artificial intelligence inspired by neuroscience and cognitive science: Hassabis, Kumaran, Summerfield, and Botvinick, 2017; Lake et al., 2017.
2. See PISA (Program for International Student Assessment, oecd.org/pisa-fr), TIMSS (Trends in International Mathematics and Science Study), and PIRLS (Progress in International Reading Literacy Study, timssandpirls.bc.edu).

國家圖書館出版品預行編目 (CIP) 資料

大腦如何精準學習 / 史坦尼斯勒斯 . 狄漢 (Stanislas Dehaene) 著 ; 洪蘭譯 .
-- 初版 . -- 臺北市 : 遠流 , 2020.10
面 ;　公分

譯自 : How we learn :
why brains learn better than any machine ... for now

ISBN 978-957-32-8732-2 (平裝)

1. 學習方法 2. 學習心理 3. 腦部

521.1　　　　109012863

生命科學館 Life Science 39
洪蘭博士策劃

大腦如何精準學習

作者／史坦尼斯勒斯・狄漢（Stanislas Dehaene）
譯者／洪蘭

副總編輯／陳莉苓
特約編輯／周琳霓
封面設計／江儀玲
排　　版／陳佩君

發行人／王榮文
出版發行／遠流出版事業股份有限公司
100臺北市南昌路二段81號6樓
郵撥／0189456-1
電話／(02)2392-6899　傳真／(02)2392-6658
著作權顧問／蕭雄淋律師

2020年10月1日　初版一刷
2021年2月16日　初版三刷
售價新台幣 **500** 元（缺頁或破損的書，請寄回更換）

ISBN 978-957-32-8732-2

YLib 遠流博識網
http://www.ylib.com
e-mail:ylib@ylib.com

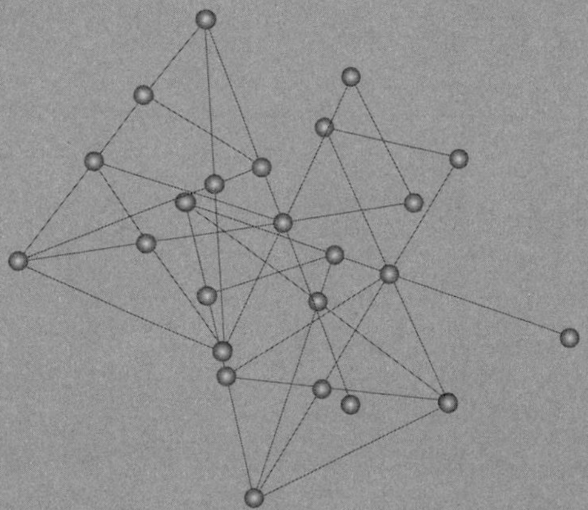

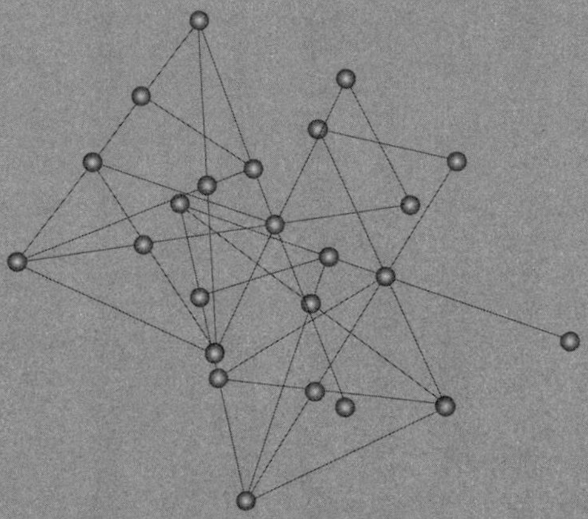

大腦如何
精準學習
HOW WE LEARN

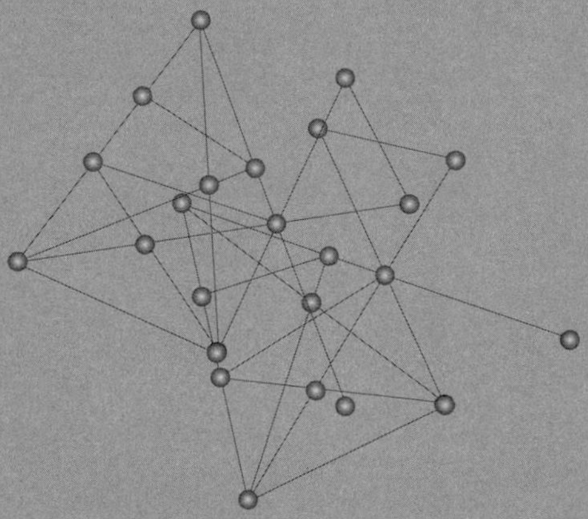